Gerhard Jelinek

AFFÄREN, DIE DIE WELT BEWEGTEN

Gerhard Jelinek

AFFÄREN, DIE DIE WELT BEWEGTEN

Ein Seitensprung durch die Geschichte

ecoWIN

Gerhard Jelinek
Affären, die die Welt bewegten
Ein Seitensprung durch die Geschichte

MIX
Papier aus ver-
antwortungsvollen
Quellen
FSC® C012536

Das für dieses Buch verwendete FSC-zertifizierte Papier
EOS lieferte Salzer, St. Pölten.

Umschlagidee und -gestaltung: kratkys.net ✕

1. Auflage
© 2011 Ecowin Verlag, Salzburg
Lektorat: Dr. Arnold Klaffenböck
Gesamtherstellung: www.theiss.at
Gesetzt aus der Sabon
Printed in Austria
ISBN 978-3-7110-0014-9

1 2 3 4 5 6 7 8 / 13 12 11

www.ecowin.at

Inhaltsverzeichnis

6

Vorwort

Die Geschichte der Menschheit ist eine Abfolge von Affären. Und schon die erste Beziehung zwischen einem Mann und einer Frau hatte weitreichende Konsequenzen: Adam und Eva brachten Verführung, Leidenschaft und Sünde in die Welt. Am Anfang des Menschengeschlechts steht eine Affäre. Dem Ende der Unschuld folgt die Vertreibung aus dem Paradies. Der Mensch wird zum Menschen.

Mit Adam und Eva beginnen Affären, die die Welt bewegten und sie manchmal auch veränderten. Wären Mythen, Legenden und Künste ohne Liebe, Leiden und Leidenschaft denkbar? Wie stark und mächtig ist ein Gefühl, das den Verstand ausschaltet, die Vorsicht vergessen lässt, das Königskronen aufs Spiel setzt und für Momente der Lust den Tod in Kauf nimmt?

Cäsar und Kleopatra riskierten mit ihrer Affäre das römische Weltreich. Abaelard und Heloisa – die Nonne und der Theologe – gingen als großes Liebespaar in die Geschichte ein. Petrus Abaelard zahlte für die leidenschaftliche Affäre mit seiner Schülerin einen hohen Preis: Er wurde entmannt.

Rodrigo Borgia, der Renaissance-Papst ohne Skrupel, entführte die jugendliche Giulia Farnese vor ihrer Hochzeitsnacht und machte sie zur Geliebten im Vatikan. Martin Luther forderte Nonnen zum Verlassen ihres Klosters auf. Der Augustinermönch aus Wittenberg predigte so überzeugend, dass er Katharina von Bora, eine der Flüchtigen, geheim ehelichen musste.

Friedrich der Große wurde als Kronprinz auf Befehl seines Vaters Friedrich Wilhelm I. gezwungen, die Enthauptung seines Lehrers und Geliebten Hans Hermann von Katte mit anzusehen. Luise Antoinette, Kronprinzessin von Sachsen, floh mit dem

Hauslehrer ihrer fünf Kinder aus dem ehelichen Palast. Österreichs Kaiser Franz Joseph I. suchte menschliche Wärme jenseits der Mauern des Schlosses Schönbrunn in seiner zwölf Jahre währenden Beziehung zum Vorstadt-Mädel Anna Nahowski.

Diese Affären bewegten die Welt, lange bevor es Klatschmagazine, „Yellow Press", Paparazzi und einschlägige TV-Sendungen gab. Das Liebesleben der Mächtigen, der Schönen und Reichen erregte zu jeder Zeit die Fantasie der Völker. Geschichte als Abfolge rationaler Entscheidungen, als taktisches Schachspiel mit Soldaten, die geopfert werden wie die Bauern auf dem Brett, das beschreibt nur eine Seite der historischen Medaille.

Verrat, Hass, Betrug, Wollust, Ekstase, Ausschweifung und – ja – auch Liebe haben Geschichte gemacht. Ist das Leben John F. Kennedys ohne seine zahlreichen Affären, ohne Marilyn Monroe, vollständig beschrieben? Wäre die Weltgeschichte anders verlaufen, hätte der englische König Edward VIII. auf die Ehe mit der geschiedenen Amerikanerin Wallis Simpson verzichtet und die Krone des britischen Weltreichs behalten? Und wäre das expressionistische Werk des Malers Oskar Kokoschka ohne seine Muse Alma Mahler denkbar? Hätten die Beatles ohne John Lennons Affäre mit der japanischen Künstlerin Yoko Ono weitere unsterbliche Lieder geschrieben, oder wären sie in Mittelmäßigkeit versunken?

Was ist Ehe, was bedeutet Treue, wie drückt sich Liebe aus und wer be- und verurteilt, was eine Affäre ist? Die Begriffe, ihre Inhalte und ihre moralische Aufladung haben sich seit Adam und Eva (und Lilith!) mehrfach verändert. Die Ehe war über Jahrtausende als wirtschaftliche Zweckgemeinschaft definiert. Es ging um die erbrechtlich abgesicherte Zeugung von Nachkommen, darum, Besitz weiterzugeben oder Arbeitskräfte sowie Altersversorgung in einer bäuerlichen Subsistenzwirtschaft zu sichern. Liebe war nur ein Wort.

Und das Versprechen „bis dass der Tod euch scheidet" hatte keineswegs das Gewicht jahrzehntelanger Ehebanden. In der Antike, aber vor allem im europäischen Mittelalter betrug die durchschnittliche Lebenserwartung wenige Jahrzehnte. Die Chance (das Risiko) für einen Mann, schon nach wenigen Ehejahren Witwer zu sein, weil seine Frau nach einigen Geburten dem Kindbettfieber erliegen würde, war groß. In Herrschafts- und Adelskreisen diente die Ehe – lange vor dem Satz „Bella gerant alii, tu felix Austria nube!" – als Mittel, Wohlstand, Reichtum und Macht zu erwerben, zu vergrößern, zu erhalten. Die ehemalige Schweizer Grafenfamilie der Habsburger sicherte sich durch geschickte Ehebündnisse im 15. Jahrhundert das reiche Burgund, Spanien (inklusive der Kolonien), später die Länder der böhmischen Krone und Ungarn. Die Ehen wurden als machtpolitische Bündnisse geschlossen. Braut und Bräutigam sahen einander regelmäßig erst beim Jawort (und oft nicht einmal dann), schon Kinder wurden per Stellvertreter verehelicht, manchmal vor ihrer Geburt versprochen. Ein Fürst, gar ein König heiratete aus Staatsräson eine Frau, die er nie gesprochen, deren gemaltes Bildnis ihm – im günstigsten Fall – gezeigt worden war. Ehen – vor Gott geschlossen – sind die Voraussetzung für den Seitensprung.

Affären abseits des Ehebetts stellten keineswegs die Ausnahme dar, sondern die akzeptierte Regel. Eine Zweitfrau (sehr oft waren es dutzende „Zweitfrauen") provozierte noch keinen Skandal. Und außereheliche Kinder blieben zwar von der Erbfolge ausgeschlossen, konnten aber durchaus Karriere machen. Don Juan de Austria, der Sieger gegen die Türken bei der Seeschlacht von Lepanto, war Ergebnis der Liebe zwischen Kaiser Karl V. und der Bürgerstochter Barbara Blomberg. Die Untertanen, „Bürger" im demokratischen Sinn gab es ja erst ab dem 19. Jahrhundert, erfuhren höchstens durch mündliche Überlieferung, gelegentlich durch „Schmähgedichte", vom Liebesleben ihrer Herrschaft.

Es galt ohnehin der Grundsatz des „zweierlei Maß". Was den Herren erlaubt war, das untersagte Mutter Kirche ihren Gläubigen. Das Leben „in Sünde" war durch die Jahrtausende eher Regel als Ausnahme. Zwischen den sozialen Klassen, zwischen

Adel und Volk, denen da oben und denen da unten, herrschte auch und gerade auf sexuellem Gebiet keine Gleichheit der Rechte. Der Mächtige – in aller Regel war es ein Mann – nahm sich, was er brauchte. Eine „ehrbare" Frau hatte daheim zu bleiben, ihren Gemahl zu erdulden und Affären schweigend hinzunehmen. Umgekehrt ging das gar nicht. Hielt sich ein Fürst Mätressen, dann hatte das niemanden zu stören. Auch die hohe Geistlichkeit schaute weg, benahm sich in vielen Fällen äußerst weltlich. Eine Frau konnte die außerhäusliche Liebe buchstäblich den Kopf kosten. Verhältnisse der Herrschaft wurden schamhaft verschwiegen, die Doppelmoral zur Norm. Im barocken Frankreich wandelte sich der Seitensprung zur offiziellen Staatsaffäre. Die jeweilige Favoritin des Königs bekam gar einen Titel und einen Rang am Hof. Als „Maîtresse-en-titre" erhielt die Bettgefährtin des Monarchen Zugang zur absolutistischen Macht, Einfluss und die Chance, durch Korruption ein ungeheures Vermögen zusammenzuraffen. Die Position blieb aber äußerst vage. Verlor der König sein sexuelles Interesse oder wurde die Mätresse gar zu mächtig, konzentrierten sich die politische Kritik, Neid, Missgunst und Hass auf das korrupte System sehr oft auf die Nebenfrau, der alle Schuld in die Seidenpantoffeln geschoben wurde.

Was das einstige Tabuthema Sexualität betrifft, leben wir heute, im dritten Jahrtausend, wahrscheinlich in einer der freiesten Gesellschaften. Jedenfalls bilden wir uns das ein. Per Gesetz, Moral und Konvention ist alles erlaubt, was dem Partner nicht mit Gewalt aufgezwungen wird. Niemand wird wegen seines Lebenswandels bestraft, die Liebe zwischen den Geschlechtern ist in allen denkbaren Varianten erlaubt und wird öffentlich demonstriert. Das Normale darf nicht „normal" genannt werden, weil es das Abnormale als „abnormal" diskriminieren würde. In voller sexueller Offenheit hat eine neue Form des Tugend-Konformismus Einzug gehalten, mit schweren gesellschaftlichen Sanktionen. Unsere heutige Gesellschaft (die westliche Wertegemeinschaft – was, wer immer, darunter verstehen mag) ist plakativ sexualisiert. Sex funktioniert in jeder Ausformung als beherrschendes Signal in den Massenmedien, der Werbung und der Populärkultur. Sex sells. Ulrich Greiner schreibt in der deutschen Wochenzeitung „Die Zeit": „Die Sexualität, früher die wichtigste Nebensache der Welt, ist zur unwichtigsten Hauptsache geworden."

Aber: Noch immer sind die in unseren Genen veranlagten Stimuli wirksam. Und immer wieder gibt es Affären, die die Welt bewegen. Wenn ein amerikanischer Präsident mit einer drallen Praktikantin während der Dienstzeit Oralsex hat, wenn ein ehemaliger Kraftsportler als kalifornischer „Gouvernator" die Haushälterin schwängert oder wenn ein Weltbank-Boss an die Unterwäsche eines Zimmermädchens geht, dann haben diese „Affären" politische Auswirkungen. Der Präsident wird zur politisch „lahmen Ente", der Ex-Gouverneur vom starken Mann zur Lachnummer und der Weltbanker verspielt das französische Präsidentenamt. Die Mächtigen, die Reichen, die Schönen sind heute einer weltumspannenden Öffentlichkeitsindustrie ausgeliefert. Jeder Kuss wird von gewerbsmäßigen Paparazzi dokumentiert und vermarktet, Liebes-E-Mails und vertrauliche SMS von kriminellen „Aufdecker"-Medien geknackt. „Die da oben" genießen im krassen Gegensatz zu früheren Zeiten keine Immunität für ihre Privat- oder Intimsphäre – im Gegenteil. Konnten sich Kaiser und Könige, Fürsten und Grafen, Päpste und Ketzer mit Geld und Gewalt Freiheit von Moral und gesellschaftlichen Zwängen erwirken, schlägt eine egalitäre Gesellschaft heute gnadenlos zurück: Des Kaisers neue Kleider sind gefallen, darunter sind alle nackt, bloßgestellt.

Das ist ein Buch über Liebesbeziehungen, die Geschichte gemacht haben. Es sind Erzählungen über Affären und ihre gesellschaftlichen, moralischen und politischen Bezüge. In den Geschichtsbüchern werden der Charakter und das Privatleben der Herrschenden völlig ausgeblendet, als ob Mätressen und Geliebte keinen Einfluss auf den Lauf der Welt genommen hätten. Ist die

13

Affäre Cäsars mit der ägyptischen Königin Kleopatra nur eine sexuell aufgeladene Episode mit orientalischen Räucherstäbchen oder war die (sexuelle) Unterwerfung einer griechischen Aristokratin nicht eine große Versuchung, das Gravitationszentrum des römischen Weltreichs in den Osten zu verlagern, von der schmutzigen Provinz-Hauptstadt Rom in die glitzernde Millionen-Metropole Alexandria? Hätte die „jungfräuliche" Königin Elizabeth I. nicht das Bett mit ihrem Geliebten Robert Dudley geteilt, wäre sie dann ohne Ehemann, ohne europäischen Bündnispartner geblieben? Wäre die Affäre von Kaiser Karl V. mit der Regensburger Bürgerstochter Barbara Blomberg folgenlos geblieben, hätte dann ein anderer Feldherr als Don Juan de Austria die Türken in offener Seeschlacht besiegt? Hätte der britische Monarch Edward VIII. nicht auf den Thron verzichtet, weil er die geschiedene Amerikanerin Wallis Simpson heiraten wollte, wäre die Geschichte des Zweiten Weltkriegs gleich verlaufen? Wäre der Nazi-Propagandaminister Joseph Goebbels mit seiner tschechischen Geliebten Lída Baarová als Botschafter nach Japan gegangen, hätte dann ein anderer Hitler-Paladin den „totalen Krieg" ausgerufen? „Wäre-wenn"-Fragen sind unter Historikern verpönt, Autoren und Leser dürfen in ihrer Fantasie Antworten geben. Ein Seitensprung durch die Geschichte.

Adam und Eva
Die Sünde macht den Menschen

Adam und Eva. Der erste Mann und die erste Frau. Falsch.

Die Geschichte der Menschheit beginnt in einem Dreiecksverhältnis. Gott erschafft Adam, den Menschen. Weil dieser sich einsam fühlt und das bunte Liebesleben der paarweise erschaffenen Tiere mit wachsendem Missvergnügen betrachtet, bittet er Gott, ihm ein Gegenstück zu schaffen. Gott zeigt sich verständnisvoll. In der Kabbala wird jener uralte Menschheitsmythos so überliefert: Als Gott den ersten Menschen erschaffen hatte, sagte er: „Es ist nicht gut, dass der Mensch allein sei", und schuf ihm eine Frau – gleich ihm – aus Erde und nannte sie Lilith (Zohar 1 148a).

Der Herr des Himmels und der Welt geht also nach dem gleichen bewährten Rezept vor. Wie bei Adam nimmt er Erde, Staub, Lehm und formt ein Geschöpf „nach seinem Ebenbild". Mit Haut und langen Haaren. Es wird Lilith heißen. „Und Gott schuf den Menschen ihm zum Bilde, zum Bilde Gottes schuf er ihn; und schuf sie einen Mann und ein Weib" (1. Mose 1:27, Lutherbibel 1915). Dieser erste Schöpfungsbericht verleiht dem Mann und der Frau Gleichheit vor Gott.

Adam hat eine Frau. Er kann nun die heißen sumerischen Nächte zu zweit verbringen. Aber der Ur-Mann Adam erweist sich als einfallsloser Liebhaber, seine Lilith ist eine selbstbewusste Partnerin. Sie pocht auf Gleichberechtigung in allen Lagen. Schließlich habe Gott sie aus dem gleichen Stoff geformt wie das männliche Pendant. Auch in ihrer Sexualität will Lilith gleichberechtigt sein, ihre Wünsche sind denen des Mannes nicht nachgeordnet. Wieder beschreibt die alte Überlieferung die Szene im

15

Garten Eden klar und deutlich. Bald begannen die beiden zu streiten. Lilith sagte zu Adam: „Ich will nicht unter dir liegen." Und er sagte: „Ich will nicht unter dir liegen, sondern auf dir, weil du verdienst die Unterlegene zu sein und ich der Überlegene." Sie sagte zu ihm: „Wir sind beide gleich, weil wir beide aus Erde gemacht sind." Der Geschlechterkampf hat also schon im Paradies begonnen. Aber Lilith fackelt nicht lange herum. Sie erhebt sich in „die Lüfte der Welt" und ist weg.

Adam, dessen Rolle allen später geborenen Männergenerationen nicht zur Ehre gereicht, ruft wieder einmal Gott an und beklagt sich bitterlich. Die Frau sei ihm davongelaufen.

Gott ist in diesem – offenbar hauptsächlich von Männern am Lagerfeuer weitererzählten – Ur-Mythos gegenüber Adam sehr verständnisvoll. Er rügt seine erste Schöpfung nicht, weil diese sich wenig partnerschaftlich benommen hat. Nein, Gott schickt Lilith Engel nach, die sie zur Rückkehr an den paradiesischen Herd überreden sollen. Doch wieder zeigt sich der starke, stolze und selbstbestimmte Charakter von Adams erster Frau. Sie denkt gar nicht daran, den Aufforderungen und Bitten nachzukommen.

Lilith widersetzt sich Gott – vorerst folgenlos. Der Herr geht neuerlich ans Werk und formt eine weitere Partnerin für Adam. Dieser ist allerdings sehr anspruchsvoll und lehnt Gottes zweiten Versuch empört ab. Wiederum ist der oberste Weltenlenker nachsichtig und macht sich ein drittes Mal ans Werk. Doch diesmal transplantiert Gott eine Rippe des tief schlafenden Adam und baut um diese Rippe ein schönes Wesen, dem er auch einiges von der Sinnlichkeit und Verführungskraft Liliths mitgibt. Gott nennt sein Geschöpf Eva (oder hebräisch Chawach). Da unsere Geschichte aber im heutigen Südirak zu lokalisieren ist, wird Eva wohl einen sumerischen Namen getragen haben.

Das Erste Buch Moses lässt eine ungefähre geografische Eingrenzung des Paradieses zu. Gesucht wurde es über Jahrhunderte, gefunden bis heute nicht. Achtzig, hundert und mehr Theorien gibt es, wo sich der biblische Garten Eden befunden haben könnte. Er war Ziel von Gelehrten und schwer bewaffneten Kreuzrittern. Sie glaubten tatsächlich, das Paradies mit dem Schwert erobern zu können. Der britische Ägyptologe David Rohl fand den Garten Eden in der iranischen Stadt Täbris. Ein deutscher Professor für Altorientalische Philologie formulierte die These, dass in der mesopotamischen Vorlage zur Genesis-Erzählung der Garten Eden im Tempelgarten Eridu zu finden sei. Und er hatte gute Gründe dafür. Vor gut 8000 Jahren beherbergte Eridu das wichtigste Heiligtum des Gottes Enki. Er galt als Herr der Welt, des Süßwassers, des Todes und des schöpferischen Geistes. Es ist die Stätte und jene Stadt, in der Geschichte begann. Im sumerischen Epos „Enki und Nammu", eine der ältesten überlieferten Mythen der Menschheit, wird die Erschaffung des Menschen geschildert. Dort werden die Göttinnen Nammu und Ninmach vom Gott Enki beauftragt, den Menschen nach dem Abbild der Götter zu schaffen. Aus der Verbindung von Lehm und dem heiligen Wasser des Urozeans soll der Mensch geformt und von den Göttern geführt und gelenkt werden.

Die Grundrezeptur bleibt also gleich – in der Bibel, in den sumerischen Epen, in der hebräischen Überlieferung und in der erst später entstandenen Kabbala. Immer ist es der knetbare Stoff Lehm, Staub mit Wasser vermischt, aus dem der Mensch geformt wird. „Von Staub bist Du gekommen, zu Staub kehrst Du zurück" – diesen Satz sprechen katholische Priester alle Jahre am Aschermittwoch, wenn sie den Gläubigen das Aschenkreuz als Symbol für die Vergänglichkeit des menschlichen Lebens auf die Stirn malen.

Die ersten biblischen Menschen lebten also am Persischen Golf und mit Sicherheit nicht dort, wo die Mormonen das Paradies ansiedeln, nämlich in Jackson County, US-Bundesstaat Missouri. Für den deutschen Mönch Martin Luther waren die Versuche, das himmlische Paradies geografisch zu verorten, ohnehin lächerlich. „Möglich ist's, dass es also gewesen ist, dass Gott einen Garten gemacht oder ein Land beschränkt hat, aber nach meinem Dünken wollt ich gern, dass es so verstanden möchte werden, dass es der ganze Erdboden wäre."

Seit mindestens 6000 Jahren gehört die Vorstellung vom Paradies zur Gedankenwelt der Menschen. Das Paradies ist ein Garten: „Eden". Der sumerische Begriff bedeutete eigentlich nur Steppe. Die sumerischen, später biblischen Mythen erzählen von einer Entwicklung, die heute als Klimaerwärmung bekannt ist. Am Ende der letzten Eiszeit veränderten sich die Temperaturen derart, dass aus üppigen Landschaften schwierig zu bebauendes Steppen- und Ackerland wurde. Wollten die Menschen nicht verhungern, mussten sie bessere Technologien für die Nahrungsproduktion finden. Adam wird damit zum Bauern. Er muss säen, ernten und Vorräte anlegen, um seine Eva (seine Lilith) und viele Nachkommen zu ernähren. Mit dem Ackerbau beginnt eine neue Kultur.

Das Paradies der Sumerer war konkret ausgeformt: Eine Kulturlandschaft, wie sie Jean-Jacques Rousseau gemalt haben könnte. „Rein, sauber, hell" soll der Garten Eden sein, seine Bewohner, auch die gewalttätigsten, sind friedlich. Der Löwe tötet nicht und der Wolf raubt kein Schaf. Die Beschreibung dieser paradiesischen Zustände ist älter als die Schöpfungsgeschichte der Bibel, viel älter. Das Alte Testament ist also abgeschrieben? Nein, das Heilige Buch der Juden und der Christen belegt die ungebrochene mündliche Tradition uralter Mythen. Die Texte, die heute als Altes Testament gelten, wurden rund 900 Jahre vor Christi Geburt erzählt und erst viel später in Alexandria niedergeschrieben. Für Gläubige zweier Weltreligionen stellen sie das Wort Gottes oder zumindest die Wahrheit dar, andere bewundern die Bibel als literarisches Werk höchsten Ranges.

Die biblische Erzählung gehört zum abendländischen Basiswissen. Wer die Geschichte von Adam, Eva, dem Apfel und der Schlange nicht im Buch Genesis gelesen hat, der kennt die Geschichte – und sei es nur aus der Kunstgeschichte, in der das Bild von Mann, Frau, Apfelbaum und böser Schlange zu den Stereotypen der Malerei und Bildhauerei zählt.

Adam und Eva – so weit folgt die Genesis den älteren sumerischen Dichtungen – leben im Garten Eden. Es geht ihnen gut, keine Rede von Streit. Lilith, die Vorgängerin Evas, kommt gar nicht vor, sie ist aus dem biblischen Blickwinkel verschwunden. Eva dürfte sich aber ein wenig gelangweilt haben. Denn im Gegensatz zum sumerischen Mythos erzählt die Bibel nichts vom Geschlechtsleben. Adam, der aus Erde Gemachte, und seine Eva sind – bis zum „Sündenfall" – kinderlos.

Sie kennen keine Lust, keine Scham, sie vermehren sich nicht, sie sind nach Gottes Ebenbild gemacht. Sie sind eigentlich noch keine Menschen in unserem heutigen Sinn. Um sich von Gott zu unterscheiden, bedarf es des Fehlers, des Widerspruchs, des Ungehorsams, vor allem der Sterblichkeit.

Der Mensch wird zum Menschen, indem er eigenständigen Willen zeigt. Und es ist die Frau, die den ersten Schritt weg vom Gott-Ähnlichen zum Menschen macht. Sie will vom Baum der Erkenntnis naschen. Die Schlange als Symbol für das Böse, den Teufel, braucht es dazu gar nicht. Sie wird als Ausrede ins Bild gerückt. Eva will das Verbotene tun. Sie beißt in eine Feige, denn um einen Feigenbaum wird es sich wohl gehandelt haben. „Malus" – das Böse – steht nur im Lateinischen für „Apfel". Es ist der Baum des Bösen, an dem die verbotenen Früchte wachsen, und es ist – welche Gleichsetzung – auch der Baum der Erkenntnis. Wissen kann zur Auflehnung gegen Gott führen. Wird der Mensch zu klug, zu besserwisserisch, lehnt er sich gegen Gott auf, dann folgt die Strafe auf den Fuß. Adam und Eva werden aus dem Paradies vertrieben – sie beginnen als Menschen zu leben. Sie lernen Angst und Leiden, Lust und Freude kennen. Sie beginnen zu lieben und sich zu vermehren. Es gibt paradiesische Momente, aber auch teuflisches Leid. Und es gibt den Tod.

Schuld an dem Schlamassel hat die Frau. Adam, der wiederum nicht souverän reagiert, schiebt alles auf Eva, und diese bezichtigt die Schlange. Gott reagiert empört und vertreibt die beiden aus dem Garten Eden. Adam muss fortan als Bauer den kargen Boden bearbeiten und Feldfrüchte fürs Überleben der Menschheit anbauen. In den Worten aus Genesis 3,19 (Luther-Bibel 1545): „Denn du bist Erde und sollst zu Erde werden."

Eva erlebt in der Sünde Lust, muss aber unter Schmerzen Kinder auf die Welt bringen. Erst nach dem Griff zum Baum der Erkenntnis beginnt das Bevölkerungswachstum. Das erste Paar zeugt drei Söhne, Kain, Abel und Set, außerdem eine nicht genau bezifferte Zahl an Töchtern und einige unbekannte Söhne. Da Adam das fürwahr „biblische" Alter von 930 Jahren erreicht, kann er die Weltbevölkerung schon in erster Generation deutlich steigern.

Lilith erlebt – geschätzte 6000 Jahre nach ihrer Schöpfung – eine ungeahnte Wiedergeburt. Die sumerische Figur der ersten Frau, die von Adam gleichberechtigt und selbstbewusst ihre Rechte einfordert, wird zu einer Ikone des Feminismus. Während die biblische Eva in einer patriarchalischen Tradition steht, symbolisiert Lilith die Selbstständigkeit der Frau und ihren Widerstand gegen männliche Unterdrückung.

Dabei erlaubt die Bibel – wörtlich genommen – beide Denkarten. Christa Chorherr analysiert die Frauenrollen in den Weltreligionen: „Die in den Zehn Geboten enthaltene Forderung, Mutter und Vater zu ehren, spiegelt jene ursprüngliche Gesellschaftsform wider, in der die Macht der Frauen ebenso wichtig war wie die der Männer: ,Da schuf Gott den Menschen in seinem Ebenbilde, in dem Ebenbilde Gottes erschuf er ihn, männlich und weiblich schuf er sie.' Dieser erste Schöpfungsbericht verleiht dem Mann und der Frau prinzipielle Gleichheit vor Gott – gemäß Gottes Wunsch, sich beide Geschlechter ebenbildlich zu machen."

Und was passierte eigentlich mit Lilith, die im Streit mit Adam das Paradies verlassen hatte? Aus Angst, die beiden Frauen könnten sich miteinander und gegen ihn verbünden, baut Adam eine Mauer. Er grenzt sich und seine Eva ab. Er grenzt Lilith aus.

Die jüdische Feministin Judith Plaskow vertieft sich in die Gedankenwelt von Eva: „Bisher hatte sie gedacht, sie sei die einzige Frau weit und breit. Oft dachte sie nur daran, wie schön und stark Lilith ausgesehen hatte. Sie fing an, über die Mauer rund um ihren Garten nachzudenken und über die anderen Grenzen ihres Lebens." Die Theologin am Manhattan College in New York beschreibt ein feministisches Märchen aus der Mythenwelt dreier Weltreligionen. Eva und Lilith begegnen einander, überwinden Adams Mauer und werden Freundinnen.

In der literarischen Geschichte geistert Lilith in vielerlei Gestalt durch die Jahrhunderte. Zuerst Nachtdämon, dann Verführerin. In Goethes „Faust" taucht sie in der Walpurgisnacht auf. Mephistopheles erklärt Faust: „Lilith ist das. Adams erste Frau. Nimm dich in Acht vor ihren schönen Haaren, vor diesem Schmuck, mit dem sie einzig prangt. Wenn sie damit den jungen Mann erlangt, so lässt sie ihn sobald nicht fahren."

Der Dichterfürst strickt im „Faust" ein Muster der Verführung und der Affären. Schuld ist am Ende immer die Frau, weil sie den schwachen Mann verführt und der sich einfach nicht erwehren kann. Auch 6000 Jahre nach der Aufzeichnung sumerischer Überlieferungen stehen Männer in der Tradition ihres Ahnvaters: Adam.

*

Die Bibel – Einheitsübersetzung, Stuttgart, Katholisches Bibelwerk, Jahresausgabe 2011.
Manfred Barthel, Was wirklich in der Bibel steht, Wien/Düsseldorf 1989.
Christa Chorherr, Wer wirft den ersten Stein?, Graz 2010.
Vera Zingsem, Lilith, Stuttgart 2005.

http://bibeltext.com/genesis/1-27.htm
http://www.bibelwerk.de/home/einheitsuebersetzung
http://kwakuananse.twoday.net/stories/5498639/

Julius Cäsar und Kleopatra
Die Vereinigung von West und Ost

Eine Frau wird Opfer der politischen Propaganda und dadurch zur unsterblichen Legende. 2000 Jahre nach ihrem Tod ist Kleopatra VII. noch immer eine der berühmtesten Frauen der Menschheitsgeschichte. Sie hat das antike Ägypten 22 Jahre lang regiert, in einer extrem unsicheren Zeit zwei der mächtigsten Männer des damaligen Erdkreises zu ihren Geliebten gemacht, vier Kinder geboren und den östlichen Teil des Mittelmeers kontrolliert. Nebenbei hat die Königin noch ihre Schwester verfolgen und ihre Brüder ermorden lassen. Nach heutigem Maßstab gelten diese Gewalttaten als unfeine politische Mittel. Vier Jahrzehnte vor Beginn unserer Zeitenrechnung legten Herrscher und Beherrschte andere Richtschnüre an – die Durchsetzung von Machtinteressen mit Gift und Schwert war übliche Praxis. Kleopatra beflügelte überdies die sexuellen Fantasien vieler Generationen und inspirierte William Shakespeare zu seinem Drama „Antonius und Cleopatra". Die im März 2011 verstorbene Leinwand-Göttin Liz Taylor verdankt ihren filmischen Ruhm auch der Darstellung von Kleopatra 1963 in einem der großen Hollywood-Schinken. In mehr als einem Dutzend Filmen aller Preis- und Qualitätsklassen spielt Kleopatra die Hauptrolle, personifiziert von Stars wie Sophia Loren, Monica Bellucci und Vivian Leigh.

Königin Kleopatra ist eine der Hauptfiguren des historischen Boulevards. Projektionsfläche erotischer Wünsche, eine Frau, die durch ihre Liebeskünste tapfere römische Helden verführt, sie durch orientalische Sinnesfreuden verwirrt, den mächtigen Cäsar von der planmäßigen Erfüllung seiner Kriegsgeschäfte abbringt, seine Rückkehr nach Rom verzögert, ihn durch ausschweifende sexuelle Erlebnisse seiner rechtmäßigen Ehefrau entfremdet, in unvorstellbarem Luxus lebt, den antiken Rechthabern wie Cicero mit Überheblichkeit begegnet und die Konventionen bricht, weil eine junge Frau über größeren Reichtum verfügt als die Weltmacht der römischen Republik.

Kleopatra ist eine einzige Provokation für die Spießbürger in Rom, das vier Jahrzehnte vor der Geburt von Jesus Christus und aus der Sicht einer Königin, die sich in einer direkten Ahnenlinie zu Alexander dem Großen wähnen kann, ein ziemlich chaotisches Provinznest ist. Das Kolosseum ist noch längst nicht errichtet, das Pantheon nicht einmal eine Idee, die Caracalla-Thermen bleiben späteren Jahrhunderten vorbehalten, die Kaiserpaläste sind unerbaut und Stadtplanung (da trifft sich das antike Rom mit der Gegenwart) unbekannt. Roms Straßen sind eng, verwinkelt, schmutzig, laut und stinkend. Das Forum erinnert noch immer an die Kuhweide, die es war. Dabei betrachten sich die römische Republik und die Stadt auf den berühmten sieben Hügeln als Nabel der Welt. Dank der erfolgreichen Kriegstechnik der römischen Legionen hat Rom zur Zeit Cäsars die Macht im Mittelmeerraum erkämpft. Wichtige Technologien haben die römischen Stämme von den geheimnisvollen Etruskern übernommen. Die Stärke des jungen Gemeinwesens, das sich da von Mittelitalien aus anschickt, die Welt (zumindest jenen Teil, den die Römer damals gekannt haben) zu erobern, liegt in der Organisationskraft, in der praktischen Anwendung von Erfindungen anderer und in einer militärischen Disziplin, die nicht besonders sympathisch, aber erfolgreich ist.

Kulturell spielt die Stadt am Tiber eine Nebenrolle. Alexandria ist das Paris der Antike, größer, schöner, kosmopolitischer und viel reicher als Rom. Und in und über Alexandria herrschen die Abkommen jener Feldherren, die Alexander den Großen beerben durften: die Ptolemäer. Kleopatra stammt aus altem makedonischen Adel. Die Personifikation der ägyptischen Herrscherin ist daher Griechin, spricht griechisch und lebt eine griechische

Kultur, die im ersten Jahrhundert vor der Geburt eines jüdischen Sektenführers, der später als Jesus Christus eine weltumspannende Religion gründen sollte, ihren klassischen Höhepunkt längst überschritten hat. Ein bisschen zynisch kann die Zeit des „Hellenismus" als „griechisches Zeitalter, in dem die Griechen keine Rolle spielten" definiert werden. Gerhard Dobesch schreibt über die beginnende römische Kaiserzeit und den Niedergang des griechisch dominierten Ostens: „Das komplizierte Machtgefüge des Hellenismus brach vor Rom wie ein Kartenhaus zusammen. Der Hellenismus selbst erwies sich als äußerst überlebensfähig." Kleopatra war eine der letzten hellenistischen Herrscherinnen, die mitspielen wollte, die eine ptolemäische Herrschaft in einem ägyptischen Großreich sichern wollte. Den Preis dafür zahlte sie an die Schutzmacht Rom.

Diese Epoche wird einst mit unserer europäischen Gegenwart verglichen werden. Verfeinerte Kultur, Lebensart, Mode, Stil und Literatur werden in Paris, London und New York gelebt. Die wirtschaftliche und politische Macht aber konzentriert sich in den „neuen Roms", die Peking oder Shanghai heißen.

Kleopatra war ein Kind des Hellenismus. Sie wurde etwa 69 v. Chr. als dritte Tochter des Ptolemaios XII. Auletes geboren. Sie hatte auch zwei Halbschwestern, die über Ägypten herrschten, Berenike IV. und Arsinoë IV. Letztere war nach einem Staatsstreich gegen ihren Vater an die Macht gekommen. Familienmitglieder wurden in diesen Kreisen als Konkurrenten um Macht und Geld, als potenzielle Mörder oder zu Ermordende eingestuft. Es ging in diesen Herrscherfamilien drunter und drüber.

Als Julius Cäsar im Jahr 47 v. Chr. Ägypten eroberte, versuchte Kleopatra ihre Machtstellung unter seiner Protektion zu erhalten – oder vielmehr wiederzuerlangen. Dafür war der 21-Jährigen jedes Mittel recht, denn ihre Chancen standen schlecht. Sie war vor ihrem Bruder und seiner Armee in die Syrische Wüste geflüchtet, lebte in einem schäbigen Zelt, unterstützt von einer Söldnerbande, weit weg vom Luxusleben eines Palastes. Sie hatte die

Regentschaft mit ihrem gerade erst 13-jährigen Bruder teilen müssen, mit dem Kleopatra auch noch verheiratet worden war. Die Familienverhältnisse in diesen fernen Zeiten sind eigentümlich.

Die doppelten Bande verhinderten aber keineswegs, dass die Berater ihres Ehemann-Bruders – er hieß praktischerweise auch Ptolemaios, genauer der Dreizehnte – Kleopatra als höchst überflüssige Mitregentin einstuften und sie sich der Ermordung nur durch Flucht bis nach Syrien entziehen konnte. Ihre Versuche, sich mit ihrer Armee nach Alexandria durchzukämpfen, scheiterten an den Festungsmauern von Pelusium. Die Stadt lag im Altertum am östlichsten Nilarm und wird im Alten Testament „Sin, die Festung Ägyptens" genannt. Kleopatras Lage war dementsprechend hoffnungslos.

Und ausgerechnet an diesem Ort sollte in diesen Tagen ein entscheidendes Kapitel des römischen Bürgerkrieges enden. Am Strand vor Pelusium landet der große Pompeius, erbitterter Gegner Cäsars im Bürgerkrieg. Geschlagen und bar jeder Truppen erhofft er sich vom ptolemäischen König Schutz gegen Julius Cäsar.

Eine Fehlkalkulation. Der ägyptische König – vielmehr seine Berater – wägen die Erfolgsaussichten der Unternehmung ab und setzen ihre Jetons auf Cäsar. Kaum an den Strand gewatet, ermorden sie den großen Pompeius, schlagen ihm sein Haupt ab und präsentieren die schauerliche Trophäe drei Tage später dem siegreichen Cäsar in Alexandria. Dieser soll darob nicht eben begeistert gewesen sein. Immerhin war Pompeius ein Römer gewesen, wenn auch Gegner und erbittert bekämpfter Todfeind, aber doch ein großer römischer General. Die nach Rom gesendeten Kuriere berichteten, Cäsar habe sich mit Schrecken abgewandt und angesichts des schon leicht verwesten Hauptes bittere Tränen geweint. Ein solch menschliches Rühren kam propagandistisch bei den Anhängern des Pompeius recht gut an, immerhin war ja der General und Konsul auch Cäsars Partner und Schwiegersohn gewesen.

Traurig, aber doch zufrieden konnte Cäsar einen strategisch günstigen Teil des Palastviertels beziehen, schließlich war den Bewohnern Alexandrias ja nicht zu trauen. Denn Cäsar war weniger Eroberer als Gefangener seiner gepriesenen Schnelligkeit. Er hatte sich mit relativ wenigen Truppen zu weit vorgewagt, saß im gewaltigen Palast von Alexandria und wurde von den Einheimischen monatelang belagert, ehe es seinen Legionen gelang, aus Syrien bis ins Nilland vorzudringen.

Für die rivalisierenden Parteien in der ägyptischen Hauptstadt beginnt ein Rennen um die Gunst des verhassten, aber mächtigen Römers. Kleopatra ist strategisch im Nachteil. Sie sitzt im Zelt vor Pelusium, kann nicht in die Hauptstadt. Doch dann hat ihr Vertrauter Apollodorus aus Sizilien eine brillante Idee. Sie wird die Truppen ihres Bruders austricksen, ein Boot bringt sie den Nil aufwärts bis Memphis, das heutige Luxor. In acht weiteren Tagen segelt sie einen anderen Nilarm abwärts zurück nach Alexandria. Um nicht erkannt zu werden, lässt sich die junge Königin in einen Ledersack (oder Teppich – die Überlieferung nimmt es nicht so genau) einrollen. Im Schutz der Dämmerung legt ein kleines Ruderboot an den Kaimauern an. Apollodorus nimmt seine Königin huckepack auf die Schulter und trägt sie in den Palast. So will es die Legende wissen.

In Cäsars Gemächern wird Kleopatra aus dem Ledersack gebeutelt. Daraus lässt sich schließen: Kleopatra war relativ klein und ziemlich schlank. Viel mehr wissen wir nicht über ihr Äußeres. Statuen und Bildnisse auf Münzen stellen sie mit einer ausgeprägten Nase dar, nicht unbedingt eine Schönheit nach klassischen Idealen. Ihr Auftritt gerät zum absoluten Coup. Gehen wir davon aus, dass sich die Königin nach ihrem Reiseabenteuer für den Auftritt vor Cäsar frisch gemacht hat. Der römische Herrscher ist jedenfalls beeindruckt. Eine wagemutige Aktion ist ganz nach seinem Geschmack.

Die junge Ptolemäerin hatte nur zwei Optionen: Gegen die römischen Eindringlinge zu kämpfen oder sich mit ihnen zu verbünden, um die Einheit und Selbstständigkeit des ägyptischen Reiches zu erhalten. Um gegen die militärische Übermacht und den Expansionsdrang Roms zu kämpfen, fehlten Kleopatra alle Mittel. So nutzte sie die eine Chance, unterwarf sich dem um Jahrzehnte älteren Feldherrn und gab ihm ein paar gute Gründe, die Ptolemäerin als Ägyptens Königin zu inthronisieren.

Julius Cäsar galt schon unter seinen antiken Zeitgenossen als Weiberheld. Und männliche Macht wurde damals auch durch die körperliche Unterwerfung von Frauen demonstriert. Im alten Rom besaßen Frauen nur sehr geringe Rechte. Eheschließungen dienten in Cäsars Kreisen der Macht- und Geldvermehrung. Von Liebe war keine Rede. Cäsar selbst war vier Mal verheiratet, opferte seine Ehen und seine Töchter für politische Allianzen.

An den Iden des März im Jahr 44 v. Chr. wurde schließlich der Diktator Julius Cäsar Opfer einer Verschwörung innerhalb seines engsten Kreises von Vertrauten. Es war eine blutige Intrige, ein Machtkampf um gewaltige Pfründe. Nicht das hehre Wohl der Republik trieb die Mörder an, sondern die Angst, ein allmächtiger Cäsar könne sich an ihren zusammengerafften ungeheuren Besitztümern bereichern, sie ermorden oder zumindest in die Verbannung schicken.

Rund um den römischen Jahresanfang verdichtet sich die Stimmung in Rom. Die Nervosität scheint zum Greifen. Es ist ruhig in der Stadt, ruhig wie vor einem Gewitter. Die „Iden des Mars" werden in der römischen Tradition ausgelassen gefeiert. Das Ende des Winters, der Beginn eines neuen fruchtbaren Jahres lässt das Volk Hemmungen und Schranken überwinden. Es wird getrunken, gevöllert, die Triebe sprießen. Doch dieses Mal will diese Volksfeststimmung nicht aufkommen – Cäsars Frau habe von drohenden Gewittern geträumt. Nachträglich wird man Zeichen gedeutet haben, Vorboten einer Katastrophe. Dann: Am späten Vormittag verbreitet sich eine unglaubliche Botschaft wie ein Lauffeuer durch die enge Stadt. Der Imperator Cäsar wurde ermordet! Die Bevölkerung gerät in Panik. Krawalle erschüttern die Stadt. Unschuldige werden massakriert, Häuser verwüstet, die Senatoren verstecken sich. Und Cäsars „magister eqitum" (der Stellvertreter des Diktators), Marcus Aemilius Lepidus, lässt das Forum Romanum von cäsartreuen Veteranen besetzen.

Julius Cäsar war zu mächtig geworden, viel zu mächtig. Dabei hatte gerade jener Senat, der sich von Cäsar bedroht fühlte, den Feldherrn und Konsul durch immer neue Ehrungen, Auszeichnungen und Lobpreisungen in liebedienerischer Art gleichsam den Menschen entrückt und ihn auf den Weg der „Vergöttlichung" gedrängt. Formal war Cäsar erst vor wenigen Wochen für zehn Jahre zum Alleinherrscher, zum Diktator gewählt und bestellt worden. Dieser Vorgang war einmalig, erfolgte aber immer noch im Rahmen der staatsrechtlichen Möglichkeiten.

Kleopatra lebte während Cäsars letzter Jahre in Rom. Von ihrem Palast am Esquilin hatte sie einen guten Überblick über die Intrigen in der Hauptstadt des römischen Reiches. Ihre Anwesenheit und ihr durchaus nicht bescheidenes Auftreten wurden von alteingesessenen Polit-Clans als zusätzliche Bedrohung ihrer Macht empfunden. Sie war eine orientalische Königin in einer noch immer nach republikanischen Grundsätzen regierten Stadt. Sie war eine selbstbewusste Frau in einem Gemeinwesen, wo Männer dominierten. Sie war die exotische Geliebte eines römischen Diktators. Daheim eine Königin, in Rom eine Kurtisane. Kleopatra war reich, reicher als jeder Mann in der Tiber-Stadt. Und sie zeigte den Reichtum. Sie trug Schmuck, wie ihn noch keine Frau in Rom gesehen hatte (die besten Stücke ließ sie ohnehin in Alexandria). Plinius bezifferte den Wert der Perlen, die sie als Ohrgehänge vorzugsweise trug, mit 420 Talenten pro Stück. Bei den römischen Immobilienpreisen konnte man mit einer Perle eine fashionable Villa am Mittelmeer erstehen.

Kleopatra fiel aus allen Ordnungsrahmen. Sie war eine sichtbare Provokation. Sie war unter Cäsars Schutz unantastbar. So musste Cäsar selbst sterben.

Im Senat wird der Diktator auf seinem erhöhten Stuhl von Bittstellern umringt. Ein Dutzend Senatoren drängen zu Cäsar, ziehen Messer aus der Toga und stechen zu. Er schreit auf, wehrt sich, brüllt wie ein wildes Tier. Ins Gesicht, in die Brust, in den ganzen Körper dringen die Messerspitzen ein. Der Feldherr kann sich losreißen, stürzt auf den Marmorboden des Senats, seine Toga blutig, zerfetzt. Cäsar greift ein Stück seines Gewandes, verbirgt sein Gesicht. Die brechenden Augen des Sterbenden soll niemand sehen.

Für Kleopatra ist der Tod ihres Geliebten und politischen Beschützers eine Katastrophe. Sie verdankt ihr Reich und ihre Herrschaft über Ägypten Cäsars Legionen. Sie muss rasch handeln. Bei der Öffnung von Cäsars Testament erlebt sie eine Enttäuschung. Der Herrscher Roms erwähnt sie mit keinem Wort, erwähnt auch den gemeinsamen Sohn Cäsarion nicht. Cäsar setzt seinen Neffen Gaius Octavian zum Erben seines ungeheuren Vermögens ein. Die Villa und die Gärten, in denen Kleopatra lustwandelt, schenkt er dem römischen Volk. Zusätzlich erhält jeder erwachsene Römer 75 Drachmen. Die posthume Großzügigkeit Cäsars lässt die öffentliche Stimmung kippen. Cäsars Mörder fliehen aus der Stadt, einige werden gelyncht. Mark Anton, Stellvertreter des großen Cäsars, nimmt die Zügel fest in die Hand. Seine Rede vor dem Leichnam Cäsars geht in die Geschichte ein. Sie ändert den Lauf der Welt. Kleopatra verlässt Rom, sie fühlt sich nicht mehr sicher. Sie muss heim in ihr Reich nach Alexandria. Noch einmal wird sie Leib und Seele einem Mann unterwerfen, um ihre Macht zu sichern. Cäsars Epigone wird auch sein Nachfolger in Kleopatras Bett.

*

Allan Massie, Cäsar – Brutus erzählt, München 1993.
Stacy Schiff, Cleopatra – A Life, New York 2010.

Abaelard und Heloisa
Die Liebe des Abts zur Äbtissin

Die Liebeslust währte nur wenige Wochen, vielleicht Monate. Das Liebesleid plagte Abaelard und Heloisa ein Leben lang. Der Theologe verführte seine Schülerin. Diese verehrte ihn, auch wenn er sie schlug.

Am Ende ihrer beider Leben wurden sie in einem Grab, später sogar in einem Sarg gemeinsam zur ewigen Ruhe gebettet. Während ihres Lebens waren die beiden zwar Mann und Frau, aber hunderte Kilometer voneinander getrennt – hinter Klostermauern eingesperrt.

Die Geschichte von Abaelard und Heloisa ist die Biografie einer großen Liebe, die Entdeckung sexueller Leidenschaft, eine menschliche Tragödie und ein geistesgeschichtlicher Kampf für die Vernunft und die reine Liebe, wider mittelalterliche Konventionen und theologische Zwänge.

Der Briefwechsel der beiden Liebenden stammt aus der Zeit um 1130. Überliefert sind die zwölf Briefe in Fassungen aus dem 13. Jahrhundert. Wer die Schreiben zusammengefasst, redigiert oder vielleicht neu „interpretiert" hat, ist nicht mehr festzustellen. Die Geschichte von Abaelard und Heloisa hat aber ohnehin längst den Boden eines historischen Tatsachenberichts verlassen, ist aufgestiegen in die Legenden und Liebesmythen, vergleichbar nur mit Romeo und Julia, Tristan und Isolde, Paris und Helena.

Der Übergang vom 11. zum 12. Jahrhundert stellt eine Zeitenwende dar. Im christlichen Europa tobt der sogenannte „Investiturstreit". Es ist die Entscheidungsschlacht um die Vormacht zwischen kirchlichen und weltlichen Machtbefugnissen. Woher nehmen Kaiser, Könige und alle anderen weltlichen Herrscher das

Recht, über ihre Untertanen zu regieren? Von Gott – das ist im Hochmittelalter unbestritten. Doch hat Gott von den zwei Schwertern der Macht das geistliche dem Papst und das der weltlichen Herrschaft dem Kaiser übertragen? Oder beide Schwerter dem Papst als Stellvertreter Christi auf Erden gegeben und dieser hat es gnadenweise an den Kaiser weitergeleitet? Die Antwort auf diese – für Zeitgenossen des 21. Jahrhunderts – eher merkwürdigen Fragen ist für das Mittelalter entscheidend. Es geht um Macht, Geld, Einfluss, es geht um die Vorherrschaft in der damaligen Welt.

Der 26-jährige deutsche König Heinrich IV. hat den Papst in Rom herausgefordert, ihn gar für abgesetzt erklärt. Gregor VII., ein früherer deutscher Mönch, schlägt mit der schärfsten Waffe zurück. Er verhängt den Kirchenbann über seinen weltlichen Rivalen und entbindet dessen Untertanen von ihrem Treueid. Es ist eine gefährliche Situation für Heinrich. Dieser muss auf hohem Ross und im Winter den gefährlichen Weg über die Alpen antreten. Er überrascht den Papst, der selbst auf dem Weg zu einem Fürstentag nach Augsburg ist. Gregor VII. flüchtet in die Burg Canossa am Nordhang des Apennins. Drei Tage lang „belagert" der König in Eiseskälte die Burg. Schließlich gibt der Kirchenfürst nach. Er verlässt die Festung und trifft den „bußfertigen" König. Der Papst muss Heinrich vom Kirchenbann lösen. Die scheinbare Erniedrigung des deutschen Königs vor einem deutschen Mönch wandelt sich zum diplomatischen Erfolg des weltlichen Herrschers. Der „Canossa-Gang" wird die weltliche Vorherrschaft über die kirchlichen Machtansprüche de facto besiegeln.

Die Kirche selbst befindet sich wieder einmal in einer ernsten Krise. Der Kauf von Kirchenämtern ist Allgemeingut, Priester und Ordensleute ignorieren großflächig moralische Auflagen und den Zölibat, viele Klöster sind in Sittenlosigkeit verkommen. Reformen nach innen werden mit dem Angriff auf den islamischen Feind nach außen propagandistisch abgesichert. Der Konflikt zwischen Morgenland und Abendland eskaliert. Der erste Kreuzzug endet 1099 mit der Eroberung Jerusalems durch ein Ritterheer. Der Krieg bringt für Europa eine Erweiterung des religiösen, kulturellen, aber auch wirtschaftlichen Horizonts. Diese politische und intellektuelle Aufbruchsstimmung wird als „Renaissance des Mittelalters" bezeichnet.

In dieser Zeit wird Pierre Abaelard 1079 in Le Pallet östlich von Nantes an der Mündung der Loire geboren, als erster Sohn einer bescheidenen Ritterfamilie. Eigentlich sollte Pierre wie sein Vater die Ritterlaufbahn einschlagen, vorher jedoch etwas lernen. Sein Vater schickte ihn zu Roscelin von Compiègne, einem später wegen Häresie verurteilten Mönch, der den Knaben für die Geisteswissenschaft begeistern kann. Pierre, oder lateinisch Petrus, will über Logik disputieren und zieht eine Gelehrtenlaufbahn dem Reiten, Stechen und Hauen vor. Nach seiner fünfjährigen Ausbildung reist der junge Mann durch die Lande. Den Wanderphilosophen – nichts Ungewöhnliches im Hochmittelalter – zieht es nach Chartres, damals ein Zentrum zeitgenössischer Gelehrsamkeit. Dort wird ihm der Name „Abaelard" gegeben. Der Mann aus der Provinz fühlt sich immer stärker vom intellektuellen Zentrum seiner Zeit angezogen: Paris mit der Domschule von Notre-Dame auf einer Insel in der Seine, wo „von alters her diese Wissenschaft in höchster Blüte stand", wie Abaelard in seinem ersten Brief, einer Art Autobiografie in Form eines „Trostbriefes" („Historia Calamitatum"), an einen – wohl fiktiven – Freund schreibt.

Der Kleriker ohne priesterliche Weihen scheint kaum von Selbstzweifeln angekränkelt gewesen zu sein. Er fühlt sich bald seinen Lehrern intellektuell überlegen, widerspricht ihnen in den Vorlesungen, fordert sie zu Streitgesprächen heraus und ist überzeugt davon, sie im Duell der Worte geschlagen zu haben. Das kann nicht gut gehen. Abaelard verlässt die Domschule, zieht nach Melun südöstlich von Paris und gründet eine eigene Schule. Staatliche Anerkennungsverfahren gibt es – noch – nicht. Dennoch ist Abaelards Handeln purer Hochmut und reine Anmaßung. Und auch das kann nicht gut gehen. Universitäten sind eigentlich noch nicht erfunden, sie entwickeln sich erst aus den Domschulen und brauchen zu ihrer Anerkennung im 13. Jahrhundert ein „Universitätsprivileg" des jeweiligen Landesherrn und, da alle Lehre streng innerhalb des christlichen Gedankengebäudes zu erfolgen hat, auch eine Bestätigungsbulle des Papstes. Intrigen und Eifersüchteleien unter Theologen und Lehrern gibt es auch ohne akademische Privilegien. Abaelard muss seine „Schule" schließen, versucht es noch einmal und flüchtet schließlich krank und erschöpft zu seinen Eltern heim nach Le Pallet.

Wieder zu körperlichen und mentalen Kräften gekommen, attackiert der Aufmüpfige die konservativen und traditionellen Lehrer in Paris. Abaelard wird zum Heros einer neuen Theologen-Generation. Die Geisteswissenschaft denkt – wir sind im Hochmittelalter – ausschließlich innerhalb des strengen Korsetts der Theologie. Der junge Kleriker testet die Grenzen des abendländischen Denkens und wird dafür später verurteilt und bestraft werden. Der große Klostervater Bernhard von Clairvaux formuliert Jahre später in seinem Anklageschreiben an den römischen Papst Innozenz II. abfällig: „Wir haben hier in Frankreich einen neuartigen Theologen, der von Anbeginn seiner Jugend in der dialektischen Kunst sein Spiel trieb und jetzt in der Heiligen Schrift herumspintisiert."

Darum geht es in dem Konflikt, der das Leben Abaelards prägen wird: Eine neue Generation von Intellektuellen will den Maßstab des Zweifels und das Urteil der Vernunft auch an die Lehren der Kirchenväter anlegen. Im Vorwort seiner Schrift „Sic et No" („Ja und Nein") spricht er ein neues Glaubensbekenntnis an: „Durch Zweifeln kommen wir nämlich zur Untersuchung, in der Untersuchung erfassen wir die Wahrheit."

Der österreichische Schriftsteller Friedrich Heer sieht in Abaelard den „Einzelnen, den Einsamen, das moderne Individuum, welches sich auflehnt gegen die massive religiös-politische Weltordnung seiner Epoche".

An seinem Anspruch und an seiner intellektuellen Arroganz scheitert Abaelard wohl auch in seinem Theologiestudium, das der 31-Jährige nach einem weiteren Intermezzo in Paris bei Magister Anselm von Laon beginnt, aber schon nach wenigen Vorlesungen wieder abbricht. Der höchst angesehene Theologielehrer ist dem Schüler nur ein paar verächtliche Zeilen in seiner Biografie wert: „Wer in irgendeiner Frage unsicher an seine Tür pochte, um ihn aufzusuchen, der kehrte noch unsicherer zurück. Bewundernswert war er zwar in den Augen von Hörern, aber ein Nichts im Anblick von Fragern."

Das vernichtende Urteil des Jungen über den alten Lehrmeister verstärkt Abaelards Ruf als anmaßender Gelehrter, der aber gerade durch seine rücksichtslose Überheblichkeit immer zahlreichere Anhänger findet.

Abaelard zieht wieder nach Paris, siedelt sich am Montagne Sainte-Geneviève am linken Seine-Ufer an. Heute krönt das Panthéon die kleine Erhebung, die in römischer Zeit Mittelpunkt der Siedlung war. Von dort sind es nur wenige Minuten zu Fuß über eine Brücke auf die „Île de la Cité". Der wegen seines scharfen Verstandes Verehrte erhält im Jahr 1114 endlich den Ruf an die Domschule von Notre-Dame und bekleidet binnen weniger Jahre das höchste akademische Lehramt des Mittelalters. Er ist der herausragende Philosoph und Scholastiker seiner Zeit, verehrt und heftig umstritten.

Petrus Abaelard genießt in Paris nicht nur die akademischen Würden, er entdeckt und erliegt auch den „Lockungen des Fleisches": „Schon hielt ich mich für den einzigen Philosophen in der Welt, der von keiner Seite mehr eine Verunsicherung zu fürchten brauchte, und ich, der bis jetzt streng enthaltsam gelebt hatte, begann nun meinen Leidenschaften die Zügel schießen zu lassen."

Ausgerechnet jetzt begegnet dem Pariser Starphilosophen und bewunderten Denker ein junges Mädchen. Heloisa lebt mit ihrem Onkel, dem Domherrn Fulbert, im Schatten von Notre-Dame.

Die kaum 17-jährige junge Frau verfügt über außerordentliches Schulwissen. Sie spricht Latein, Griechisch und etwas Hebräisch. Die Nichte des Kanonikus dürfte auch keineswegs reizlos gewesen sein, jedenfalls beschreibt Abaelard sie blumig: „Gehörte sie schon in ihrem Äußeren nach nicht zu den Letzten, so war sie durch den Reichtum ihrer Bildung weitaus die Erste."

Dem „hochgefeierten" Abaelard stach die kluge Domherrn-Nichte jedenfalls ins Auge. Der Enddreißiger hatte noch keine Erfahrungen mit Frauen gesammelt. Für Beziehungen zu adeligen Damen stand er gesellschaftlich einige Stufen zu tief, mit „Dirnen" wollte er sich nicht einlassen. Die blutjunge Dame aus angesehenem Haus regte Abaelards Fantasie sehr heftig und eindeutig an. Er selbst gesteht in seinen Erinnerungen die wenig lauteren Absichten: „Sie, die ich mit allem geschmückt sah, was Liebhaber anzulocken pflegt, gedachte ich nun, da sie eher willfährig war, zur Liebe an mich zu fesseln."

Da trifft es sich gut, dass Onkel Fulbert ausgerechnet Abaelard als prominenten Hauslehrer für seine kluge Nichte engagiert, ihm Kost, Logis und Gehalt anbietet, wenn er Heloisa in allem Nötigen unterrichten wolle. Fulbert tritt dem Lehrer gar die Erziehungsgewalt ab, ermächtigt ihn, die Nichte auch mit Schlägen zu züchtigen. Der um gut 20 Jahre ältere Professor an der Domschule lässt sich nicht lange bitten. Kanonikus Fulbert hat ihm die hübsche Nichte praktisch auf dem Silberteller serviert: „Ich konnte nicht verblüffter sein, wenn er sein zartes Lämmlein einem heißhungrigen Wolf zu hüten gegeben hätte."

Die Lehrstunden werden bald für beide intensiv und durchaus nicht langweilig. „Unter dem Deckmantel der Unterweisung gaben wir uns ganz der Liebe hin, und unsere Beschäftigung mit Lektüre bot uns die stille Abgeschiedenheit, die unsere Liebe wünschte. Da wurden über dem offenen Buch mehr Worte über die Liebe als über die Lektüre gewechselt, da gab es mehr Küsse als Sprüche. Nur allzu oft zog es die Hand statt zu den Büchern zu ihrem Busen."

Die Affäre des Lehrers mit seiner Schülerin wäre heute wohl strafrechtlich relevant, jedenfalls aber ein Skandal. Im Mittelalter entwickelt sich daraus eine Liebeslegende. Abaelard und Heloisa vereinen das Lehren und das Lernen, beide gewinnen an Erfahrung, und die als Strafe gedachten Prügel werden Teil des Liebesspiels. „Es gab einige Mal Schläge. Aber es war Liebe, nicht Grimm, Neigung, nicht Zorn, und sie überboten die Süße von allem Balsam der Welt. Kurz: Keine Stufe der Liebe ließen wir Leidenschaftlichen aus, und wo die Liebe etwas Ungeheuerliches erfinden konnte, wurde es mitgenommen."

Es sind erstaunliche Geständnisse für einen Kleriker am Beginn des 12. Jahrhunderts: „Es war zärtliche Verliebtheit, die mir die Hand führte – und ihr war diese Züchtigung linder als kostbare Salbe. In unserer Gier genossen wir jede Abstufung des Liebens, wir bereicherten unser Liebesspiel mit allen Reizen, welche die Erfinderlust ersonnen."

Auch diese intensive Lehrtätigkeit konnte für Abaelard nicht gut gehen. Im Eifer der Liebeslust haben beide nicht an die Folgen gedacht: Heloisa ist schwanger. Die Affäre fliegt auf. Onkel Fulbert tobt, schreit und misshandelt seine Nichte, sperrt sie ein und vertreibt ihren Lehrer aus dem Haus.

Das Liebespaar entschließt sich zur Flucht. Abaelard bringt seine jugendliche Geliebte zur Schwester in die Bretagne. Dort sind beide außer Reichweite des wütenden Domherrn. Heloisa gebärt einen Sohn: Petrus Astrolabius. Sein Name ist Programm. Abaelards Sohn soll nach den Sternen greifen, weniger geht nicht.

Der intellektuelle Star von Paris ist jetzt in einer ungünstigen Karriere-Situation. Mit dem einflussreichen Kanonikus Fulbert hat er es sich verscherzt, seine Geliebte muss er in der Bretagne zurücklassen, guter Rat ist teuer: Abaelard will wieder alles haben. Er verspricht dem Domherrn, seine Nichte zu ehelichen und damit die Schmach zu tilgen, gleichzeitig soll die Heirat aber geheim bleiben, damit die Karriere des Theologen keinen Schaden nimmt. Verheiratete Kleriker, auch wenn sie wie Abaelard nur niedrige Weihen haben, gelten im Mittelalter als zweitrangig. Die Ehe – nicht die Schwängerung einer Schülerin – gilt als Rufschädigung. Mit dem Ehrenwort und einer Umarmung wird der Pakt besiegelt. Heloisa erfährt davon nichts. Die Braut wird nicht gefragt, sie fügt sich aber keineswegs willenlos in den Plan und argumentierte so, dass Abaelards Eitelkeit sich geschmeichelt fühlen musste: „Welche Rechenschaft müsste die Welt von ihr fordern, wenn sie ihr eine solche Leuchte entzöge? Wie viel Verwünschungen würden diesem Ehebund folgen, welcher Schaden der Kirche, wie viel Tränen der Philosophen? Wie erbärmlich, wie kläglich wäre es, wenn ein Mann wie ich, geschaffen für alle, sich einer einzigen Frau verschriebe und sich unter ein so schimpfliches Joch beugen wollte!"

Nun zitiert der Gelehrte die schmeichelhaften Argumente seiner 17-jährigen Geliebten eineinhalb Jahrzehnte später. Selektive Erinnerung scheint nicht ausgeschlossen. Doch auch Heloisa bestätigt diese Darstellung. In ihrem Antwortbrief, gerichtet an Abaelard, beteuert die zur Leiterin eines Nonnenklosters Gewordene „ihrem Herren, ja vielmehr ihrem Vater, ihrem Gatten, vielmehr Bruder – seine Magd, nein, seine Tochter, seine Gattin, nein seine Schwester": „Kein Ehebündnis, keine Morgengabe habe ich erwartet, nicht meine Lust und meinen Willen suchte ich zu befriedigen, sondern den deinen, das weißt du wohl. Mag dir der Name ‚Gattin‘ heiliger und ehrbarer erscheinen, mir war allzeit reizender die Bezeichnung ‚Geliebte‘, oder gar – verarg es mir nicht – deine ‚Konkubine‘, deine ‚Dirne‘."

„In wenigen Sätzen zertrümmert Heloisa die gesellschaftliche Wertung von Liebe und Ehe", analysiert Eberhard Horst dieses erstaunliche Bekenntnis einer Frau, das einer frommen Äbtissin in einer Welt des 12. Jahrhunderts, die fast ausschließlich von religiösen Normen geprägt und bestimmt ist. Die junge Frau argumentiert schonungslos, mutig und revolutionär für ihre Zeit.

Abaelard will die Konventionen wahren und seine Karriere im Kontext der gesellschaftlichen Normen sichern. Er zwingt

Heloisa zur Ehe. In Paris, im Beisein ihres Onkels und Vormunds, soll der Bund geschlossen werden.

In der Kapelle des Domherrenhofes verbringen die beiden Brautleute die Nacht vor der Eheschließung. Sie feiern die Vigilien. Am frühen Morgen, Aufsehen soll ja vermieden werden, wird die Ehe mit kirchlichem Segen geschlossen. Kanonikus Fulbert und die engsten Verwandten des Paares sind anwesend. Unmittelbar nach dem Jawort trennen sich die Wege von Abaelard und Heloisa.

Doch der fein gesponnene Plan wird zerrissen. Fulbert denkt nicht daran, die Eheschließung geheim zu halten. Er plaudert. Und auch Abaelard will die Freuden der Ehe genießen. Wieder schreibt Heloisa ehrlicher über die Zeit als ihr Ehemann: „Zuerst genossen wir die Freuden einer verstohlenen Liebe, wir buhlten miteinander, dann setzten wir die verstattete Liebe an die Stelle der verbotenen, wir deckten die schmachvolle Buhlerei mit dem Mantel einer ehrbaren Ehe."

Die Affäre, die ja nun den Segen der Kirche hat, wird zum Stadtgespräch. Kanonikus Fulbert schikaniert seine Nichte. Wieder müssen die beiden aus Paris fliehen. Abaelard bringt seine Frau ins Nonnenkloster Sainte-Marie bei Argenteuil. Heloisa wird dort „Laienschwester", ohne die strengen Gelübde abzulegen und ohne „den Schleier zu nehmen". Frauenklöster haben im 12. Jahrhundert nicht viel mit Frömmigkeit und selbstbestimmter Entscheidung fürs Klosterleben zu tun. Sie bieten alleinstehenden Frauen, Töchtern ohne Chance auf eine „gute Partie", Verstoßenen eine gewisse materielle Sicherheit und den Schutz der hohen Klostermauern. Sie sind Fluchtorte. Heloisa lässt an ihrer Haltung keinen Zweifel: „Nicht Frömmigkeit, sondern dein Befehl allein hat mich in blühender Jugend zur Düsternis des Klosterlebens hingezogen."

Doch Abaelard sorgt mit seinen Besuchen für gelegentliche Erleuchtung im Nonnen-Alltag. In seinem vierten Brief – Jahrzehnte später an die Äbtissin gerichtet – denkt er an eine innige

Begegnung mit Heloisa zurück: „Als wir unseren Ehebund schon geschlossen hatten und Du in Argenteuil bei den frommen Schwestern im Kloster weiltest, da kam ich – Du erinnerst Dich daran – eines Tages heimlich zu Besuch. Du weißt es noch, was ich bei diesem Besuch in meiner gierigen Unbeherrschtheit mit Dir begangen, in einer Ecke des Refektoriums begangen – wir hatten ja sonst keinen Raum, in den wir uns zurückziehen konnten. Du erinnerst Dich noch, welch schändliche Dinge wir an diesem ehrwürdigen Ort trieben, der unter dem Schutz der heiligen Mutter Gottes steht. Auch wenn sonst nichts vorfiel, das allein rechtfertigte eine noch viel strengere Ahndung."

War das Klosterleben für die Geliebte lebenslange Strafe, büßte der Gelehrte mit einem schmerzhaften Einschnitt.

Abaelard kommt nach Paris zurück, lehrt weiter an der ehrbaren Domschule. Fulbert sinnt auf Rache. Die Nichte – in manchen Erzählungen wird behauptet, Heloisa sei in Wahrheit seine Tochter gewesen – entehrt, geschwängert, gegen den Willen des Vormunds verheiratet, ins Kloster verbannt. Abaelards Diener wird bestochen. Er verrät seinen Meister. Zwei Stierschneider schleichen sich in die Schlafkammer des Gelehrten. Sie packen ihn, halten ihn fest und mit sicheren Schnitten entmannen sie den Geliebten Heloisas. In seiner „Historia Calamitatum" beschreibt Abaelard den brutalen Überfall: „Sie beraubten mich der Körperteile, mit denen ich begangen hatte, worüber sie klagten."

Wie Abaelard die qualvolle Verstümmelung überlebt, wie der Blutverlust gestillt, die Wunde behandelt wird, darüber schweigt er selbst. Der Anschlag wird zum Stadtgespräch. Die Rechnung Fulberts geht nicht auf. Der angesehenste Intellektuelle der Stadt wird zum Märtyrer, nicht zum Gespött. „Als es Tag wurde, strömte die ganze Stadt vor meiner Wohnung zusammen, und in welchem Entsetzen sie erstarrte, in welchem Jammer sie sich verzehrte, mit welchem Geschrei sie mich quälten, mit welcher Klage erschütterten."

Die beiden Täter werden rasch gefunden und nach kurzem Prozess gleichsam reziprok entmannt und als Draufgabe geblendet. Gegenüber dem Anstifter legen die Behörden erstaunliche Milde an den Tag. Kanonikus Fulbert wird zwar kurzzeitig verhaftet, sein nicht unbeträchtliches Vermögen eingezogen, aber nach einem Jahr wird der einflussreiche Mann begnadigt.

Abaelard ist tief verletzt und gedemütigt. In der Logik des Mittelalters kann er seine Lehrtätigkeit nicht mehr aufnehmen. Er muss in einem Kloster Schutz und Zuflucht suchen und tritt in die Abtei Saint-Denis ein. Auch Heloisa soll der Weltlichkeit endgültig entsagen. Er überredet seine Geliebte und Ehefrau, „den Schleier zu nehmen". Sie fügt sich, wider Willen und unter Protest. „Traust Du mir nicht? Hast Du Angst, ich könnte in die Welt zurückgehen?" Vielleicht war es so, wie Heloisa argwöhnte. Die Freuden, die Abaelard jetzt nicht mehr genießen konnte, wollte er keinem anderen vergönnen. Er – ein kastrierter Mann, sie – eine zur Enthaltsamkeit verdammte Ordensschwester. Doch Abaelard bleibt nicht lang in Saint-Denis. Seine geistige Überlegenheit und sein herausragender Intellekt machen es ihm unmöglich, sich in eine egalitäre Ordensgemeinschaft einzufügen.

Abaelard nimmt seine Lehrtätigkeit wieder auf, wird aber zunehmend von der Kirchenhierarchie angefeindet. Auf dem Konzil von Soissons muss der Scholastiker seine Schrift „Theologia Summi Boni" eigenhändig ins Feuer werfen. Es ist wieder eine Niederlage. Abaelard hat tatsächlich geglaubt, mit Argumenten, geschliffenen Worten und seiner Vernunft gegen die Machtstrukturen der Kirche zu obsiegen. So viel Unabhängigkeit (und Anmaßung) war nicht mehr tragbar.

Noch wandert nur seine „Theologia" ins Feuer, nicht er. Abaelard verlässt die angesehene Königsabtei von Saint-Denis, in der es überaus weltlich zuging, und gründet rund 120 Kilometer südöstlich von Paris am Flüsschen Ardusson eine Einsiedelei, die er „Paraklet" (nach der griechischen Bezeichnung für den „Heiligen Geist") nennt. Zahlreiche Schüler und Verehrer begleiten

Abaelard und leben rund um die Klause in einfachsten Hütten und Zelten, um seine Vorträge zu hören und mit ihm zu diskutieren. Friedrich Wilhelm Bautz schreibt in seinem „Biographischen-Bibliographischen Kirchenlexikon": „Abaelard lebte in beständiger Angst vor einer neuen Synode gegen ihn und fürchtete seinen Hauptgegner, den Abt Bernhard von Clairvaux. Er nahm darum 1128 die Wahl zum Abt des Klosters Saint-Gildas-en-Rhuys in der Bretagne an." Da Paraklet verwaist war, schenkte Abaelard seiner Frau Heloisa und den übrigen Nonnen das bescheidene Koster, das sie im Lauf der Jahre als Äbtissin zu hoher Blüte brachte. In den „Liebesbriefen" wird ein steter Wandel der Beziehung spürbar, von Brief zu Brief wird die einst ausgelebte sexuelle Anziehung zur fernen Erinnerung. Äbtissin Heloisa transponiert die Liebe zu Abaelard auf die geistige und geistliche Ebene und sie erbittet – und erhält – Regeln für das Leben im Kloster, Abaelard schreibt hunderte Lieder für die Nonnen von Paraklet. Sie wiederum führt ihren Geliebten durch die Gärten des Klosters. Aus der Einöde ist ein blühendes Gut entstanden. „Denn mein Herz ist nicht bei mir, sondern bei dir, und wenn es nicht bei dir ist, ist es nirgendwo."

Das Nonnenkloster sollte mehr als 700 Jahre bestehen und wird erst in der Französischen Revolution durch die Jakobiner enteignet. Die Gebäude werden bis 1794 fast vollständig abgetragen. Nur der etwas abseits gelegene Gutshof übersteht auch die Revolutionsjahre.

Abaelard ist in den Jahrzehnten bis zu seinem Tod praktisch immer auf der Flucht. Er muss seinen Konvent verlassen, da ihm feindlich gesinnte Klosterbrüder nach dem Leben trachten und ihn vergiften wollen. Wieder geht er um 1136 nach Paris zurück, lehrt im „lateinischen Quartier" („Quartier Latin") am linken Seine-Ufer, dort, wo später die Pariser Universität Sorbonne gegründet werden wird. Obwohl er berühmte Zeitgenossen – drei zukünftige Päpste – um sich schart und sein Ruf als genialer Denker weit über Paris hinaus reicht, bleibt sein Leben eine Kette von

Niederlagen. Nur vier Jahre später muss der Theologe und Philosoph abermals vor einem Konzil erscheinen. Er ist der Ketzerei angeklagt. Dieser Vorwurf kann das Leben kosten. Wieder glaubt er sich im akademischen Diskurs gegen seinen Gegner Bernhard von Clairvaux überlegen. Wieder überschätzt er die Macht seines Denkens im Kampf gegen die Macht der Kirchenhierarchie.

Abaelard entgeht der Verurteilung zu lebenslanger Klosterhaft, Exkommunikation und der Verbrennung sämtlicher Werke nur durch den Auszug aus der Kathedrale von Sens. Mithilfe von Freunden will Abaelard nach Rom ziehen und von Papst Innozenz II. eine Revision des gegen ihn gerichteten Urteils erwirken. Doch er kommt – körperlich und seelisch am Ende – nur bis zur Abtei von Cluny. Dort steht er unter dem Schutz seines Freundes, des Großabts Petrus Venerabilis. Dieser wird ihn auch nach seinem Tod von allen Sünden lossprechen: „Ich, Petrus von Cluny, der ich Petrus Abaelardus als Mönch in Cluny aufnahm und dessen Leib ich heimlich überführen und der Äbtissin Heloisa und den Nonnen des Paraklets aushändigen ließ, spreche ihn kraft meines Amtes los von allen seinen Sünden."

So wird Abaelard im Nonnenkloster Paraklet begraben, endlich vereint mit seiner Geliebten und Ehefrau Heloisa, die ihm 20 Jahre später in die gleiche Gruft nachfolgt. Die sterblichen Überreste des Paares werden mehrfach umgebettet und 1817 auf dem Pariser Friedhof Père Lachaise in einem Sarg beigesetzt. Auf dem neugotischen Grabdenkmal wurde die Inschrift eingraviert: „Einziger, Liebster, leb wohl."

Die besonders im 18. Jahrhundert romantisch überhöhte und mehrfach in Romanen ausgeschmückte Liebesgeschichte des Abtes und der Nonne überdeckt die kirchenhistorische Bedeutung Abaelards und vor allem die „moderne" Intellektualität seiner Geliebten Heloisa.

Werner Robl bemüht sich in seiner Analyse um eine Korrektur: „Namhafte Theologen und Philosophen – selbst so berühmte wie Petrus Lombardus oder Thomas von Aquin – haben seine

Methodik und Lehren übernommen, aber keiner von ihnen hat ihn je zitiert. Ist es heute allgemein bekannt, dass es die originäre Leistung Peter Abaelards war, Theologie als wissenschaftliches Arbeitsprogramm aufzufassen? Wer kennt schon Abaelards Utopie des friedlichen Miteinanders der Religionen im Ringen um den wahren Glauben, entwickelt noch vor den Glaubenskriegen, den Judenpogromen und der Inquisition?" Der italienische Schriftsteller Umberto Eco bezeichnete Abaelard und Heloisa – ein wenig unhistorisch – als „das berühmteste Liebespaar seit Romeo und Julia". Shakespeare hat sein Liebesdrama erst 200 Jahre später geschrieben. Und: Abaelard und Heloisa haben wirklich gelebt und geliebt, ihre Geschichte entspross nicht der Fantasie eines Autors. Im Gegenteil. Ihre Liebe hat Dichter wie Petrarca, Rousseau und Voltaire inspiriert.

*

Abaelard – Der Briefwechsel mit Heloisa, übers. v. Hans-Wolfgang Krautz, Stuttgart 2001.

Friedrich Wilhelm Bautz, Biographisches-Bibliographisches Kirchenlexikon, Bd. 1, Hamm 1990.

Eva Cescutti/Philipp Steger (Hrsg.), Und wärst du doch bei mir – Ex epistolis duorum amantium. Eine mittelalterliche Liebesgeschichte in Briefen, Zürich 2005.

Friedrich Heer, Aufgang Europas, Wien 1949.

Eberhard Horst, Heloisa und Abaelard – Biographie einer Liebe, München 2004.

http://www.suite101.com/content/the-romance-of-abelard-and-heloise-a85098#ixzz16thX4Rb6

www.abaelard.de

Rodrigo Borgia und Giulia Farnese
Der Papst und die „Braut Christi"

Gott braucht gelegentlich eine große Portion Langmut, wenn er dem Treiben seiner Stellvertreter auf Erden zusehen muss. An der Zeitenwende vom 15. zum 16. Jahrhundert dürfte der Herr im Himmel seine römische Kirche einer besonderen Prüfung unterworfen oder angewidert weggesehen haben. Papst Alexander VI., der im Dezember 1492 in den vatikanischen Palast einzog, gilt in der Kirchengeschichte als abschreckendes Beispiel. Schon als Kardinal hatte sich der Spanier Rodrigo Borgia nicht an die Gebote der Keuschheit gehalten. Der geistliche Würdenträger beglückte zahlreiche Mätressen. Kardinälen, Bischöfen und Priestern wurde damals die Missachtung zölibatären Lebens großzügig nachgesehen, sofern sie ihre Affären nicht an die große Glocke hängten. So tolerant waren damals die Gläubigen.

Rodrigo wurde im spanischen Játiva in der Nähe von Valencia geboren. Nach seinem Studium an der ältesten Universität Europas, in Bologna, erhielt der 26-Jährige, gleichsam als Promotionsgeschenk, den Kardinalspurpur verliehen. Den scharlachroten Hut, der vor allem mit Macht und Pfründen verbunden war, verdankte der junge Theologe seinem Onkel, der als Papst Kalixt III. in die Kirchengeschichte einging.

Die Nachfolge des Apostels Petrus war somit eine innerfamiliäre Angelegenheit. Kalixt III. war in einem Konklave von nur 15 Kardinälen zum Stellvertreter Christi auf Erden gewählt worden, und das im damals wahrhaft biblischen Alter von 77 Jahren. Die mächtigen römischen Geschlechter der Collona und der Orsini hatten sich gegenseitig blockiert. So blieb der alte spanische Kardinal aus dem Geschlecht der Borgias ein praktischer

Kompromisskandidat mit geringer Halbwertszeit. Alfonso Borgia – so sein italienisierter Name – galt als ausgezeichneter Jurist, hatte altersbedingt kaum noch Affären und keine außerehelichen Kinder, eine seltene Ausnahme. Für die Zeit, in die der Aufstieg der Borgias fällt, schien er Garant eines gottgefälligen Papsttums zu sein. Doch der Heilige Geist erwies sich auch in diesem Fall keineswegs als unfehlbar. Kaum im Vatikan, perfektionierte Papst Kalixt III. das System der Vetternwirtschaft. Er holte dutzende Verwandte aus seiner spanischen Heimat nach Rom und betraute sie mit wichtigen kirchlichen Ämtern.

Sein Neffe Rodrigo wurde so, noch ehe er überhaupt die geistlichen Würden empfangen hatte, zum Vizekanzler der Kurie ernannt. Diese Funktion galt in jenen Tagen als besonders erstrebenswert, weil sich dabei das meiste Geld abzweigen ließ. Nun waren die Römer gewiss keine unbestechlichen Diener der katholischen Kurie, aber von den Katalanen konnten sie noch etwas lernen. Der zweite Neffe des Papstes, Pedro Luis, wurde Kommandant der Engelsburg und erhielt zahlreiche kirchliche Lehen, also Einkommensquellen zugeschanzt. So gilt Kalixt III. zwar als geschickter Verhandler, aber gleichzeitig als Erfinder der schrankenlosen Vetternwirtschaft. Mit ihm fallen alle Schamgrenzen.

Eine direkte Nachfolge eines weiteren Borgia auf den „Heiligen Stuhl" verhindern vorerst die römischen Adelsgeschlechter, die glauben, quasi eine Erbpacht auf den wichtigsten politischen Posten der damaligen Welt zu haben. So hat Rodrigo als päpstlicher Vizekanzler Zeit, seine Macht auszubauen und drei illegitime Kinder zu zeugen, ehe er sich einer verheirateten Frau zuwendet. Vanozza dei Cattanei wird für etliche Jahre seine Geliebte und gebiert dem Kardinal drei Söhne und eine Tochter: Lucrezia Borgia und ihr Bruder Cesare werden in die Welt-, Literatur- und Filmgeschichte eingehen. Rodrigo ist noch nicht Papst, hat aber schon mindestens sieben Kinder gezeugt. Der Spanier in Rom zeigt stolz seine Manneskraft und wählt als Wappentier einen Stier. Gelegenheiten lässt er selten aus. Der jetzt 57-jährige

Kardinal ist Vormund eines jungen Adels-Sprösslings aus der mächtigen Familie Orsini, einem Cousin dritten Grades. Dessen Hochzeit mit einem 14-jährigen Mädchen findet im Palast des Kirchenfürsten statt. Die künftigen Eheleute Orso Orsini und Giulia Farnese sind einander seit ihrer Geburt versprochen. Die Familien haben es so vereinbart. Die Kinder werden nicht weiter gefragt.

Giulia Farnese wird von Zeitgenossen als blonde Schönheit beschrieben, dem alternden Kardinal sticht das blutjunge Mädchen sofort ins Auge. Die Eheschließung kann und will er nicht verhindern, als geweihtem Kirchenmann bleibt ihm das Sakrament der Ehe ohnehin vorenthalten, aber den Vollzug der Ehe seines entfernten Cousins mit der Bildhübschen behält er sich vor. Am Tag ihrer arrangierten Hochzeit wird Giulia die Geliebte des Kardinals. Sie ist die Schöne und er ist das Biest. Porträts zeigen den späteren Papst Alexander als hakennasigen, unsympathisch blickenden älteren Mann mit beträchtlicher Leibesfülle. Ihm wird die 14-jährige „Braut Christi" zugeführt. So spottet Rom über die skandalöse Liaison. Doch niemand wagt es, gegen diesen Übergriff des mächtigen Kirchenmannes zu protestieren. Der Borgia quartiert seine vier Jahrzehnte jüngere Geliebte im Palast ein. Ihren unglücklichen Ehemann ernennt man zum Offizier und schickt ihn in die Provinz.

Im Alter von 61 Jahren wird der Kardinal nach dem Tod von Papst Innozenz VIII. am 10. August 1492 zum Nachfolger Petri gewählt und nimmt den Papstnamen Alexander VI. an. Der Borgia hat die Ersparnisse der vergangenen Jahrzehnte gut investiert und eine ausreichende Zahl von Kardinälen bestochen. Kardinal Ascanio Sforza soll durch vier Maulesel beladen mit Silber von den Qualitäten des Borgia überzeugt worden sein. Sein Kollege Orsino erhielt Borgias Palast in Rom und Kardinal Colonna die Abtei Subiaco. Als Simonie oder Ämterkauf werden Reformatoren von Savonarola bis (später) Martin Luther diese gängige Praxis geißeln.

Es beginnt die Zeit der Prachtentfaltung der Borgias. Den Renaissance-Päpsten verdankt Rom großartige Paläste, aber auch den schauerlichsten moralischen Verfall der Kirchengeschichte. In der „Chronik des Christentums" erhält diese römische Episode einen vernichtenden Eintrag: „Mit Alexander erreicht dieses Renaissance-Papsttum seinen Höhepunkt – für die Kirche ist sein Pontifikat trauriger Tiefpunkt."

Giulia Farnese übersiedelt an einem Septembertag anno 1492 (ein Gewittersturm soll über Rom getobt haben) mit der Borgia-Sippe in den neu erbauten Palast in unmittelbarer Nähe des Vatikans. Von dort führt eine geheime Türe direkt in die päpstlichen Gemächer. Die kostbaren Gemälde dort werden von Besuchern als politisches Programm Alexanders VI. gedeutet. Der Herr der Christenheit lässt sich als goldener Stier abbilden, auf allegorische Art an Göttervater Zeus erinnernd, der ja als Inkarnation eines Stiers Europa entführt hat. Seine illegitime Tochter Lucrezia wird als Heilige, sein Sohn Cesare als König dargestellt. Bilder der Geliebten Giulia sind nicht verbürgt. Allerdings wurde im Jahr 2007 die Kopie eines Freskos von Pinturicchio entdeckt, wie es von Giorgio Vasari beschrieben wurde: „Über der Türe eines Raumes in den Borgia-Appartements malte Pinturicchio Signora Giulia Farnese als Madonna und verewigte im selben Bild Papst Alexander, wie er sie verehrt."

Die päpstliche Mätresse Giulia freundet sich mit Alexanders Tochter Lucrezia an. Bald flüstern sich die vatikanischen Sekretäre, die Kapläne und die geistlichen Kammerherren ein böses Gerücht zu. Der Papst soll nicht nur mit seiner Mätresse schlafen, sondern auch mit der eigenen Tochter Blutschande treiben. Urheber der schweren Anschuldigung ist Lucrezias zweiter Ehemann Giovanni Sforza. Ihm war die 13 Jahre alte Lucrezia „per procurationem" – also per Stellvertretung – angetraut worden. Die Borgias wollten Macht und Einfluss durch eine familiäre Bindung mit der einflussreichen Mailänder Familie Sforza stärken. Doch Alexander will noch höher hinaus. Bereits nach vier Jahren wird

Lucrezias Ehe wegen angeblicher Impotenz des Gemahls für ungültig erklärt. Diese Schmach beantwortet Giovanni Sforza mit dem verleumderischen Vorwurf der Blutschande. Den Borgias trauen Zeitgenossen ohnehin alles zu.

Giulia mag jung, aber nicht dumm sein. Sie nutzt die intime Nähe zum Papst, um ihrerseits das Wohlergehen der Farnese-Familie zu befördern. Mit der Geburt ihrer Tochter Laura kann sie den Einfluss im Vatikan noch stärken. Sie protegiert die Karriere ihres Bruders Alessandro so gut, dass er drei Jahrzehnte später als Papst Paul III. in die Fußstapfen ihres Liebhabers tritt. Mit kaum 25 Jahren wird Alessandro Kardinal. Der Günstling einer Mätresse wird vom römischen Volk als „Cardinal Gonella" („Röckchen") und als „Cardinal Fregnese" (eine Übersetzung verbietet der Anstand) verhöhnt. Der Spott wird seiner späteren kirchenpolitischen Bedeutung nicht gerecht: Paul III. entwickelt sich zum mächtigen Papst der Gegenreformation.

Der so geförderte Bruder bedankt sich für die Schwesternliebe und lässt Giulia schon zu seinen Lebzeiten vom Bildhauer Guglielmo della Porta als Trauernde am Fuße seines künftigen Grabmals im Petersdom darstellen. Ursprünglich weint die marmorne Giulia nackt und so realistisch, dass viele Betende beim Anblick des Engels auf höchst unkeusche Gedanken kommen. Um 1600 wird der Marmorkörper mit einem Überwurf aus Blei bedeckt, und damit Anstand und Sitte fürs Kirchenvolk wieder hergestellt.

Während dem Volk in den Kirchen von Sünde, Fegefeuer, Tod und Verdammnis gepredigt wird, zelebriert der hohe Klerus hinter den Mauern des Vatikans die sieben Todsünden. „Der Herr will nicht den Tod des Sünders, sondern dass er lebt und zahlt", soll Papst Alexander VI. gesagt haben. So rechtfertigte der Hüter des Glaubens seine eigenen Verfehlungen und führte die Marktwirtschaft in allen Bereichen der päpstlichen Verwaltung ein. Schwerverbrecher wurden gegen Zahlung namhafter Summen begnadigt. Ämter gehen an den Meistbietenden. Die Einnahmen des Vatikans sprudeln. Für den luxuriösen Lebenswandel braucht

Alexander VI. Geld, viel Geld. Der Ablasshandel wird als Geschäftszweig perfektioniert. Ein deutscher Mönch wird diese himmelschreienden Missstände in Wittenberg anprangern und „aus Liebe zur Wahrheit" – wie es im ersten Satz heißt – 95 Thesen an die Kirchentür nageln und damit eine Kirchenspaltung auslösen.

Doch Wittenberg ist fern, Florenz hingegen nahe. Der Papst muss sich mit einem Mönch herumschlagen, der zum Kristallisationspunkt für Weltpolitik geworden ist. Der dominikanische Bußprediger Girolamo Savonarola kritisiert mit deftigen Worten die Verkommenheit der Kirchenfürsten und die Laster am Hof der Medici in Florenz. „Die Kirchenoberen sind zu Handlangern des Teufels geworden. Früher haben sie ihre Söhne als Neffen ausgegeben, jetzt schämen sie sich nicht mehr, sie offen als ihre Söhne zu bezeichnen."

Seine Predigten zünden den Funken. Das Volk, von seinen Herrschern ausgeplündert und der Willkür ausgesetzt, vertreibt den Gewaltherrscher Lorenzo de Medici aus der Stadt am Arno.

In den Geschichtschroniken wird das Jahr 1492 aufgeschlagen, jenes Jahr, in dem Rodrigo Borgia sich die Papstwürde erkauft und der Genuese Christoforo Colombo im Dienst der spanischen Krone zufällig Amerika entdeckt. Der Historiker Siegfried Quandt beschreibt den Konflikt mit dem Dominikaner: „Der Papst nimmt Savonarola zunächst kaum wahr. Das ist ein Mönchlein, das predigt, davon gab es viele – und Kritiker der Kirche gab es auch viele. Alexander hatte ein großes Selbstwertgefühl und er war als Kirchenoberhaupt mächtig. Aber dann merkte er doch, dass die Resonanz dieses Savonarola gefährlich werden konnte."

Der Mönch predigt weiter gegen den „Heiligen Vater" in Rom. Er beschimpft den Borgia-Papst als Antichrist. Damit hat Savonarola den Bogen überspannt und die Macht des Faktischen unterschätzt. Seine Gegner stürmen das Kloster S. Marco, verhaften den Prior und stellen ihn vor Gericht. Unter schwerer Folter gesteht der Prediger, widerruft, gesteht neuerlich: „Er sei nicht direkt von Gott gesandt worden und habe die Florentiner getäuscht." Der Bußprediger wird auf der Piazza della Signoria gehenkt, seine Leiche verbrannt und die Asche in den Arno gestreut. Nichts soll an die historische Episode einer demokratischen Mönchsrepublik erinnern. Alexander ist nicht nur kein Freund aufmüpfiger Prediger, auch selbstbestimmte Damen in seiner Nähe schätzt er wenig.

„La Bella" Giulia versucht, den Umarmungen des alten Kirchenfürsten zu entfliehen. Sie will zu ihrem Ehemann zurückkehren. Doch der Papst lässt seine „Braut Christi" nicht entkommen. Brieflich bedroht er sie: „Undankbare und falsche Giulia! Obwohl Wir deine Seele für schlecht erachteten, konnten Wir doch nicht glauben, dass du mit so viel Niedertracht und Undankbarkeit handeln würdest, während du Uns nur allzu häufig versichert und geschworen hast, dich Uns treu anzuvertrauen und dich von Orsini fernzuhalten." Mehr als solche Vorhaltungen wirkte offenbar ein Besuch Cesare Borgias beim Ehemann. Der Kirchenfürst dürfte so eindrücklich gedroht haben, dass Orsini auf die Angetraute verzichtet. Das Problem löst sich rasch. Orsini kommt bei einem Deckeneinsturz ums Leben. Das Verhältnis zwischen Alexander und Giulia wird ein volles Jahrzent dauern.

Immerhin überlebt „La Bella" ihren Liebhaber. Papst Alexander VI. und sein Sohn Cesare Borgia speisen im August 1503 bei Kardinal Adriano da Corneto in Rom. Tage nach dem opulenten Mahl beginnen die Borgias zu fiebern und zu erbrechen. Alexander VI. stirbt, sein Sohn überlebt. Der Leichnam soll sich rasch dunkel verfärbt haben und unnatürlich aufgequollen sein. Das Gerücht vom Giftmord macht die Runde. Wahrscheinlicher scheint, dass der Pontifex an Malaria starb und die rasche Verwesung eine Folge der sommerlichen Hitze in Rom war. Ob Giulia getrauert hat? Die Spuren ihres Lebens verwehen in der Geschichte. Ihr beträchtliches Vermögen vererbt sie Laura, der gemeinsamen Tochter mit dem Papst. Ihr Bruder Alessandro, der Giulia ohnehin seinen gesellschaftlichen Aufstieg verdankt, geht leer aus, beinahe. Denn in einem Legat vermacht Giulia dem Bruder ihr Bett. Ein derber Scherz? Böse Zungen spötteln über diese nicht gerade taktvolle Erinnerung, wem Alessandro seine Karriere verdankt und wodurch sie befördert wurde.

*

Volker Reinhardt, Der unheimliche Papst. Alexander VI. Borgia 1431–1503, München 2005.
Joachim Maier, in: Chronik des Christentums, Gütersloh 1997.

http://www.focus.de/politik/ausland/tid-14485/berlusconis-entgleisungen-papst-alexander-vi--ein-kirchenfuerst-und-die-braut-christi_aid_405580.html
http://www.geschichtsforum.de/f82/der-buchdruck-und-die-kirche-bulle-von-papst-alexander-vi-37644/
http://www.kaiserin.de/lucrezia-borgia.php
http://terra-x.zdf.de/ZDFde/inhalt/16/0,1872,4296592,00.html

Martin Luther und Katharina von Bora
Der Mönch und die entlaufene Nonne

Nächtliche Stille liegt über dem Kloster. Ein Schatten huscht durch die Dunkelheit. Kurz darauf ein zweiter, ein dritter – bis schließlich zwölf schwarz gekleidete Frauen die Grenze des Klostergrundes erreicht haben. Ein letztes Zögern. Sollen sie es wirklich wagen? Die jungen Nonnen haben Ungeheuerliches vor: Sie wollen ihr Gelübde brechen und ins nahe Torgau fliehen. Die Ideen eines Mönchs haben den Weg hinter die dicken Klostermauern gefunden und Unruhe in den Köpfen der Bräute Christi gestiftet. Katharina von Bora ist eine der Angesteckten: Sie will frei sein; frei, so weit eine junge Frau das zu jener Zeit sein kann.

Es ist die Nacht von Karsamstag auf Ostersonntag, vom 6. auf den 7. April 1523. Ostern, die Zeit der Hoffnung. Auch die 24-jährige Katharina ist voller Hoffnung. Sie möchte heiraten und Kinder haben. In Luthers Schriften heißt es, das sei die eigentliche Bestimmung der Frau – nicht das abgeschiedene Klosterleben: beten, arbeiten und gehorchen. Bruder Martin wusste, wovon er schrieb. Er erlebte Tag für Tag, dass viele seiner Klosterbrüder hinter den Mauern der Stifte und Abteien keineswegs auf der Suche nach Spiritualität und intensivem Glauben waren, sondern ein beschauliches Leben in materieller Sicherheit genossen. Luther hinterfragte, warum Mönche und Nonnen, die ein Gelübde abgelegt hatten, sich aber selten daran hielten, eine höhere Stufe der Frömmigkeit beanspruchen durften als andere Menschen außerhalb der Klostermauern, die vielleicht gottgefälliger lebten. Luther fand in seinem Denken keine Antworten auf die Fragen, die er – ketzerisch in den Augen der Kirchenobrigkeit

– stellte. Armut, Gehorsam, Keuschheit und Arbeit allein konnten in Luthers Denken keine Garantie für das Seelenheil sein. Denn der Mönch las die Bibel genau, zitierte etwa Paulus in dessen Brief an die Römer (3,22): „Die Gerechtigkeit Gottes kommt durch den Glauben an Jesus Christus." Das Seelenheil erlange der Mensch ausschließlich durch den Glauben an Christus. „Sola fide" wird damit zu einem Eckpfeiler des evangelischen Denkens.

1521 schrieb Luther eine Abrechnung mit dem Mönchstum und forderte alle Mitbrüder und Mitschwestern auf, ihren Gelübden zu entsagen. Die Schrift „De Votis Monasticis Iudicium" explodierte als ideengeschichtliche Bombe in einer unsicheren Zeit. Luthers Forderung: „Werdet andere Mönch und Nonnen oder lasst Klöster und Kutten liegen und werdet wieder Christen." Die Botschaft des Augustinermönchs Luther fand schnelle Verbreitung in den deutschen Landen und zündete in den Seelen der Ordensangehörigen wie Feuer in trockenem Reisig.

Eine wahre Flucht aus den Klöstern setzte ein. Luther selbst nahm seine Aufforderung nicht so ernst. Er blieb noch hinter den schützenden Klostermauern und legte die Kutte erst ab, als er Katharina von Bora kennenlernte. Vier Jahre nach seiner Schrift über das Mönchstum heiratete Luther sie.

Doch zunächst musste deren Flucht gelingen, die rettende Stadt erreicht werden. „Stadtluft macht frei" – dieser mittelalterliche Grundsatz sollte für die entsprungenen Nonnen eine besondere Bedeutung erhalten. Gleichzeitig ist Katharina voller Angst: Angst vor Gott. Wird er sie, die ihr heiliges Versprechen gebrochen hat, bestrafen? Muss sie in der Hölle braten und schmoren? Sie hat aber vor allem Angst vor den menschlichen Strafen. Die können grausamer und sadistischer sein als alles, was der Herr im Himmel für Sünderinnen vorgesehen haben mag. Entlaufene Nonnen, die wieder hinter dicken Klostermauern verschwinden, müssen lebenslang bei Wasser und Brot büßen. Fluchthelfern droht noch Schlimmeres: Auf die „Entführung" von Nonnen steht nach weltlichem und kirchlichem Recht die Todesstrafe.

Es haben sich dennoch einige Männer gefunden, die bereit sind, den Frauen zu helfen. Leonhard Koppe, Ratsherr zu Torgau, wird sie mit einem Planwagen in die Stadt bringen. Endlich haben alle zwölf das Klostergelände verlassen – waren es nicht auch zwölf Apostel, die ihrem Gewissen gehorchten und ihr gewohntes Leben zurückgelassen haben, um Jesus zu folgen?

Katharinas Augen suchen die dunkle Landschaft ab. Schließlich entdeckt sie den „Entführer" mit seinem Wagen. Jetzt ist nicht die Zeit für große Worte. Schweigend kriechen die ehemaligen Nonnen unter die Wagenplane. Intensiver Fischgeruch schlägt ihnen entgegen. Der Wagen hat Heringsfässer geladen. Der Ratsherr bedeutet den Frauen, sich dahinter zu verstecken. Katharina von Bora hat den Geruch von Hering vermutlich ihr Leben lang nicht vergessen, hat er doch die wichtigste Reise ihres Lebens begleitet: die Reise vom Kloster in die (relative) Freiheit.

Während Katharina durch die sächsische Landschaft rumpelt, wandern ihre Gedanken zurück zu jener Nacht, in der sie zum ersten Mal die „ketzerischen" Thesen Luthers mit eigenen Augen gelesen hat. Ein Stück Pergament, trotz der Gefahr, hart bestraft zu werden, ins Kloster geschmuggelt. Ave von Schönfeldt, die heute unter den Flüchtlingen ist, hat es gehütet wie einen kostbaren Schatz. Katharina, ihre Freundin, sollte selbst sehen, welche schier unglaublichen Lehren dieser Martinus Luther verbreitet. These 32: „In Ewigkeit werden diejenigen mit ihren Lehren verdammt werden, die glauben, dass ihnen aufgrund der Ablassbriefe ihr Heil sicher ist." Eine Ungeheuerlichkeit. Jedes Kind kannte den ehernen Grundsatz: „Wenn die Münze im Kasten klingt, die Seele aus dem Fegefeuer springt." Wie sonst sollte man die hohen Kosten der heiligen Kirche finanzieren?

These 36: „Jeder Christ, der wahre Reue empfindet, hat vollständige Vergebung von Strafen und Schuld, die ihm auch ohne Ablassbriefe gehört."

Martin Luther hat dem Papst, dem Unfehlbaren, dem Prächtigen im fernen Rom, den Fehdehandschuh mitten ins Gesicht geworfen. Eine bange Frage beschleicht Katharina: Ist der Mann, dem sie ihr Leben anvertraut hat, wahnsinnig? Doch nun ist es zu spät für Zweifel, der unwiderrufliche Schritt gesetzt. Die Flucht ist gelungen. Heute beginnt das neue Leben der Katharina von Bora.

Ex-Mönch Luther, der die Flucht der frommen Frauen organisiert hat, schreibt zur Ehrenrettung des Fluchthelfers einen offenen Brief. Die Frau des ehrwürdigen Ratsherrn hat sich bitter bei Martin Luther beklagt: Ihrem Ehemann werde nachgesagt, er habe sich mit den entsprungenen Nonnen unziemlich vergnügt. Luther tritt dem Gerücht energisch entgegen: „Und wenn jemand dem Ratsherrn Leonhard Koppe Übles nachredet und ihn einen Räuber nennt (oder einen Narren, der sich von dem verdammten, ketzerischen Mönch in Wittenberg fangen lässt), so will ich, Luther, ihn einen seligen Räuber nennen. Wir sagen das deshalb deutlich, weil wir diese Entführung für gottgefällig halten und weil sie deshalb nicht das Licht scheuen muss. Wir sagen es auch deshalb, damit die Ehre der Jungfrauen und ihrer Verwandten nicht von giftigen Zungen geschmäht wird."

Im 15. und 16. Jahrhundert sind die meisten Klöster alles andere als ein Ort der Stille und inneren Einkehr. Viele Mönche und Nonnen fühlen sich nicht aus eigenem Antrieb zum geistlichen Leben berufen, sondern werden aus Versorgungsgründen von ihren Verwandten und Vormündern ins Kloster gesteckt. Dementsprechend wird in Visitationsberichten jener Zeit vor allem die Verweltlichung des Klosterlebens beklagt. Eileen Power zitiert in ihrem Buch „Das Leben der Frau im Mittelalter" einen typischen Bericht aus jenen Tagen: Die Kontrolleure bemerken „eine Tendenz zum Zuspätkommen – besonders zur Messe am frühen Morgen – und zum Weggehen vor Beendigung des Gottesdienstes, oft unter fadenscheinigen Vorwänden. Doch das am meisten verbreitete Übel war, die Messe so schnell wie möglich herunterzuleiern, um sie hinter sich zu bringen."

Vor allem aber ist das Kloster kein Ort der Keuschheit: Bei einer Untersuchung der 88 österreichischen Klöster im Jahr 1563 zählte man 387 Mönche und 86 Nonnen. Bei den 387 Mönchen lebten 237 Konkubinen und 49 Ehefrauen. Die 86 Nonnen hatten insgesamt 50 eigene Kinder. Für diese verbotenen Beziehungen zahlten die Geistlichen vielerorts ihren hierarchischen Vorgesetzten eine „Entschädigung" – den Hurenzins.

Nicht alle kirchlichen Institutionen waren von diesem Sittenverfall betroffen. Im Zisterzienserinnenkloster Marienthron im sächsischen Nimbschen, in dem Katharina die letzten 15 Jahre zugebracht hatte, herrschten noch Zucht und Ordnung. Das Frauenkloster – rund 30 Kilometer südöstlich von Leipzig – hatte zur Zeit Katharinas schon eine 300-jährige Geschichte. Es war 1243 vom Wettiner Markgraf Heinrich (der Erlauchte) als Erinnerung an seine verstorbene Ehefrau Constantia von Österreich gegründet worden. Der fromme Graf wollte wohl im Glauben seiner Zeit mit der Klostergründung das Seelenheil seiner Gattin befördern. In Luthers Tagen lebten rund 40 Nonnen in Marienthron, das geistliche Leben verlor aber radikal an Anziehungskraft. Wenige Jahre nach der Flucht Katharinas lebten nur noch neun Nonnen im wirtschaftlich gesunden Kloster.

Trotzdem ist Luther froh, die unfreiwillige Nonne und elf ihrer Mitschwestern den Klostermauern entrissen zu haben. Er weiß noch nicht, dass diese Flucht nicht nur Katharinas, sondern auch sein Leben für immer verändern wird.

Am 21. Juni 1525 schreibt Martin Luther seinem Freund Nikolaus von Amsdorf: „Denn ich empfinde nicht hitzige Liebe oder Leidenschaft für meine Frau, aber ich habe sie sehr gern." Gemeint ist Katharina von Bora, die Luther acht Tage zuvor angetraut worden war.

Die (nach damaliger Einschätzung) mit 26 Jahren nicht mehr ganz junge Katharina hat also mehr als zwei Jahre gebraucht, um unter die Haube zu kommen. Die meisten ihrer ehemaligen Mitschwestern wurden in Sachen Ehemann bedeutend schneller fündig. Besonders wählerisch konnte man als entsprungene Nonne wohl auch nicht sein, denn die meisten jungen Frauen standen vor einem Versorgungsproblem: Drei der flüchtigen zwölf kamen bei Verwandten unter; aber die Mehrheit der jungen Frauen war auf sich selbst gestellt. Ihre Familien weigerten sich, wohl aus Angst vor kirchlichen Repressalien, oft aber auch aus bitterer Not, die Geflohenen wieder aufzunehmen. So waren die Frauen gezwungen, auf die Nächstenliebe und Großzügigkeit Fremder zu hoffen. Reformator Luther brachte die mittellosen Frauen bei wohlhabenden Familien in Wittenberg unter. Katharina von Bora fand als Magd bei dem berühmten Maler Lucas Cranach dem Älteren und seiner Frau Barbara Unterschlupf. Sie blieb dem Paar zeitlebens dankbar. Cranach malt auch die bekannten Porträts von Martin Luther und Katharina von Bora. Während ihre ehemaligen Mitschwestern nach und nach heiraten, bleibt Katharina vorerst allein. Wohl ist sie auch nicht die Hübscheste der potenziellen Heiratskandidatinnen. Ihr werden schräg stehende, schmale Augen und hohe Wangenknochen zugeschrieben. Doch spielt wohl eher das Schicksal als die Schönheit eine Rolle bei der längeren Ehelosigkeit der Katharina von Bora: Sie verliebt sich in den Nürnberger Patriziersohn Hieronymus Baumgartner, doch dessen Vater verhindert die Ehe mit einer entsprungenen Nonne. Katharina wird als „Mönchshure" verleumdet.

Martin Luther beginnt sich Sorgen um die Zukunft seines Schützlings zu machen und schlägt Pfarrer Glatz in Orlamünde als Ehemann vor. Doch die mittlerweile 26-jährige Katharina ist störrisch: Nein, sie denke nicht daran, einen Pfarrer zu ehelichen. Nur Nikolaus von Amsdorf oder aber der Reformator höchstpersönlich käme in Betracht, formuliert Katharina nicht unbescheiden. Damit hat sie dem 42-jährigen Martin Luther einen Heiratsantrag gemacht.

Eine mutige Entscheidung. An der Seite des Reformators kann die entflohene Nonne kein ruhiges, beschauliches Leben erwarten. Seit dem Anschlag seiner 95 Thesen an der Wittenberger Schlosskirche im Jahr 1517 hat sich der streitbare Ex-Mönch nicht nur die Bewunderung, sondern auch den Unwillen vieler (mächtiger) Menschen zugezogen. Am 17. April 1521 gibt ihm Kaiser Karl V., der vom Papst gekrönt worden war, eine letzte „Chance": Der ehemalige Augustinermönch soll auf dem Reichstag zu Worms vor den versammelten Reichsständen und Fürsten seine riskanten Lehren widerrufen. Luther erbittet Bedenkzeit – und bleibt standhaft: „[Da] ... mein Gewissen in den Worten Gottes gefangen ist, ich kann und will nichts widerrufen, weil es gefährlich und unmöglich ist, etwas gegen das Gewissen zu tun. Gott helfe mir. Amen."

Luther weiß, dass ihn diese Antwort das Leben kosten kann. Er hat Glück. Zwar verhängt der Kaiser nun die Reichsacht über ihn, aber er hält sein Versprechen und gewährt dem Ketzer freies Geleit. Luther kann gehen. Doch von nun an sind seine Wege gefährlich: Er ist „vogelfrei", jedermann kann ihn straflos angreifen oder töten.

Katharina von Bora, die ihre Mädchenjahre in der Abgeschlossenheit und Ruhe eines Klosters verbracht hatte, möchte also einen Geächteten heiraten. Eine ungewöhnliche Entscheidung, doch die Frau, die ihre „Verlobung" mit Jesus Christus aufgelöst hat, scheint auf Sicherheit und Konventionen keinen großen Wert gelegt zu haben.

Dem Reformator kommt das Interesse der 16 Jahre jüngeren Frau nicht ungelegen. Er, der die Ehe in seinen Predigten als etwas „Gottgewolltes" bezeichnet, sollte mit gutem Beispiel vorangehen und heiraten. Eigentlich hätte die Wahl auf die schöne Ave von Schönfeldt fallen sollen. Doch er lässt sich Zeit, und schließlich ist die ehemalige Mitschwester von Katharina schon vergeben.

Die Trauung von Martin Luther und Katharina von Bora findet am Abend des 13. Juni 1526 im Kreis einiger Freunde statt. Erst zwei Wochen später lädt das junge Paar zum Hochzeitsmahl. Mit dabei sind auch die Eltern des Reformators. Es ist eine Geste der Versöhnung: Vater Hans Luther war von der Entscheidung seines Sohnes Martin, 1505 ins Kloster zu gehen, entsetzt. Er sah seinen Sohn als erfolgreichen Juristen und Familienvater, nicht als bettelarmen Mönch. Insofern war der alte Herr Luther von einem Gerücht, das Erasmus von Rotterdam in Umlauf brachte, durchaus erfreut. Der berühmte Freund Luthers verbreitete in Briefen, dass die Braut schon in wenigen Wochen ein Kind erwarte. Eine Erfindung: Das erste Kind der Luthers erblickte elf Monate nach der Hochzeit das Licht der Welt.

Der ehemalige Mönch hat die Geburten seiner insgesamt sechs Kinder vermutlich in „Hörnähe" miterlebt. Er soll sehr um seine Frau besorgt gewesen sein. Theorie und Praxis sind eben nicht dasselbe. Wenige Jahre zuvor hat der jetzige Ehemann und Vater in seinen damals noch theoretischen Abhandlungen „Vom ehelichen Leben" geäußert: „Darum soll man die Weiber in Kindesnöten vermahnen, dass sie ihren möglichen Fleiß allda beweisen, das ist, ihre höchste Kraft und Macht dran strecken, dass das Kind genese, ob sie gleich darüber sterben."

Die Aufregung Luthers bei den Geburten ist auch ein Zeichen für die gewachsene Zuneigung zwischen den Eheleuten. Rund einen Monat nach der Geburt seines ersten Sohnes Johannes bezeichnete er sich in einem Brief an seinen Freund Georg Spalatin, dem sächsischen Hofkaplan, bereits als glücklicher Ehemann und seine Katharina als die beste Frau und das geliebte Weib.

Anfangs ist der Ehestand für Luther, der zuvor völlig allein gelebt hat, durchaus gewöhnungsbedürftig. Vor allem das Mitteilungsbedürfnis seiner frisch Angetrauten, das nach den langen Jahren des klösterlichen Schweigens nun ausgelebt werden will, geht dem Reformator auf die Nerven. Doch Katharinas positive Seiten überwiegen bei Weitem: Sie ist fleißig, sehr sparsam, wenig anspruchsvoll, umsichtig und energisch. Dem berühmten Reformator werden weit weniger tugendhafte Eigenschaften zugeschrieben. Luther soll cholerisch, schwermütig, unnachgiebig, unbelehrbar und oft gereizt gewesen sein.

Martin hält Katharina für nicht besonders intelligent – eine liebenswerte Eigenschaft bei einer Frau, wie der große Reformator findet. Luther kann kluge Frauen nicht leiden. „… wenn

Weiber wohlberedt sind, das ist an ihnen nicht zu loben; es steht ihnen bass an, dass sie stammeln und nicht wollen reden können. Das zieret sie viel besser." Die Frau soll sich dem Mann wegen ihrer geringeren Körperstärke und -kraft sowie ihres kleineren Verstandes unterordnen. Das Männerleben scheint, zumindest in dieser Beziehung, anno dazumal einfacher gewesen zu sein.

Auch von Hausarbeit blieben die Ehemänner des 16. Jahrhunderts verschont. So weit geht die Reformation dann doch nicht, dass es zwischen Mann und Frau gleiche Rechte und Pflichten geben sollte. Luther mag zwar die katholische Welt aus den Angeln heben und sich erfolgreich dem Papst in Rom widersetzen. Ein Konservativer bleibt er. Ein Mann seiner Zeit.

Der ehemalige Mönch und die entsprungene Nonne führen dennoch eine liebevolle Ehe. Luther deklamiert in seinen Tischreden: „Ich wollte meine Käthe nicht um Frankreich und um Venedig dazu hergeben, erstens darum, weil Gott sie mir geschenkt und mich ihr gegeben hat; zweitens, weil ich oft erfahre, dass andere Frauen mehr Fehler haben als meine Käthe (obwohl sie auch einige hat, stehen (ihnen) doch viele große Tugenden entgegen); drittens, weil sie den Glauben des Ehestandes, das ist Treue und Ehre, wahrt."

In seinen letzten Lebensjahren scheint sich Luther bereits mit seinem bevorstehenden Tod abgefunden zu haben. So schreibt er am 25. Juli 1545 an seine Käthe: „Meiner freundlichen lieben Hausfrau Katharina Luther von Bora, Predigerin, Brauerin, Gärtnerin und was sie mehr sein kann. Gnade und Friede! Liebe Käthe, wie unsere Reise gegangen ist, wird (unser Sohn) Hans alles wohl berichten ... Ich wollt's gerne so machen, dass ich nicht wieder nach Wittenberg zu kommen brauchte. Mein Herz ist erkaltet, dass ich nicht gerne mehr da bin."

Als der Reformator rund ein halbes Jahr später, am 18. Februar 1546 an Angina Pectoris stirbt, ist die Trauer groß. „Freundliche liebe Schwester!", schreibt die Witwe: „Ich kann weder essen noch trinken, auch dazu nicht schlafen. Und wenn ich hätt ein Fürstentum und Kaisertum gehabt, sollt mir so leid nimmermehr geschehen sein, so ich's verloren hätt, als nun der liebe Herrgott mir und nicht alleine mir, sondern der ganzen Welt diesen lieben und teuren Mann genommen hat."

Luther hat seine Frau als Alleinerbin eingesetzt. Es ist dies ein Tabubruch gegen die Tradition und eine bewusste Aufwertung der Ehefrau. Die „Lutherin" muss die finanziellen Angelegenheiten ordnen: Luther hat seine Frau nicht auf Rosen gebettet zurückgelassen. In seinem selbst aufgesetzten Testament (Luther hatte eine unüberwindliche Abneigung gegen Juristen) bestellt er seine Frau zum Vormund der gemeinsamen Kinder und verfügt, dass sie ihren Besitz allein verwalten solle. Da dies gegen das sächsische Recht verstößt, hat Katharina alle Hände voll zu tun, den letzten Willen ihres Mannes zu verwirklichen. Schließlich setzt sich die starke Frau durch. Es ist ihr letzter großer Sieg: Katharina von Bora flieht sechs Jahre nach dem Tod ihres Mannes vor der Pest aus Wittenberg nach Torgau. Eine Flucht in den Tod. Der Wagen stürzt um, die 53-Jährige erleidet einen Becken- und zahlreiche Knochenbrüche. Drei Monate nach dem Unfall stirbt sie an Lungenentzündung.

*

Gabriele Becker / Silvia Bovenschen / Helmut Brackert, Aus der Zeit der Verzweiflung. Zur Genese und Aktualität des Hexenbildes, Frankfurt am Main 1977.

Humbert Fink, Martin Luther. Der widersprüchliche Reformator, Esslingen 1994.

Richard Friedenthal, Luther. Sein Leben und seine Zeit, München / Zürich 1990.

Karin Jäckel, Die Frau des Reformators. Das Leben der Katharina von Bora, Reinbek bei Hamburg 2006.

Martin Luther, Vom ehelichen Leben und andere Schriften über die Ehe, hrsg. v. Dagmar Lorenz, Stuttgart 1978.

Ernstpeter Maurer, Luther, Freiburg im Breisgau 1999.

Hartmut Müller, Martin Luther privat. Briefe an Familie und Freunde, Freiburg im Breisgau 1990.

Eileen Power, Als Adam grub und Eva spann, wo war da der Edelmann? Das
Leben der Frau im Mittelalter, Berlin 1984.

http://www.kleio.org/de/geschichte/mluther/kbora.html
http://de.wikisource.org/wiki/ADB:Luther,_Martin
http://theoriewiki.org/index.php?title=Martin_Luther
www.lutheriden.de
http://www.kloster-aktuell.de/kloster/martin-luther-reformation.htm

Karl V. und Barbara Blomberg
Der Kaiser und die Bürgerstochter

Ihre Brüste sind prall, heiß und hart. Schmerzhaft hart. Die junge Frau zerrt an den Schnüren ihres Mieders, um sich ein wenig Erleichterung zu verschaffen. Sie weiß, dass es nutzlos ist. Es gibt nur einen Weg, um sie von ihren Schmerzen zu befreien. Einen Menschen, der ihr helfen kann. Ihr Kind. Ihr Sohn. Barbara Blomberg schließt die Augen. Sie sieht ihn, riecht ihn, spürt ihn. Die junge Frau hört die Stimme ihres Sohnes. Leise erst, dann immer lauter, fordernder. Er schreit. Der Kleine hat Hunger. Sie nimmt ihn zu sich und öffnet ihr Kleid. Geschickt findet er den Weg an die Brust seiner Mutter. Ein stechender Schmerz, dann fließt die Milch. Endlich. „Kindchen, Du musst doch etwas essen", sagt eine Stimme von weit her. Barbara Blomberg erwacht wie aus einer Trance. Große nasse Flecken haben sich auf ihrem Kleid gebildet. Tränen strömen jetzt über ihr junges Gesicht. Tränen der Hilflosigkeit. Hilflos war sie auch, als man ihr das Kind nahm. Der Sohn des Kaisers. Wo mochte er jetzt sein?

„Auf jeden Fall wurde Don Juan, noch bevor er entwöhnt war, Barbara aus unbekannten Gründen entzogen", schreibt Jack Beeching in „Don Juan d'Austria. Sieger von Lepanto". Der genaue Zeitpunkt der Trennung ist nicht überliefert. Fest steht nur, dass Barbara Blomberg am 24. Februar 1547 ein Kind namens Hieronymus zur Welt bringt und nicht behalten darf. Sein mächtiger Vater, Kaiser Karl V., lässt den Säugling inkognito nach Spanien bringen. Dort soll er „unter treuer Obhut" heranwachsen. Der Wille der ledigen Mutter ist nicht von Belang. Ein „gefallenes Mädchen" kann keine eigenen Entscheidungen treffen, keine Ansprüche stellen, selbst wenn der „Sündenfall" der

Kaiser höchstpersönlich ist. Barbara muss froh sein, dass ein Mann gefunden wird, der bereit ist, ihre fehlende Jungfräulichkeit (vermutlich für eine stattliche Mitgift) zu übersehen. Karl V. handelt durchaus zeitgemäß: „Er schlug den in diesem Verhältnis üblichen Weg ein, die einstige Geliebte an einen seiner Offiziere zu verheiraten", schreibt Paul Heere, ein früher Biograf von Barbara Blomberg.

Karl V. und Barbara Blomberg – der Kaiser und das Mädchen aus dem Volk. Eine große Liebe? Eine flüchtige Affäre? Eine einzige Nacht? Welche Art von Beziehung hatten der mächtigste Mann Europas und die junge Frau?

Wie sich das ungleiche Paar kennenlernte, liegt im Dunkeln. Ein Faktum, das in der Literatur- und Geschichtsschreibung fantasiereich erhellt wurde. So werden Barbara große musikalische Künste zugeschrieben, die erst das Ohr und alsbald das Herz des Kaisers erobert hätten. Man habe mehrere Konzerte mit Barbara Blomberg als Sängerin für Kaiser Karl veranstaltet. Bei den musikalischen Zerstreuungen begab sich „eine nähere Bekanntschaft des Kaisers mit Fräulein Blomberg". Der alte Herr und die junge Frau entdeckten, „so ernst sie sich beyde einander gegenüberstanden, bald eine unsichtbare Verwandtschaft der Wesen" und knüpften „ein Band der Seele und des Herzens, das selbst den Stolz des Monarchen überwand, und bis zum letzten Augenblick das Andenken des schönen Moments in treuer Liebe fesselte", fabuliert Christian Gottlieb Gumpelzhaimer 1830 in seiner Regensburger Chronik.

Die Wirklichkeit stellte sich vermutlich etwas weniger romantisch dar. Kaiser Karl V. war ein mächtiger Mann. Mächtige Männer waren – nicht nur vor mehr als 450 Jahren – daran gewöhnt, sich zu nehmen, was ihnen gefällt. Barbara war eine junge Frau. Junge Frauen waren – jedenfalls vor 450 Jahren – gewöhnt, zu gehorchen. Wer sollte oder wollte den – auch schmeichelhaften – Avancen eines Kaisers widerstehen? Die Zeiten sind günstig für ein amouröses Abenteuer. Im Frühjahr und Sommer 1546 ist

Regensburg von fröhlichem Leben erfüllt: „Wenn man auf einen Reichstag kommt, sind das überköstlich prachtiren und banketiren, das Zusaufen schier die größten Geschäfte, den man zum emsigsten obliegt", so eine zeitgenössische Stimme.

Die abendlichen Vergnügungen lassen den Kaiser ein wenig den Druck vergessen, unter dem er steht. Denn der Reichstag 1546 ist eine ernste Angelegenheit. Es geht um nicht weniger als Krieg oder Frieden. Karl V., „von Gottes Gnaden erwählter Römischer Kaiser, zu allen Zeiten Mehrer des Reichs", sieht seine Länder- und Herrschaftssammlung im Inneren bedroht.

Die Lehren des erst ein halbes Jahr zuvor, am 18. Februar 1546 verstorbenen Reformators Martin Luther wirken weit über sein Grab hinaus. Das Luthertum hat sich in den deutschsprachigen Gebieten des Reiches so weit ausgebreitet, dass „dem Katholizismus allein die habsburgischen und wittelsbachischen Territorien erhalten blieben, neben den bischöflichen und klösterlichen reichsunmittelbaren Gebieten". 1531 haben sich die protestantischen Fürsten und Städte im „Schmalkaldischen Bund" zusammengeschlossen, um sich der Gegenreformationspolitik des Kaisers zu widersetzen. Der Mann, der sich rühmte, dass in seinem Reich die Sonne niemals untergeht, will und kann den Zerfall der Glaubenseinheit nicht dulden. Seine Devise „plus ultra" – „weit darüber hinaus" drückt das Selbstbewusstsein und die Machtfülle eines Mannes aus, der die Eroberung, Kolonisierung und Christianisierung der Länder Mittel- und Südamerikas als sein politisches Ziel verfolgt. Kein künftiger Kaiser verfügt je wieder über eine derartige Macht und Herrschaftsbasis. Der Katholizismus soll die einigende Klammer für die verschiedenen Gebiete seines Weltreiches darstellen. Da werden die Ideen eines deutschen Mönchs zur politischen Gefahr. Die Obrigkeit geht mit den damals üblichen Methoden vor. Gegen den scheinbar Machtlosen wird nach dem Reichstag zu Worms 1521 die Reichsacht verhängt. Doch gegen eine Idee, deren Zeit gekommen ist, sind polizeiliche Maßnahmen wirkungslos. Die Verfolgung Martin

Luthers und seiner Anhänger kann die Revolution des Glaubens nicht aufhalten. Im August 1546 wird Karl V. dem Schmalkaldischen Bund den Krieg erklären. Der Waffengang endet mit einer militärischen Niederlage der Protestanten und der Auflösung des Bundes. Die Ideen der Reformation bleiben unbesiegt.

Doch es ist erst das Frühjahr 1546. Der Kaiser langweilt sich in der kleinen Stadt Regensburg. Als er am 10. April anreist, ist er ungehalten „über die Abreise der Theologen, und darüber empfindlich, keinen einzigen Fürsten und nur wenig Gesandte hier zu finden". Der Kaiser von Gottes Gnaden vertreibt sich die Zeit mit Gesundheitspflege, Jagdausflügen und – Barbara Blomberg.

Wie auch immer sich das ungleiche Paar kennengelernt haben mag, irgendwann muss der kaiserliche Blick mit Wohlgefallen auf der properen Bürgerstochter geruht haben. Was hat Karl V. gesehen? „Sie war Jungfrau, von keuschem Lebenswandel und sehr jung", berichtet Melchior de Camargo, ein Freund ihres verstorbenen Ehemanns Hieronymus Kegel, dem spanischen König Philipp II. über seine Jahrzehnte später in Regensburg angestellten Nachforschungen über die Mutter Don Juans. Das Königshaus ließ die Herkunft Barbaras recherchieren, weil sie bei Hof um eine Unterstützung angesucht hatte. Kaiser Karl hing seine Affäre(n) nicht an die große Glocke, die Geburt seines Sohnes erfolgte heimlich. Nähere Angaben über das Aussehen von Barbara Blomberg sind nicht überliefert. War sie hübsch? Das damals gängige Schönheitsideal stellte, wie Matthew Grieco in seiner „Geschichte der Frauen" beschreibt, konkrete Anforderungen: „Helle Haut, blondes Haar, rote Lippen und Wangen, schwarze Augenbrauen. Die Hände und der Hals mussten lang und schlank sein, die Füße klein und die Taille geschmeidig. Die Brüste mussten fest, rund und weiß sein und rosige Brustwarzen haben. Die Augenfarbe durfte variieren …"

Ob Barbara diesen Vorstellungen entsprochen hat oder nicht, sie war vor allem eines: jung. Und sie ist keine „Dirne", die von adeligen Zusammenkünften wie etwa einem Reichstag in der

Hoffnung auf bare Münze angezogen wurden wie Motten vom Licht. Die Regensburgerin ist 19, höchstens 20 Jahre alt, der Kaiser Mitte 40. Ein Altersunterschied von 26 Jahren retuschiert im Auge des männlichen Betrachters vermutlich so manchen Schönheitsfehler. Mit Sicherheit aber war die junge Barbara hübscher als ihr kaiserlicher Geliebter. Das Aussehen Karls V. ist durch zahlreiche Gemälde überliefert. Wie bei vielen Habsburgern war sein Gesicht von einem ausladenden Unterkiefer dominiert. Er hatte eine leicht schiefe Adlernase und einen kurzen, struppigen Bart. Ein Biograf attestiert Karl V. einen „halb geöffneten Mund als lebenslangen physischen Mangel". Falls Barbara ihren Kaiser geliebt haben sollte, dann vermutlich nicht wegen seiner Schönheit.

Karl V. litt an vielerlei Krankheiten: Verdauungsbeschwerden wegen übermäßiger Völlerei, Gicht, Asthma und Hämorrhoiden. Vor seinem Regensburger Aufenthalt absolviert er eine Kur gegen die Gicht und fühlt sich verjüngt. Der Kaiser entzieht sich „keineswegs dem ungebundenen Treiben" während der Reichstage, wie es ein Karmelitermönch – von moralischer Empörung geschüttelt – schildert: „Das Leben dort, geführt mit Spielen, Schwelgen, Unzucht und allen gräulichen Lastern, spottet jeder Beschreibung."

Welche Beweggründe hatte die junge Frau, sich Karl V. „hinzugeben"? War es Liebe, Gehorsam gegenüber dem kaiserlichen Gebieter oder Kalkül? Welche Möglichkeit hatte sie, es nicht zu tun? Der Schriftsteller Carl Zuckmayer unterstellt in seinem Stück „Barbara Blomberg" seiner Hauptfigur durchaus Berechnung: „Du warst ein kluges Kind damals. Du bist dem Kaiser ins Bett gesprungen wie ein rossiges Gäulchen und hast ihn den Hengst spielen lassen, bis er selbst daran glaubte, dass er wieder ein Kerl sei und seinen Feinden vors Kinn stoßen könne. Das war ein Staatsgeschäft und du hast deinen Spaß dran gehabt, obwohl man dirs angeschafft hatte, obwohl er alt war und grantig."

Was immer Barbaras Motive gewesen sein mögen, die Folgen der kaiserlichen Liebschaft haben ihr Leben verändert. Ein Sohn kommt zur Welt: Hieronymus, der als Don Juan de Austria in die Geschichte eingehen wird. Die junge Barbara ist nicht nur ein „gefallenes Mädchen", sie ist jetzt – noch schlimmer – ledige Mutter. Der Kaiser zeigt, nachdem er Regensburg verlassen hat, kein weiteres Interesse an ihr. Die junge Frau ist für das kaiserliche Abenteuer kein unbeträchtliches Risiko eingegangen: Im 16. Jahrhundert sind Sitten und Gesetze streng. Die „Peinliche Halsgerichtsordnung", 1532 von Karl V. erlassen, sieht für das Verbrechen des Ehebruches die Todesstrafe vor. Als geringerer Verstoß gelten Affären zwischen Unverheirateten. Eine Schwangerschaft aber kann der unglücklichen Frau den Tod bringen. Ihr droht die wahnwitzige Strafe des Ertränkens, der Verursacher hingegen muss nur mit einem Landesverweis rechnen. Um einer strengen Bestrafung zu entgehen, sollen die Frauen eine uneheliche Schwangerschaft sofort dem Pfarrer beichten. Dies dient weniger dem Seelenheil der Frau als vor allem der Suche nach dem Alimentationspflichtigen. Eine solche Prozedur bleibt Barbara Blomberg erspart: Der Kaiser hält seine Vaterschaft zwar geheim, aber er leugnet sie nicht. Der „natürliche Sohn" wird am 47. Geburtstag des Regenten geboren. „… für Karl, der in diesen Monaten gänzlich ergraut war, der sich siech fühlte und voller Bitterkeit, mag es eine kleine Aufhellung bedeutet haben", mutmaßt ein Biograf.

Falls die Geburt den Kaiser in eine positive Stimmung versetzt haben sollte, so vermutlich nicht aus emotionalen, sondern aus machtpolitischen Gründen. Nichtehelicher Nachwuchs wird in den europäischen Herrscherhäusern der Renaissancezeit durchaus geschätzt. „Es geschah geradezu im Interesse des in der Dynastie ruhenden Staates, dass die Fürsten, wenn möglich, eine Gruppe von männlichen Bastarden um sich sammelten, galten diese ihnen doch als die sichersten und verlässlichsten Werkzeuge ihrer Politik nach innen wie nach außen", schreibt Paul Herre in seiner Blomberg-Biografie. „Bastard" ist zur damaligen Zeit kein Schimpfwort, eher ein „Ehrentitel, der nicht weitervererbt werden konnte". „Natürliche Kinder" waren hoch angesehen, sofern sie den machtpolitischen Interessen ihrer adeligen Väter dienlich waren.

Karl V. zeugt sieben Kinder, von denen gerade die beiden „illegitimen" Weltbedeutung erlangen: Hieronymus als Don Juan de Austria und seine 25 Jahre ältere Halbschwester Margarete von Österreich als Herzogin von Parma.

Anders als Margarete erkennt Karl V. seinen Sohn nicht sofort in aller Öffentlichkeit an. Ein Brief, der erst nach seinem Ableben geöffnet wird, informiert seinen Sohn und Nachfolger Philipp II.: „Ich sage und erkläre, dass ich während ich in Deutschland nach dem Tode der Kaiserin, meiner Gattin, weilte, von einer unverheirateten Frau einen natürlichen Sohn erhalten habe, der Hieronymus heißt."

Jerónimo, wie der Kaiserspross in Spanien genannt wird, bleibt bei seinen Pflegeeltern. Als der Vater stirbt, kommt ein kaiserlicher Kammerdiener, um den Buben abzuholen. Er berichtet, dass „dieser Jerónimo zwar gesund an Leib und Seele sei, aber nur herumzulaufen und mit einer Armbrust auf Vögel zu schießen gelernt habe". Der Bub ist jetzt acht Jahre alt und muss etwas lernen. Karl V. bittet seinen Kammerdiener und dessen Frau, den Wildfang unter die Fittiche zu nehmen. Jerónimo wird als Page am Hofe seines Vaters eingeführt und bekommt dort die aristokratische Grundausbildung. Angeblich betrachtet Karl den elfjährigen blonden, blauäugigen Jungen mit Wohlgefallen; ob Vater und Sohn je miteinander gesprochen haben, ist nicht überliefert.

Zu der Zeit, als sich Jerónimo am Hofe seines Vaters aufhält, ist dieser ein „alter Mann, ein Krüppel, der kaum die Hände gebrauchen konnte und für den es schwer, oft unmöglich war, zu gehen." Der alte Kaiser sieht sein Ende nahen und trachtet danach, seine Angelegenheiten zu regeln. In einem Kodizill wünscht er, Jerónimo solle in den geistlichen Stand eintreten, falls er aber das weltliche Leben vorziehe, mögen ihm „aus den Einkünften des Königreichs Neapel 20.000 bis 30.000 Dukaten" ausbezahlt werden. Barbara Blomberg wird mit einer jährlichen Rente von 200 Florin (knapp 700 Gramm Gold) bedacht.

Drei Jahre zuvor, 1555, hat Karl V. abgedankt und die Regierungsgeschäfte seinem Sohn Philipp II. übertragen. Der mächtige Kaiser ist verbittert: „Große Hoffnung hatte ich – nur wenige haben sich erfüllt, und nur wenige bleiben mir: und um den Preis welcher Mühen!", heißt es in seiner Abdankungsrede.

Ein Jahr nach dem Tod seines Vaters erfüllt Philipp II. die Anordnungen des Verstorbenen. Es kommt zu einem Zusammentreffen mit dem ahnungslosen Zwölfjährigen: Ob er wisse, wer sein Vater sei, soll König Philipp II. den blonden Buben gefragt haben. Dieser habe verlegen den Kopf geneigt, sein königlicher Halbbruder ihn liebevoll umarmt: „Mut, mein Kind, du stammst von einem großen Manne ab. Kaiser Karl V., der jetzt im Himmel ist, ist dein und mein Vater."

Was auch immer zwischen den Halbbrüdern wirklich gesprochen worden ist, am 2. Oktober 1559 gibt Philipp II. vor seinem Hofstaat in Valladolid das Geheimnis von Jerónimo preis und verleiht ihm den Namen Don Juan de Austria.

Das Leben seiner Mutter Barbara Blomberg wird weiterhin von Männern dominiert und diktiert. 1569 stirbt ihr Ehemann; am spanischen Hof ist man jetzt der Überzeugung, man müsse ihr „eine dem hohen Rang ihres Sohnes entsprechende Stellung einräumen". Keinesfalls soll der Lebenswandel der „Heldenmutter" das Ansehen ihres mittlerweile berühmten Sohnes beschmutzen. Philipp II. lässt der Mutter seines Halbbruders ausrichten, sie solle sich einen neuen Wohnort suchen und keinesfalls wieder heiraten.

Barbara Blomberg zieht nach Gent und genießt dort nach Ansicht ihrer männlichen Beobachter „zu viele Freiheiten". Man will sie in ein Kloster nach Spanien übersiedeln, doch die Witwe ist widerspenstig. „… sie wisse schon, wie man dort die Frauen einsperre, eher lasse sie sich in Stücke hauen, als nach Spanien zu gehen." Sie bleibt also, wo sie ist, in den relativ liberalen Niederlanden. „… man habe seine liebe Not mit ihr, da sie die eigensinnigste Person sei, die ihm je noch vorgekommen sei", klagt einer ihrer Aufpasser.

Mittlerweile hat Don Juan die Flotte der Heiligen Liga in der Seeschlacht von Lepanto (bei Korinth) zum Sieg gegen die Osmanen geführt. Er bricht die türkische Seemacht im Mittelmeer. Das uneheliche Kind steigt zum bewunderten Helden der Christenheit auf. Da droht seine störrische Mutter den Ruf zu ruinieren. Paul Herre, ein Biograf des frühen 20. Jahrhunderts, kritisiert, dass Barbara Blomberg – obwohl schon über 40 Jahre alt – „Freude am Leben und am sinnlichen Genuss" hat und sich „in den Strudel der Vergnügungen" wirft. Aus männlicher Sicht der Zeit soll eine reife Frau keinen „sinnlichen Genuss" haben, die vermeintlichen „Herren der Schöpfung" hingegen dürfen ihrem „Johannistrieb" ungestraft folgen.

Der Held von Lepanto wünscht jedenfalls, dass sich seine lebensfrohe Mutter an einen Ort zurückzieht, „wo sie nur mit wenigen Menschen zusammenzukommen Gelegenheit hätte". In einem persönlichen Gespräch versucht er sie Ende des Jahres 1576 zum Rückzug aufs Altenteil zu überreden. Es ist das einzige Zusammentreffen zwischen Mutter und Sohn und es verläuft wenig harmonisch. Don Juan droht mit der Streichung der finanziellen Zuwendungen. Barbara Blomberg kontert mit geheimnisvollen Andeutungen: Der junge Herr solle sich nicht einbilden, er habe einen großen Mann zum Vater. Jedenfalls siegt der „Held von Lepanto" auch über den Willen seiner Mutter. Barbara Blomberg übersiedelt nach Spanien und verbringt die letzten 14 Jahre ihres Lebens auf einem Landgut in Ambrosero an der Nordküste Spaniens bei Santander. Carl Zuckmayer lässt sie in seinem Stück sagen: „Ich musste mich immer wehren, mein Leben lang – auch gegen die, die ich liebte – oder die mich liebten."

*

Jack Beeching, Don Juan d'Austria. Sieger von Lepanto, München 1983.

Paul Herre, Barbara Blomberg. Die Geliebte Kaiser Karls V. und Mutter Don Juans de Austria. Ein Kulturbild des 16. Jahrhunderts, Leipzig 1909.

Sylvia Jurewitz-Freischmidt, Karl V. und seine Regentinnen, Gernsbach 2000.

Alfred Kohler, Karl V. 1500–1558. Eine Biographie, München 1999.

Marita A. Panzer, Barbara Blomberg. Bürgerstochter und Kaisergeliebte, Regensburg 1995.

Gabriele Stadler, Frau in der bayerischen Geschichte, Textarchiv Bayerischer Rundfunk, München 2007.

http://de.wikipedia.org/wiki/Juan_de_Austria

http://de.wikipedia.org/wiki/Karl_V._(HRR)

http://de.wikipedia.org/wiki/Barbara_Blomberg

http://www.dieterwunderlich.de/frauen.htm

Bianca Cappello und Francesco de' Medici
Die Schöne und das Gift

Mätresse und Renaissance-Fürstin: Bianca Cappello machte eine durchaus nicht untypische Karriere für eine attraktive und so offenherzig wie ehrgeizige junge Dame aus einer angesehenen venezianischen Familie. Geboren wurde Bianca in einem Palazzo der Lagunenstadt, unweit der Seufzerbrücke und nahe dem Dogenpalast.

Die heutige Adresse, San Marco 4328, lag schon im Geburtsjahr der kleinen Bianca, Anno Domini 1548, in einem noblen „quartiere" der ebenso mächtigen wie prunkvollen Handelsstadt Venedig. Um 1540 wurden in Venedig etwa 130.000 Bewohner gezählt. Eine winzige Minderheit bildeten die Aristokraten: Gerade einmal 4500 Personen durften sich den von Geburt an Privilegierten zugehörig fühlen, ebenso viele galten als „cittadini", also als reiche Bürger. Wohlhabend war, wer mehr als tausend Dukaten verdiente, als „reich" galt man mit dem zehnfachen Jahreseinkommen.

Die restlichen 90 Prozent bildeten das Volk, inklusive der mehr als 4000 Priester, Mönche und Nonnen, die für das Seelenheil der durchaus sündigen Venezianer beteten. Das Volk hatte nichts mitzureden und lebte weitaus weniger luxuriös als die Aristokraten und Bürger in den Stadthäusern, die von den besten Architekten der Zeit mit Samt und Seide ausstaffiert worden waren.

Über die ersten Lebensjahre von Bianca ist wenig bekannt. Die junge Dame wird im Wohlstand und Luxus eines der vielen Palazzi aufgewachsen sein. Sinn des Jungfrauen-Lebens war es zu dieser Zeit, möglichst bald – und zumindest dem Anschein nach unbefleckt – in den Stand der arrangierten Ehe zu treten. So sollte der Einfluss und Wohlstand der Familie gemehrt werden.

Stellen wir uns Bianca als ein ziemlich aufgewecktes, durchaus frühreifes Mädchen vor, das in schöner Regelmäßigkeit nach wohlgestalten jungen Herren Ausschau hielt, vom Fenster des elterlichen Palazzos aus, auf den schmalen Gehwegen des Canale Rio del Palazzo und bei den traditionellen Festen, denen tausende Touristen beim Karneval heute bemüht nacheifern.

Bianca wurde so eines feschen Jünglings ansichtig, der wohlgekleidet und selbstbewusst im Kontor der florentinischen Handelsniederlassung Salviati ein und aus ging.

Die Familie Salviati, deren Ursprünge bis ins 11. Jahrhundert in Florenz nachzuweisen sind, war zu jener Zeit eine der mächtigsten, einflussreichsten und auch reichsten Familien Europas. Wohlhabend war man durch den Export von Wolle und Tuch, reich durch Bankgeschäfte geworden. Paläste, Villen, Landgüter konnte die Familie über mehrere Jahrhunderte erwerben. Noch heute gibt es Immobilienbesitz der Salviatis in Florenz, Pisa und Fiesole.

Den Herrn, der mit Wohlgefallen auf die reiche Nachbarstochter schielte, hielt Bianca für den Juniorchef der Firma und erwies ihm ihre Gunst, wie das wohl damals geheißen hat. Im 1809 erschienenen „Brockhaus Conversations-Lexikon" werden die Ereignisse fantasievoll beschrieben: „Ein Handlungsdiener dieses Hauses, Namens Peter Bonaventura, bekam hierdurch öfters Gelegenheit, die ihm gegenüber wohnende schöne Bianca zu sehen, die er auch so benutzte, daß Bianca selbst anfing, auf ihn aufmerksam zu werden, in der Meinung, er gehöre in die Familie der Salviati. Bonaventura wünschte in eine nähere Bekanntschaft mit ihr zu kommen; und mit Hülfe ihrer Kammermagd gelang es ihm, sie bei Nacht zu besuchen. Die Folgen dieser nächtlichen Besuche waren von solcher Beschaffenheit, daß Bianca, um dem Zorn ihrer Eltern zu entgehen, es für das rathsamste hielt, mit ihrem Liebhaber nach Florenz zu entfliehen."

Sie war jugendliche 15 Jahre alt, der schöne Mann mit 17 kaum älter. Das Paar war verliebt, von der Schönheit des jeweils anderen Geschlechts angetan und romantisch veranlagt. So packte Bianca ihre schönsten Kleider ein und floh mit dem Geliebten, der für sie nicht nur schön, sondern auch reich war, aus Venedig.

Beim Abschied nahm sie – zum späteren Entsetzen ihres Vaters – auch einen guten Teil des Familienschmucks mit: Gold, Edelsteine und Pretiosen. Reiseschecks waren ja noch nicht erfunden. Für diesen Diebstahl wurde die schöne Bianca in Abwesenheit von der venezianischen Gerichtsbarkeit zum Tode verurteilt, aber da war die missratene Tochter schon längst außer Reichweite der Schergen des Dogen. In einem Dorf bei Bologna fand das Paar einen Priester, der nicht nach Dokumenten fragte, aber ihnen das Sakrament der Ehe spendete.

Bianca hätte freilich klug gehandelt, vom jungen Liebhaber und nun Ehemann einen Identitätsnachweis zu verlangen. Aber einen Personalausweis gab es damals noch nicht. Aus diesem Mangel nährten sich ungezählte Verwechslungskomödien der Herren Carlo Goldoni und anderer Dichter der Commedia dell'Arte. Der vermeintlich reiche Salviati-Spross entpuppte sich als höchst einfacher Kommis mit dem bürgerlichen Namen Pietro Bonaventura. Und Bianca entdeckte nicht nur diesen fundamentalen Irrtum, sondern auch ihre Schwangerschaft.

Immerhin hatte Pietro bei der Beschreibung seiner regionalen Herkunft nicht geflunkert. Seine Eltern lebten in Florenz – durchaus bescheiden. Im Schoße der neuen Familie gebar Bianca ihre Tochter Virginia.

Als gereifte Frau scheint sie noch an erotischer Ausstrahlung gewonnen zu haben. Jedenfalls fiel das großherzogliche Auge von Francesco I. de' Medici auf ihre wohlgeformte Gestalt. Bianca zierte sich nicht lange und wurde die Mätresse des ebenso reichen wie mächtigen Medici-Herrschers. So gelang nach der Flucht aus Venedig doch noch ein gewaltiger gesellschaftlicher Aufstieg.

Wie schön war Bianca wirklich? Die zahlreich erhaltenen Porträts zeigen, dass die Venezianerin bemüht war, den zeitgenössischen Idealen nahezukommen. Nach heutigen Maßstäben würde die Mätresse des Großherzogs nicht unbedingt als schön gelten: ein kleiner Schmollmund, große, dunkle und hervorstechende Augen, alles in allem aber ein eher schlichter Gesichtsausdruck. Jedoch in Schönheitsdingen sind die Geschmäcker eben verschieden. Bianca dürfte jedenfalls über gewisse Fähigkeiten verfügt haben, die sie zur Geliebten des Herzogs machten.

Francesco de' Medici, 1541 geboren und damit um sieben Jahre älter als Bianca, war der Sohn des Medici-Fürsten Cosimo, dessen Herrschaft den Zenit der Macht des Florentiner Geschlechtes markiert. Cosimo übergab die Regierungsgeschäfte schon 1564 an seinen Sohn und etablierte so endgültig die Abkehr von einer „demokratisch" legitimierten Regierungsgewalt durch die Nobilitäten des Stadtstaates. Von Papst Pius V. erhielt Cosimo den Titel eines „Großherzogs", einschließlich einer triumphalen Krönungszeremonie in Rom. Der vollständige Übergang der Macht an seinen Sohn Francesco – ohne Widerstand der führenden Familien von Florenz – markiert den Abschluss einer langen Entwicklung zu einem totalitären Regime. Ein Jahr nach dem Tod Cosimos deckte Francesco einen angeblichen Putsch auf. Er ließ Orazio Pucci und zahlreiche Mitglieder der Familie Capponi verhaften. Obwohl die Verschwörer ihre Pläne schon aufgegeben hatten, wurden sie unnachsichtig verfolgt. Orazio Pucci wurde in einem Schauprozess angeklagt, verurteilt und, um ihm eine besondere Schmach zuzufügen, an einem Fenster des Palazzo Vecchio, dem Zentrum Florentiner Macht, erhängt.

Mit dieser brutalen Aktion festigte Francesco nicht nur seine Macht gegenüber den einflussreichen Familien von Florenz, er machte klar, dass jeder Widerstand gegen seine Herrschaft tödlich sein würde. Höchst willkommen war auch ein Nebeneffekt: Francesco erklärte den Besitz der Familie Pucci für verfallen und bereicherte sich so an einem Vermögen von gut 300.000 Gulden.

Auf die Zuneigung seiner Untertanen glaubte der Fürst verzichten zu können.

Francesco hatte vielleicht seinen Machiavelli („Der Fürst") gelesen, aber nicht verstanden. Er regierte despotisch, selbstherrlich und brutal. In den ersten 18 Monaten seiner Regierungszeit wurden in Florenz nicht weniger als 168 Morde verübt. In die Geschichtsbücher ging er als wenig erfolgreicher Herrscher ein. Er zwang seine Stiefmutter in ein Kloster und hielt seine Brüder aus Florenz fern. Man sagte von ihm, dass er die Privilegien der Macht liebte, weniger ihre Bürden. Staatsgeschäfte interessierten ihn nur mäßig, mehr dafür die Chemie. Er verbrachte viel Zeit mit Experimenten in seiner Alchemisten-Küche. Wie es der Medici-Tradition entsprach, förderte er Wissenschaft und Literatur. So gehen die heute weltberühmte Galleria degli Uffizi und das Medici-Theater auf seine Gründung zurück.

Die kulturelle Spätblüte verschleierte den politischen Abstieg von Florenz, sie war von Verschwendung und wirtschaftlichem Niedergang begleitet. Trotz seiner unangefochtenen Machtstellung nach innen konnte er den Machtverlust nach außen nicht aufhalten. Es ging bergab. Während Cosimo die Unabhängigkeit seines Staates noch behaupten konnte, schloss sich Francesco de' Medici eng an das Haus Österreich an.

Der Großherzog musste es hinnehmen, dass die Habsburger mehr oder minder ein Protektorat über Florenz und die Toskana errichteten. Dafür bestätigte der Kaiser ihm nun den pompösen Titel. Um die Schutzmächte Österreich und Spanien nicht zu verstimmen, vernachlässigte Francesco die Beziehungen zu Frankreich. Die Toskana war zum Spielball europäischer Großmachtinteressen geworden.

Das Bündnis mit dem Haus Habsburg wurde im Dezember 1565 – nach Übernahme der Regierungsgeschäfte – durch die Heirat mit Erzherzogin Johanna von Österreich besiegelt. Ehen waren ein bevorzugtes Mittel („Du, glückliches Österreich, heirate!") der Habsburger-Politik: Glücklich war vielleicht Kaiser

Ferdinand I., der seine Tochter Johanna nach Florenz zwang, weniger die Eheleute. Weder entsprach Johanna dem Schönheitsideal der Zeit noch den erotischen Vorlieben des Fürsten. Sie wird als sehr klein und mager beschrieben, ihr Mann mochte es dagegen üppig. So gab er auch nach seiner Hochzeit – durch die sich die Medici die endgültige Verankerung im europäischen Hochadel versprachen – seine Affäre mit Bianca nicht auf. Johannas Vorlieben waren ohnehin unbeachtlich.

Kaiser Ferdinand I., der in Innsbruck residierte, aber ein wenig oberhalb der Stadt auf Schloss Ambras mit seiner geliebten bürgerlichen Frau Florentine Welser lebte, musste zahlreiche Töchter strategisch günstig an den europäischen, vorzugsweise katholischen Hochadel verheiraten. In der Porträtgalerie des prachtvollen Schlosses sind die Bildnisse der Habsburger-Sprösslinge auch heute noch zu besichtigen. Wahre Schönheiten finden sich darunter kaum. Neben Johanna wurde auch ihre Schwester Barbara (mit Alfonso II. d'Este) nach Oberitalien verkuppelt. Bei der Aussteuer für die Töchter ließen sich die Habsburger nicht lumpen, aber um zu sparen, wurden die Schwestern 1565 gemeinsam auf Brautreise Richtung Süden geschickt.

Die Affäre mit Bianca Cappello, verehelichte Bonaventura, führte der Großherzog fort. Eine Ehe war für Liebschaften kein Hindernis. Den Ehemann hatte der Herzog im Palast untergebracht, eine üppige Apanage versöhnte ihn mit der Schmach, seine Frau im Bett des Fürsten zu wissen. Lange durfte er nicht zuschauen: Pietro Bonaventura starb bei einem Mordanschlag. Der Großherzog war darüber nicht unglücklich. Seine Geliebte war nun Witwe.

Florenz redete darüber, aber Skandal war das keiner. Francesco musste sich viel mehr darüber Sorgen machen, dass seine Frau Johanna von Österreich keinen Thronfolger gebären konnte. Sein von ihm wenig geschätzter Bruder, Kardinal Ferdinando I. de Medici, war damit als Anwärter auf die Macht in Florenz zur Nummer eins aufgestiegen.

Unmittelbar nachdem Ehefrau Johanna 1578 im Kindbett gestorben war, heiratete Francesco seine langjährige Mätresse Bianca Cappello. Weil die vorgeschriebene Trauerzeit nicht eingehalten worden war, wurde die Vermählung offiziell erst Monate später bekannt gegeben.

In ihrem 30. Jahr schien Bianca am Ziel ihrer Wünsche: Sie war legitime Großherzogin von Florenz. Ihre Eltern versöhnten sich mit der Tochter, und die venezianische Regierung vergaß die gegen Bianca verhängte Todesstrafe und verlieh ihr stattdessen bei einem Besuch des Florentiner Großherzogs mit seiner frisch angetrauten Gattin in ihrer Heimatstadt den Ehrentitel „Tochter Venedigs". Es wäre auch diplomatisch höchst inopportun gewesen, die Ehefrau eines Staatsgastes zu hängen.

Zur Vollendung der steilen Karriere fehlte jetzt nur noch ein männlicher Erbe. Doch dieser wollte sich nicht einstellen. Bianca versuchte auch in dieser Situation, dem natürlichen Lauf der Dinge etwas nachzuhelfen. Drei schwangere Frauen wurden gefunden, in den Palast gebracht und als Leihmütter engagiert. Im Falle der Geburt eines Sohnes sollte das Neugeborene sofort dem Auftraggeber übergeben werden. Der Betrug glückte. Unter Mitwirkung einer Hebamme simulierte Bianca die Gebärende. Schließlich befand sich ein neugeborener Säugling im Palast. Der Zufall wollte es, dass die Hebamme und die drei engagierten Leihmütter kurz darauf starben.

Es heißt, dass Francesco von dem Betrug nichts wusste, allerdings kamen ihm Gerüchte zu Ohren. Also glaubte er, was er nicht wissen sollte. Jahre später erkannte er den kleinen Antonio als ehelich geboren an.

Die Affären an der Spitze des Staates blieben dem Volk und den um Macht und Einfluss wetteifernden Familien nicht verborgen. Bianca wurde „geschnitten". Kardinal Ferdinando de' Medici beförderte den schlechten Ruf seiner Schwägerin. Es ging schließlich um viel: seine Thronfolge. So geriet der Kirchenmann im Oktober 1587 schnell unter Verdacht, den überraschenden

Tod seines Bruders Francesco im Lustschloss Poggio a Caiano unstattgemäß befördert zu haben. Ferdinando ließ, um den Verdacht eines Mordes zu zerstreuen, eine Obduktion durchführen, nach der von den Renaissance-Ärzten Malaria als Todesursache angegeben wurde. Das schien gut zum ebenso überraschenden Tod seiner Gemahlin Bianca zu passen. Die ehemalige Geliebte überlebte den Großherzog nur um wenige Stunden. Der fast gleichzeitige Tod des Herzogspaares war sehr praktisch für seine Eminenz, den Kardinal.

Während er seinen Bruder mit allen Ehren und allem Prunk bestatten ließ, verweigerte der Kirchenfürst Bianca das Recht, neben und mit ihrem Gemahl begraben zu werden. Die Venezianerin wurde unbekannten Orts verscharrt.

Mord oder natürlicher Tod? Durch die Jahrhunderte wechselten Meinungen und Theorien. Erst im Jahr 2006 brachten italienische Gerichtsmediziner der Universität Florenz Licht ins Dunkel der Gruft. Francesco Mari und Aldo Polettini konnten nach einer Graböffnung und der Zuordnung von Leberresten mittels DNA-Analysen feststellen, dass Francesco bei seinem Tod eine signifikant erhöhte Arsen-Konzentration in der Leber aufwies. In ihrer Conclusio, die im „British Medical Journal" veröffentlicht wurde, schreiben die Wissenschaftler: „Die Ergebnisse der toxikologischen Untersuchung entsprechen der Hypothese, dass der Großherzog und seine Frau Opfer einer akuten Arsen-Vergiftung wurden." So wurde nach 400 Jahren ein längst verjährter Kriminalfall gelöst. Der Herzog und seine Frau starben an Gift.

*

Pina Marzi Ciotti, Die Frauen aus dem Hause Medici, Firenze 2003.

Ilaria Hoppe, Vortrag „Die Hochzeit von Großherzog Francesco I. de' Medici und der Signora Bianca Cappello von 1579", MEFISTO (Medici-Frauen Interdisziplinär: Soziale Rollen, kultureller Transfer, mäzenatisches Œuvre); Institut für Europäische Geschichte Mainz (IEG); Kunsthistorisches Institut

der Johannes Gutenberg Universität Mainz, 2006;
http://hsozkult.geschichte.hu-berlin.de/tagungsberichte/id=1496

Norbert Huse/Wolfgang Wolters, Venedig. Die Kunst der Renaissance: Architektur, Skulptur, Malerei 1460–1590, München 1996.

Maike Vogt-Lüerssen, Frauen in der Renaissance – 30 Einzelschicksale, Norderstedt 2007.

John M. Najemy, A History of Florence, 1200–1575, Oxford 2006.

Elizabeth I. und Robert Dudley
Die Liebe zur jungfräulichen Königin

„Es gibt kein Juwel, sei es noch so hoch im Preis, das ich über dieses Juwel stelle: ich meine eure Liebe. Diese achte ich mehr als alle Schätze oder Reichtümer. Diese wissen wir zu bewerten, doch Liebe und Dankbarkeit halte ich für unbezahlbar. Und hat mich Gott auch hoch erhoben, ist das, was ich als Ruhm meiner Krone zähle, dass ich mit eurer Liebe regiert habe." So spricht eine Königin vor den wichtigsten Männern des Reiches. Elizabeth I., Königin von England, lässt am 30. November 1601 die 140 Mitglieder des Parlaments nach Whitehall rufen. Die Notabeln Englands sind wieder einmal unzufrieden. Es geht ums Geld, Englands Adelsvertreter fühlen sich bei der Aufteilung von Handelsrechten unfair behandelt. Die 68-jährige Königin erscheint und hält eine Abschiedsrede. Die Mächtigen Englands müssen ihrer Königin kniend zuhören. Bis zu ihrem Tod knapp ein halbes Jahr später wird sie nicht mehr öffentlich auftreten.

Elizabeth hat 44 Jahre regiert, ein Zeitalter geprägt – ihm ihren Namen gegeben und das 16. Jahrhundert gestaltet. Sie hat den Weltmacht-Status der Britischen Inseln begründet, den Aufstieg der englischen Marine zur Dominanz über die Weltmeere und damit über die Handelsbeziehungen eingeleitet. Das katholische Spanien, bis zur Herrschaft der „jungfräulichen Königin" die beherrschende Seenation, wird fortan eine untergeordnete Rolle spielen. Bis zum Ende des Ersten Weltkrieges – mehr als 300 Jahre nach Elizabeths Tod – kann das Vereinigte Königreich die bestimmende Weltmacht sein. In dieser Zeit erhält die von Heinrich VIII. gegründete anglikanische Kirche ihre endgültige Ausprägung. Sie unterstellt die Kirche Englands der Krone. Bis heute ist das britische Staatsoberhaupt „oberster Gouverneur der Kirche von England". Die junge Königin trennt sich und ihr Reich endgültig von der katholischen Kirche und formuliert die Grundlagen des anglikanischen Glaubens in 39 Artikeln. Dafür wird die Königin vom römischen Papst exkommuniziert. Die Waffe der Kirche ist allerdings stumpf geworden. Elizabeth kann eine Verschwörung katholischer Aristokraten niederschlagen und zieht kluge Konsequenzen aus dem Misslingen militärischer Abenteuer. Die Königin gibt alle Ansprüche auf dem europäischen Festland auf. Ihr politisches Interesse und das der Insel gelten fortan dem Meer und den Handelswegen. Die Marine wird verstärkt und die Wirtschaft stabilisiert. In London öffnet 1566 die erste Börse.

Es ist das Zeitalter, in dem ein William Shakespeare aus Stratford-upon-Avon aus der englischen Politik und Geschichte seine Stoffe für Dramen, Tragödien und Lustspiele schöpfen kann, die im Globe Theatre am Ufer der Themse aufgeführt werden. Francis Bacon schuf Grundlagen für die moderne Wissenschaft. Sir Francis Drake segelte auf einem englischen Schiff um die Welt und jenseits des Atlantiks gründete England die erste Kolonie in Amerika. Der von englischen Soldaten besetzte und besiedelte Landstrich erhielt den Namen Virginia – das Land der Jungfrau, die Kolonie der „Maiden Queen". Wie so vieles in der Historie beruhte auch diese Namensgebung auf einem fundamentalen Irrtum. Elizabeth war zwar als Königin unverheiratet geblieben, den Freuden der körperlichen Liebe war sie hingegen durchaus zugetan. Einer ihrer Favoriten hieß Robert Dudley, später wurde er von Elizabeth zum Earl von Leicester erhoben, um ihn standesgemäß mit ihrer Rivalin Maria Stuart, der katholischen Königin von Schottland, verheiraten zu können. Dieses Ansinnen lehnte Sir Robert nachhaltig ab. Zeitgenössische Porträts beweisen, dass Robert Dudley ein ansehnlicher Mann war, würdig einer jungen Königin.

Der Tratsch am Königshof machte Herrn Dudley für die zögerliche Haltung der Königin verantwortlich, sich aus dem reichen Angebot an Prinzen und Königen vom Kontinent einen strategisch passenden Partner auszuwählen. Elizabeths Jugendfreund Dudley hatte keine besonders gute Nachrede am Hof. Zu nahe war er der Königin, zu vertraut, zu frech im Umgang mit den anderen Beratern und würdigen Herren, die eifersüchtig auf ihren Einfluss am Hof bedacht waren. Denn immerhin war Elizabeth eine Frau und es war keineswegs selbstverständlich, dass eine Person ihres Geschlechts – ohne Mann und damit ohne König an der Seite – auf Dauer herrschen konnte.

Ob Elizabeth und Robert neben dem Tisch auch das Bett teilten, ist heute kaum nachweisbar. Die junge Königin war offensichtlich schwer verliebt und zeigte das auch dem gesamten Hofstaat. Robert Dudley musste seine Wohnräume unmittelbar neben die Gemächer seiner Königin verlegen. Offizielle Begründung: kürzere Wege bei der gemeinsamen Regierungstätigkeit. Denn Sir Dudley war bald zum wichtigsten Vertrauten der Königin aufgestiegen. Die beiden kannten sich seit Kindheitstagen und waren einander unter höchst ungünstigen Umständen wiederbegegnet – eingekerkert im Londoner Tower. Der Kampf um Macht und Vorherrschaft im Staat wurde zu Zeiten der Tudors recht unmittelbar ausgetragen.

Eine Rückblende: An der Wiege war der Tochter von König Heinrich VIII. nicht vorherbestimmt, eine der wichtigsten Herrscherpersönlichkeiten – nicht nur Englands – der Geschichte zu werden. Ihre Mutter Anne Boleyn wurde von Heinrich VIII. im Londoner Tower hingerichtet – enthauptet. Der Richtblock wird heute noch von den „Beefeatern" bei Touristenführungen gezeigt.

Zu diesem Zeitpunkt war Elizabeth Tudor nicht einmal drei Jahre alt, ihr Vater ließ sie nach dem gewaltsamen Tod ihrer Mutter per Parlamentsbeschluss für illegitim erklären und so von der Nachfolge ausschließen. Heinrich wollte einen männlichen Erben und schritt sogleich zur Tat. Mit der nächsten Lebensabschnittspartnerin, Jane Seymour, zeugte der König nach 29 Jahren Regierungszeit endlich einen Sohn: „Hier ist nicht weniger

Frohlocken ob der Geburt unseres Prinzen, nach dem wir so lange gehungert haben, als bei der Geburt Johannes des Täufers", hieß es in einem Brief an Oliver Cromwell. Edwards Geburt am 12. Oktober 1537 wurde von Englands Bevölkerung mit Jubel gefeiert. Die Kirchenglocken läuteten ohne Unterlass und die Menschen entfachten Freudenfeuer. Zur guten Stimmung trug die Großzügigkeit des Königs bei, der Bier und Wein kostenlos an die verarmte Bevölkerung austeilen ließ. Der Rausch der Begeisterung endete rasch im dynastischen Kater. Jane Seymour starb zwölf Tage nach der Geburt an Kindbettfieber. Heinrich VIII. war wieder Witwer, diesmal ohne sein Zutun.

Bei der Taufe des einzigen legitimen Sohns von König Heinrich trug die vierjährige Halbschwester Elizabeth das Tauftuch, seine zweite Halbschwester Mary war Taufpatin. So blieb alles in der Familie.

Die junge Halbwaise lebte nach dem Tod ihres Vaters Heinrich VIII. am Hof der Königswitwe Catherine Parr. Deren Ehemann Thomas Seymour, Baron und Bruder von Jane Seymour (wir erinnern uns: sie war die dritte Gattin Heinrichs und ist im Kindbett verstorben), durfte sich zwar als einflussreicher Edelmann fühlen, er benahm sich aber nicht so. So machte der Baron der kaum 13-jährigen Prinzessin Elizabeth ziemlich direkte sexuelle Avancen und wurde dabei von seiner Ehefrau erwischt. Diese zeigte sich „not amused" und entfernte die Frühreife aus dem Haushalt. Nach dem frühen Tod seiner Frau Catherine hielt der machtgierige Thomas offiziell um die Hand Elizabeths an, immerhin galt sie als Nummer zwei in der Thronfolge. Doch im Ränkespiel um die Macht im Staate hatte Seymour die schlechteren Karten. Der Sexskandal mit seiner Schutzbefohlenen wurde ruchbar, der Thronrat verbat eine Hochzeit. Als der „Admiral of the Fleet" auch noch gegen den Vormund des zwölfjährigen Königs Edward VI. intrigierte – es war praktischerweise sein Bruder Thomas –, wurde er verhaftet und im Tower hingerichtet.

Heinrichs Sohn Edward VI. starb schon im jugendlichen Alter von 15 Jahren. Wieder durfte ihm nicht die katholische Halbschwester Mary oder Elizabeth nachfolgen. Heinrich VIII. hatte beide testamentarisch von der Thronfolge ausgeschlossen. Die tiefgläubige Protestantin Lady Jane Grey (Enkelin der Schwester des Tudor-Königs) sollte den Thron besteigen. Auch sie war im Haushalt der ehemaligen Königin Catherine Parr aufgewachsen und ausgebildet worden. Länger als neun Tage blieb ihr die Krone Englands aber nicht vergönnt. Sie ging in die Geschichte als „Queen of the Nine Days" ein. Die katholische Mary konnte ihren rechtmäßigen Anspruch auf den englischen Thron mit Unterstützung des Volkes und einer schlagkräftigen Armee durchsetzen. Innerhalb von neun Tagen zog sie am 3. August 1553 zusammen mit ihrer jugendlichen Schwester Elizabeth in London ein.

Die atemberaubenden Intrigen und Machtspiele fanden vor dem Hintergrund des epochalen Ringens zwischen den katholischen Fürstenhäusern und den zum Protestantismus gewechselten Herrschern statt. Das Papsttum in Rom unternahm alle Anstrengungen, um Englands Krone wieder unter den Einfluss des Katholizismus zu bringen. Eine tiefe Spaltung trennte nicht nur den Kontinent, sondern auch die herrschende Klasse Englands. Die Untertanen mussten mehrfach ihren Glauben wechseln: vom konservativen Lutheranismus Heinrichs VIII. über den Katholizismus von Maria Tudor zum gemäßigten Protestantismus Elizabeths. Die einfachen Menschen konnten den raschen Religionswechsel ihrer Herrschaft nicht nachvollziehen. Was heute von Gott geboten, war morgen vom gleichen Gott verboten. Viele gingen auf Distanz zur Religion. Elizabeth scheute die Konfrontation, sie wusste, dass ihr Land und die adelige Führungsschicht in religiösen Angelegenheiten gespalten waren. So steuerte sie einen Kompromisskurs. Die Krönungsfeierlichkeiten fanden ein letztes Mal im katholischen Ritus statt, auch wenn Elizabeth Protestantin war.

Lady Jane Grey hingegen kannte keine Kompromisse. Sie wurde zu einer Märtyrerin des Protestantismus, da sie sich selbst in ihrer Todeszelle im Tower weigerte, wieder in den Schoß der römischen „Mutter" Kirche zurückzukehren. Ihre Enthauptung wurde immer wieder verschoben, um Zeit zu gewinnen, sie doch noch zum Glaubenswechsel überreden zu können.

Der vom katholischen Spanien aus Machtkalkül geschürte Glaubenskonflikt vergiftete auch die Beziehungen der Schwestern Mary und Elizabeth. Obwohl Mary ihre Schwester zum Besuch der Messe, also zum Katholizismus „bekehren" konnte, galt Elizabeth für die Barone und Lords der protestantischen Adelsgeschlechter als Zukunftshoffnung. So geriet die junge Frau in den Verdacht, in die Umsturzpläne der Wyatt-Verschwörung eingeweiht gewesen zu sein. Die Verschwörergruppe wollte eine Heirat der katholischen Königin Mary mit dem spanischen Thronfolger Philipp II. verhindern. Diese Allianz zwischen Spanien und England hätte Spaniens Vormacht im Welthandel auf Jahrzehnte gesichert und das Königreich wieder fest an die römische Kirche gebunden. Dagegen formierte sich Widerstand, der aber verraten wurde. Thomas Wyatt wurde verhaftet und belastete unter der Folter Elizabeth. Sie habe zu den Umstürzlern Kontakt gehabt. Richtig oder falsch? Auf Drängen der spanischen Abgesandten von Kaiser Karl V. setzte Mary ihre Schwester erst einmal im Tower fest.

Dort soll sie beim täglichen Spaziergang vom Bell Tower zum Beauchamp Tower ihren Jugendfreund Robert Dudley getroffen haben. Der Sohn des ebenfalls wegen Hochverrats hingerichteten Herzogs von Northumberland verbrachte seine Tage als Gefangener im Tower of London. Ein gemeinsames Schicksal verbindet. Jedenfalls ernannte Elizabeth den jungen Adeligen aus nobelstem Haus nach ihrer Thronbesteigung zum Oberstallmeister. Er war in dieser Funktion für die Mobilität des Hofes verantwortlich und durfte so in unmittelbarer Nähe der Königin sein. Zeitgenössische Briefe berichten, die Königin habe Robert Dudley „Tag und Nacht in seinem Zimmer besucht".

Der attraktive Adelige und die unverheiratete Königin. Hochzeitsgerüchte verängstigten den Hofstaat. Der Herzogssohn hatte für manche ohnehin einen zu großen Einfluss auf die Königin. Und eine Ehe diente in diesen Tagen der Bündnispolitik und machtpolitischen Überlegungen, nicht aber der Erfüllung einer Liebesbeziehung. Da traf es sich gut, dass Robert Dudley verheiratet war. Dieses Faktum reduzierte die „Gefahr" einer Hochzeit mit der Königin auf null.

Doch seine Frau Amy geborene Robsart wurde auf ihrem Gut im September 1560 tot aufgefunden: ein Schock. Die junge Adelige hatte ihren Gatten schon jahrelang nicht gesehen, weil dieser Tag und – eben auch – Nacht Dienst am Hofe Elizabeths leisten musste. Ihr toter Körper wurde am Fuße einer winkligen Treppe gefunden. Die Untersuchungen der Constabler ergaben, die junge Frau sei wohl über die engen Stiegen gestürzt und habe sich dabei das Genick gebrochen. Jahrhundertelang blieben die polizeilichen Ermittlungsergebnisse verschollen.

Robert Dudley schien tatsächlich betroffen, gar entsetzt. Nach der Todesnachricht schickte er Vertraute ins Landhaus Cumnor Place, um die Ursache des vermeintlichen Unglücks zu erkunden. Er selbst blieb am Hofe. Dudleys Vertraute befragten die Dienstboten und erfuhren, dass das gesamte Hauspersonal von Lady Robsart zu einem Wochenmarkt geschickt worden war. Zum Zeitpunkt des Unglücks war niemand außer Amy Robsart im Haus, fürwahr ein böser Zufall.

Amys Tod schien im ersten Moment ein Glücksfall für den späteren Earl of Leicester zu sein. Als 29-jährigem Witwer stünde es ihm frei, in der Blüte seiner Jahre wieder zu heiraten, vielleicht gar eine Königin. Doch das Hinscheiden von Lady Robsart entwickelte sich schon bald zu einem Kriminalrätsel, zu einem Skandal am Königshof. Eine Heirat Elizabeths mit Robert Dudley rückte unter diesen Umständen wieder in die Ferne. Die Gerüchte und der Hofklatsch waren ohnehin schon eindeutig zweideutig. Und auch eine englische Königin konnte es sich kaum leisten, als Komplizin in einem Mordkomplott genannt zu werden.

Zeitgenossen glaubten daher an einen Unfall oder Selbstmord der jungen Frau. Beide Versionen sind nicht sehr wahrscheinlich. Für eine britische TV-Dokumentation baute der Archäologe Edward Impey ein Modell des Wohnhauses Cumnor Place und das ominöse Stiegenhaus nach Originalplänen auf. Dabei zeigte sich, dass die Treppe eng und verwinkelt war und zwei Zwischenplattformen hatte. Für einen geplanten Selbstmord war dieses Stiegenhaus extrem ungeeignet, bei einem Sturz wäre Amy wohl auf den Treppenabsätzen zu liegen gekommen. Es fehlen auch Hinweise auf eine Depression, die einen Selbstmord erklären könnte. Im Gegenteil: Die kinderlose Gattin Dudleys hatte sich ein neues rotes Kleid anmessen lassen und freute sich, schriftlich belegt, auf die baldige Lieferung des teuren Stücks.

Ein Zufallsfund nach 450 Jahren scheint jetzt das Kriminalrätsel zu lösen. In britischen Archiven tauchte das originale Polizeiprotokoll auf. Die elisabethanische CSI arbeitete exakt. Im Untersuchungsbericht wird auf zwei Wunden am Schädel von Frau Dudley geborene Robsart hingewiesen. Die eine Wunde sei „einen Daumen lang" tief, die andere gar „zwei Daumen" tief gewesen. Brutale Kopfverletzungen, die sich kaum durch einen Sturz über eine enge Treppe erklären lassen. Viel wahrscheinlicher ist, dass ein Gewalttäter die 28-Jährige erschlagen und dann vor der Stiege abgelegt hat. Also: Mord.

Wer der Mörder war, lässt sich heute nicht mehr klären. Robert Dudley war viel zu klug, um sich diesem schweren Verdacht auszusetzen.

Zwei Jahre nach dem Tod von Amy Robsart erkrankte Königin Elizabeth schwer an Pocken. Die durch Viren ausgelöste Erkrankung war damals nicht behandelbar. Der Hofstaat und die Ärzte fürchteten um das Leben der Königin. Während Elizabeth an hohem Fieber litt, brach die Debatte um mögliche Nachfolger aus. Elizabeth war die Letzte aus der Tudor-Familie, unverheiratet und kinderlos. Als sie kurz aus dem Koma erwachte, ernannte sie Robert Dudley zu ihrem Nachfolger. Er sollte England regieren. Der Hofstaat reagierte geschockt. Robert Dudley hatte schon Hand an die englische Krone gelegt. Doch die letzte Tudor bewies eiserne Konstitution, sie genas von der schweren Krankheit.

Das Ober- und Unterhaus erhöhten den Druck auf die „Maiden Queen", endlich zu heiraten und an eine Nachfolge zu denken. In einer Petition forderten die Lords ein Jawort ein. Kandidaten gab es genug. Die Ehevermittler waren bis ins ferne Österreich ausgeschweift und hatten dort den habsburgischen Erzherzog Karl als möglichen König von England identifiziert. Es wurde hin und her verhandelt, doch Elizabeth antwortete wieder einmal ausweichend. Im „Damen Conversations Lexikon" des 19. Jahrhunderts wurde Robert Dudley die Schuld am zögerlichen Verhalten seiner Königin zugeschoben: „Sein Ehrgeiz strebte, obgleich er selbst verheirathet war, nach nichts Geringerm, als der Hand der Königin, und deßhalb hintertrieb er auch ihre projectirte Vermählung mit dem Erzherzoge Karl von Oestreich".

Doch Dudley war auch nur eine Spielfigur auf dem Schachbrett der Macht. Im Frühjahr 1563 setzte Elizabeth den geliebten Springer Robert Dudley und wollte ihn als Ehemann für ihre schottische Rivalin Maria Stuart in Stellung bringen. Ein schlauer Zug, nicht frei von Perfidie. In ihren Anweisungen für die Verhandlungen behauptete die Monarchin, die angestrebte Ehe mit der schottischen Königin sei eine Entschädigung dafür, dass sie Dudley nicht selbst heirate: Sie hätte ihn, „stünde es in Unserer Macht, zum Eigentümer oder Erben Unseres Königtums" machen wollen. Doch Maria Stuart zierte sich. Sie musste das Angebot ihrer englischen Cousine als tiefste Beleidigung empfinden. Von einer Rivalin den abgelegten Liebhaber ins Ehebett gelegt zu bekommen, das war schon ein starkes Stück. Der österreichische Schriftsteller Stefan Zweig empörte sich in seinem großen Roman „Maria Stuart": „Einer Königin von Schottland, einer Königswitwe von Frankreich zuzumuten, einen Untertanen ihrer Schwesterkönigin, einen kleinen Adeligen ohne jeden Tropfen ebenbürtigen Blutes zu ehelichen, bedeutet ja nach den Begriffen der damaligen Zeit beinahe Beschimpfung. Aber sie wird noch impertinenter durch die Wahl der vorgeschlagenen Person. In ganz Europa weiß man, dass Robert Dudley seit Jahren der erotische Spielkamerad Elizabeths ist und demnach also die Königin von England wie einen abgetragenen Rock der Königin von Schottland gerade den Mann überlassen will, den sie selber als für eine Ehe zu gering erachtet."

Robert Dudley entsprach tatsächlich nicht dem Stand einer Maria Stuart oder gar einer Elizabeth. Kein Problem für eine Königin: Um einen für England günstigen Kandidaten auf den schottischen Thron zu bringen, erhöhte sie ihren Vertrauten zum Earl of Leicester. Der schottische Gesandte Melville, der bei der Verleihung der Grafenkrone anwesend war, konnte seiner Königin in Edinburgh eine feine Beobachtung nicht verheimlichen. Elizabeth habe dem treuen Diener Robert nicht nur die Grafenkrone vor versammeltem Hof aufs Haupt gedrückt, sondern ihm dabei auch noch zärtlich die Haare gekrault.

Ein Earl war für Maria Stuart nicht genug. Nachdem ihr Elizabeth aber schließlich die englische Thronfolge versprach, für den Fall und nur für den Fall, dass sie Robert Dudley heirate, stimmte die schottische Königin schließlich dem Ehe-Handel zu.

Doch Earl Robert Dudley ermannte sich in diesen turbulenten Tagen. Er wollte sich nicht von seiner geliebten Königin an eine andere Königin verschachern lassen. Jetzt lehnte Dudley hartnäckig eine Eheschließung mit Maria Stuart ab. Möglicherweise war Elizabeth über dieses politische Scheitern nicht unglücklich, konnte sie doch privaten Trost erhoffen.

Die Freundschaft zwischen Dudley und Elizabeth dauerte bis zu seinem Tode im September 1588. Sie wurde nicht einmal durch etliche Verhältnisse Dudleys mit verwitweten Ladys am Hof beendet. Robert Dudley blieb Elizabeths Vertrauter, auch wenn sie ihn regelmäßig öffentlich demütigte. „Ihr durftet werben um zwei Königinnen; Ein zärtlich liebend Herz habt Ihr verschmäht, verrathen, um ein stolzes zu gewinnen. Kniet zu den Füßen der Elizabeth!"

Elizabeth sollte Robert Dudley um 15 Jahre überleben. Einen Brief des Vasallen, den der Earl fünf Tage vor seinem Tod geschrieben hatte, legte die Königin in ihre Schatztruhe. Sie schrieb auf den Umschlag: „Sein letzter Brief".

Im 1998 gedrehten Kinofilm „Shakespeare in Love" lernen wir Elizabeth I. in einem kaum acht Minuten langen Auftritt in vielen ihrer Charakterfacetten kennen. Judi Dench spielt die alternde Königin, die zwar augenzwinkerndes Verständnis für die unstandesgemäßen Liebesverwirrungen und Verwechslungen zeigt, bei der Durchsetzung der überkommenen Adelsordnung aber unbeugsam bleibt. So war es.

*

Simon Adams, Household Accounts and Disbursement Books of Robert Dudley, Earl of Leicester, Cambridge 1996.
Jürgen Klein, Elisabeth I. und ihre Zeit, München 2004.
Anna Eunike Röhrig, Mätressen und Favoriten, Göttingen 2010.
Stefan Zweig, Maria Stuart, Wien 1935.

http://www.zeno.org/DamenConvLex
http://www.william-shakespeare.de/elizabeth_golden_speech.htm
http://www.elizabethfiles.com/the-case-of-amy-robsart-a-tudor-whodunnit/4524/

Giacomo Casanova und Manon Balletti
Der Frauenheld und die versprochene Ehe

Von ihr blieb ein Gemälde. Seit 1945 hängt in der britischen Nationalgalerie am Trafalgar Square in London das Bildnis der Manon Balletti vom französischen Rokoko-Maler Jean-Marc Nattier aus dem Jahr 1757. Von ihm blieb der Ruhm, der größte Liebhaber der Zeitgeschichte zu sein: Casanova.

Giacomo Casanova war auf der Flucht aus den „Bleikammern" des venezianischen Dogenpalastes in Paris angekommen. Casanova hatte es zu bunt getrieben. Das Tribunal ließ ihn verhaften, weil er sich gegen die „Heilige Religion" versündigt habe. Die venezianischen Machthaber sperrten den Lebemann in die sogenannte Bleikammer, einen Komplex von sieben Zellen im Ostflügel des Dogenpalastes, direkt unter dem mit Bleiplatten gedeckten Dach. Daher kommt der Name. Ein Gerichtsverfahren erachteten die Herren Venedigs nicht für nötig, Casanovas Eskapaden waren offensichtlich, der Rechtsstaat noch nicht erfunden. „Unterm Blei" wurden vor allem besser gestellte Kriminelle und politische Gefangene untergebracht. Die Haftbedingungen waren nicht besonders streng (relativ für die Zeit), aber unter dem Dach wurde es im Sommer unerträglich heiß und „Millionen Flöhe" (wie Casanova bitter klagte) machten ihm das Leben zur Hölle. Der entzog sich Casanova mithilfe eines abtrünnigen Geistlichen. Pater Balbi hatte mit einem Eisendorn ein Loch in seine Zimmerdecke gebohrt, war in die Zwischenkonstruktion zwischen Dach und Decke geklettert und hatte so auch für Casanova ein rettendes Schlupfloch in den Holzplafond gesägt. Am Allerheiligentag 1756 türmten die zwei Komplizen. Casanovas Sinn fürs Theatralische zeigte sich auch im Moment höchster Gefahr. Er hinterließ für die Nachwelt einen Zettel mit Psalm 118:17 aus der lateinischen Bibelübersetzung: „Ich werde nicht sterben, sondern leben und des Herren Werke verkünden."

Die Flucht und die reichlich ausgeschmückte Erzählung darüber in seinen Memoiren hatten Casanova endgültig zur Legende gemacht. Der Ausbruch aus den Bleikammern könnte das Skript eines Mantel- und Degenfilms sein. Nachdem er sich mit Pater Balbi durch die Holzbalken der Decke gezwängt hatte, aus dem Dachfenster geklettert, über Dächer und schließlich – um sechs Uhr morgens stilecht mit einer Gondel über den Canale Grande – geflüchtet war, machte er sich auf den Weg nach Paris. Das ließ sich wohl nur mit Fluchthelfern bewerkstelligen. Schon Zeitgenossen hegten Zweifel an Casanovas Version. Sie nahmen an, der Venezianer habe auf übliche Art und Weise mithilfe seiner mächtigen Freunde die Gefängniswärter im Dogenpalast bestochen und sei so frei gekommen. Allerdings gibt es auch Indizien dafür, dass Casanovas Geschichte nicht ganz frei erfunden ist. In den venezianischen Archiven liegen Rechnungen über die Kosten der Reparatur eines durchgesägten Zellenbodens.

Mit „Die Geschichte meiner Flucht" schrieb der Hochstapler 1787 einen Bestseller: „Gott schenkte mir alles, was ich für die Flucht brauchte, das war ganz erstaunlich, wenn nicht gar ein Wunder." Jedenfalls erreichte Casanova im Januar 1757 die französische Hauptstadt. In Paris hatte er viele Freunde aus besseren Zeiten und hervorragende Kontakte zu einflussreichen Persönlichkeiten. Sein Kumpel François-Joachim de Pierre de Bernis war gerade Finanzminister geworden, und so fand er zunächst Unterschlupf in der Rue du Petit Lion bei einem italienischen Schauspielerpaar. Antonio-Giuseppe Balletti und seine Frau Zanetta waren als „Mario und Silvia" in Theaterkreisen geschätzt und beliebt. Giacomo Girolamo Casanova Chevalier de Seingalt kannte die schöne Tochter des Hauses schon seit ihrem zehnten Lebensjahr. Jetzt, beim zweiten Zusammentreffen nach seinen abenteuerlichen Eskapaden in der Lagunenstadt Venedig, verliebte sich das junge Fräulein in den doch einigermaßen lebenserfahrenen 32-jährigen Schriftsteller, Abenteurer, Häftling, Pleitier, Betrüger, Aufschneider und Liebhaber.

Die bildhübsche Maria Maddalena – genannt Manon – Balletti war zwar erst im Teenager-Alter und doch längst an einen deutlich älteren Herrn vergeben, ihren ehemaligen Klavierlehrer. Charles Clément liebte die Schauspieler-Tochter mit jedem Akkord seines Wesens, doch die Zuneigung wurde nicht erwidert. Wer einen Casanova als Nebenbuhler hat, zieht meist den Kürzeren.

Aber schwer hatten es vor allem die Frauen, die in die Anziehungskraft des Venezianers gerieten – erst recht, wenn sie nicht auf ein kurzes amouröses Abenteuer aus waren, sondern den Filou wirklich liebten. Alles begann heimlich, in der Dunkelheit des Hauses tauschten sie Brieflein aus, zärtliche Botschaften, die sie sich nur wenige Meter entfernt bei Kerzenschein in ihren Zimmern schrieben. Da der galante, mit allen Wassern gewaschene Lebemann, dort das junge Mädchen, das mit einem wenig interessanten älteren Mann verheiratet werden sollte. Die von Casanova Angebetete erlag bald dem Werben des venezianischen Familienfreunds und erlebte ihr erstes Liebesglück in den Armen eines wahrlich erfahrenen Mannes.

Manon schrieb dem meist Abwesenden gezählte 42 Liebesbriefe, die Casanova in seinen Memoiren zitiert. Am Beginn ihrer Affäre formuliert die 17-Jährige noch Zweifel: „Ich will getreulich auf Ihren letzten Brief antworten; anfangs sprechen Sie sehr übertrieben von Ihrer Liebe zu mir: ich halte sie für aufrichtig, sie schmeichelt mir, und ich wünsche mir nur, dass sie mir immer erhalten bleibt – wird sie das? Ich weiß genau, dass Sie sich über meinen Zweifel empören werden, aber schließlich, mein lieber Freund, hängt es nicht allein von Ihnen ab, ob Sie aufhören, mich zu lieben oder mich immer liebbehalten? Ach, ich habe gezittert, als mir die Zuneigung zu Ihnen bewusst wurde, und Schrecken befiel mich. Möge diese zärtliche Freundschaft, die wir füreinander empfinden, gedeihen, sie kann unser Glück oder unser Unglück sein, welche harte Alternative. Ist es so schwer, sich zu lieben? Gute Nacht, gute Nacht, mein teurer Freund, behalten Sie mich immer recht lieb. Wenn Sie mir einen Gefallen tun wollen, so verbrennen Sie unsere Briefe! Im Traum schon sage ich Ihnen, dass ich Sie liebe!"

Casanova ignorierte diese Bitte. Er sammelte die Briefe wie Trophäen seines Erfolgs. Der Venezianer war in diesen Pariser Wintertagen noch etwas außer Atem. Die monatelange Haft unter den Bleidächern des Dogenpalasts, seine abenteuerliche Flucht hatte ihn etwas mitgenommen. Casanova beschloss, sesshaft zu werden, nicht ohne Kalkül. Der Spieler schlüpfte in eine neue Rolle, nahm wie ein Chamäleon die Farben seiner Umgebung an und übte strikte Selbstkontrolle. Sein Freund de Bernis sollte zum Patron werden. Da der französische Staat dringend Geld für den Krieg brauchte, betätigte sich Casanova als genialer Verkäufer der neu gegründeten Staatlichen Lotterie. Mit dem Glück spielte der Venezianer ja gern. Diesmal war er auf der sicheren Gewinnerseite, er kassierte Provisionen für das staatliche Glücksspielmonopol. Nebenbei betrog er die Pariser Gesellschaft mit okkulten Spielen und behauptete, durch seine Kenntnis in der Alchemie den „Stein des Philosophen" (Lapis philosophorum) schaffen zu können. Casanova: „Wir rächen die Intelligenz, wenn wir einen Narren betrügen." Angesichts solcher Täuschungen, begangen in und an höchsten Gesellschaftskreisen, schien ihm ein Hauch von Seriosität angemessen.

Er verlobte sich mit Manon, deren Frische und Liebreiz er durchaus zu schätzen gelernt hatte, und versprach, alsbald nicht nur die fleischlichen Genüsse der Ehe zu genießen, sondern die Affäre auch zu legalisieren. Immerhin zog der Lebemann unter Aufsicht seiner künftigen Schwiegereltern in die Rue du Petit Lion, in der Nähe des heutigen Forum des Halles, ein. Casanova ließ sich mit der geplanten Eheschließung Zeit. Seine Profession hatte etwas Unstetes. Casanova begab sich häufig auf Reisen, vorzugsweise in geheimer Mission. Denn der Lebemann verdingte sich als Geheimagent. Sein Förderer de Bernis sandte Casanova nach Dünkirchen auf eine Spionage-Mission. Dabei lieferte der Venezianer nützliche Informationen und wurde großzügig entlohnt. Von seinen Arbeitgebern hielt er wenig: „Alle französischen Minister sind gleich. Sie verschwenden Geld, das aus den Taschen anderer Leute kommt, um sich zu bereichern, und sie agieren absolut: Die niedergetrampelten Leute zählen gar nichts, die Unfähigkeit des Staates und die Konfusion der Finanzen sind das Ergebnis. Eine Revolution ist unvermeidlich." Sie sollte drei Jahrzehnte später in Paris beginnen.

„Ist es so mühsam, zu lieben? Mein lieber Freund, behalten Sie mich immer sehr lieb." Keinen Geringeren als Giacomo Casanova erreichten diese Zeilen, und von dem wissen wir ja, dass er mit gebrochenen Herzen und Liebesschwüren ein guter Jahrmarktshändler war.

Zu Beginn des Siebenjährigen Krieges (1756–1763) wurde Casanova – ausgerechnet Casanova – in das damalige Finanzzentrum Amsterdam geschickt, um dort Anleihen zu verkaufen. Der italienische Lebemann im Dienste der Franzosen erwies sich als talentierter Vertreter der Hochfinanz. Frankreich musste für die Kriegsanleihen nur relativ bescheidene acht Prozent Zinsen zahlen. Die Provisionen, die Casanova dabei einstrich, machten ihn zum reichen Mann und brachten ihm das Angebot, französischer Staatsbürger zu werden, inklusive Titel und Pensionszusage.

Der Siebenjährige Krieg wird von Historikern heute als wirklicher erster Weltkrieg bewertet: Engländer, Portugiesen und Preußen gegen Franzosen, Österreicher, Schweden und Spanier. Kaum eine europäische Macht war nicht auf irgendeiner Seite in irgendeine Allianz verstrickt. Die Kriegsschauplätze erstreckten sich von den amerikanischen Kolonien über ganz Europa bis nach Afrika. Rund 900.000 bis 1,200.000 Soldaten starben im Siebenjährigen Krieg, der keine wesentliche Machtverschiebung in Europa brachte, aber alle Mächte an den Rand des Staatsbankrotts.

Ein Leben in ruhigen Bahnen als pragmatisierter Staatsbeamter schien dem Wanderer durch die europäischen Welten doch zu langweilig. Casanova lehnte ab, verwaltete sein Vermögen schlecht, wurde wegen angeblicher Fälschungen von Wechseln beschuldigt, verhaftet und konnte sich nur mit knapper Not einer weiteren Kerkerstrafe entziehen. Seine Verlobte Manon Balletti opferte für den untreuen Verlobten ihre goldenen Ohrringe, die ihr Bruder als Kaution für Casanova einsetzte. Der Goldschmuck war ein Geschenk Casanovas, den dieser aus Holland mitgebracht hatte. Immerhin konnte er die Ohrgehänge wieder auslösen. Er bezahlte dafür die gewaltige Summe von 6000 Gulden.

Wieder einmal war Casanova auf der Flucht, seine Verlobte zurücklassend, neue Geliebte suchend, getreu seinem Spruch: „Die Ehe ist das Grab der Liebe."

Für Manon war die Kaution ihr letzter Liebesdienst, sie machte mit dem notorischen Hochstapler Schluss, schickte ihm alle seine Briefe zurück und heiratete einen 35 Jahre älteren Architekten. Die junge Frau bewies also durchaus Realitätssinn. Drei Jahre Abenteuer mit dem größten Liebhaber aller Zeiten, das schien ihr genug. In seinen Memoiren ärgert sich Casanova über die Abfuhr: „Ein großes Paket lief ein, begleitet von einem Brief meiner Manon dieses Inhalts: ‚Seien Sie vernünftig und nehmen Sie mit kaltem Blute die Nachricht hin, welche ich Ihnen erteile. Das beigehende Paket enthält Ihre sämtlichen Briefe und Ihr Bild. Schicken Sie mir das meinige zurück und wenn Sie meine Briefe aufbewahrt haben, so verbrennen Sie solche … Denken Sie nicht weiter an mich, auch ich will mein Mögliches tun, Sie zu vergessen.' Dieser Brief versetzte mich, nach einer Dumpfheit von zwei Stunden, in eine tiefe Bestürzung. Mein Gesicht, sonst lachend, schien mir wütend und erschreckend geworden. Ich setzte mich hin, der Treulosen zu schreiben, und zerriss einen jeden Brief."

Immerhin zeigte Casanova doch späte Reue. In seinen Memoiren bedauert er, dass er durch sein Verhalten das Leben der jungen Frau verkürzt habe. Manon war rasch Witwe geworden und starb an einer seltenen Lungenkrankheit, kaum 36 Jahre alt.

*

Anna Eunike Röhrig, Mätressen und Favoriten, Göttingen 2010.

Giacomo Casanova/Wilhelm von Schütz, Aus den Memoiren des Venetianers Jacob Casanova, Bd. 5, Leipzig 1824.

Manon Balletti/Elisa von der Recke, A Giacomo Casanova. Lettere d'amore, Milano 1997.

http://www.nationalgallery.org.uk/paintings/jean-marc-nattier-manon-balletti

Friedrich der Große und Hans Hermann von Katte
Der Kronprinz und sein Offizier

6. November 1730, Bastion Brandenburg auf der Festung Küstrin. Es ist ein kühler, herbstlicher Tag, über der Oder liegt Morgennebel, doch der junge Mann spürt die Kälte nicht. Kronprinz Friedrich steht am geöffneten Fenster des Schlosses und starrt unverwandt in den Novembermorgen. Jeden Moment kann es so weit sein. Heute um sieben Uhr früh soll das Todesurteil an Leutnant Hans Hermann von Katte vollstreckt werden. Der Freund soll vor seinen Augen sterben, König Friedrich Wilhelm I. hat es ausdrücklich befohlen. Der König ist sein Vater. Der Mann, vor dessen Strenge und Brutalität er fliehen wollte. Katte, der Freund, der ihm bei seiner Flucht folgen sollte, wird den Preis dafür bezahlen, den höchsten Preis: sein Leben. Wird er um Gnade bitten? Weinen? Flehen? Wenn es nur schon überstanden wäre. Der 18-Jährige ist kalkweiß im Gesicht; kalter Schweiß klebt an Stirn und Händen. Die Lider sind rotgerändert. Ob der Kronprinz geweint hat? Er, dem man schon als Kind das Weinen mit Prügeln abgewöhnen wollte? Die Offiziere wagen es nicht, Friedrich in die Augen zu blicken. Sie sind abkommandiert, um die Qualen zu bezeugen, die der Vater dem Sohn zufügt. Trauer, Mitleid, Wut – all das spiegelt sich im Gesicht des Kronprinzen wider. Und Schuld. Er, der Prinz, wollte fliehen; nicht länger geschlagen und erniedrigt werden. Doch der andere muss dafür sterben. Jener Mann, den er liebt.

Wenig später wird der Verurteilte zur Richtstätte geführt. Die preußische Armee ist pünktlich; auch und gerade bei der Vollstreckung von Todesurteilen. Hans Hermann von Katte geht dem Tod ruhig und gefasst entgegen. Sein Gnadengesuch ist abgelehnt worden. Es gibt kein Entrinnen mehr. Er ist bereit. Nur noch einen Moment. Einen Moment, um Abschied zu nehmen. Die Augen des jungen Adeligen suchen die Fensterfront ab. Hier irgendwo muss der Freund warten. Die Eskorte drängt den Gefangenen weiter. Wo ist der Prinz? Da hört der zum Tode Verurteilte die vertraute Stimme: „Mon cher Katte!", ruft der Kronprinz. Endlich kann er den Freund erkennen. Er steht am Fenster und wirft ihm mit der Hand einen Kuss zu. „Je vous demande mille pardons!" („Ich bitte tausendmal um Verzeihung!"), ruft Friedrich. „Point de pardon, mon prince; je meurs avec mille plaisirs pour vous!" („Nicht Verzeihung, mein Prinz; ich sterbe mit tausend Freuden für Dich!"), antwortet Katte. Diese herzergreifende Szene wird von der Nachwelt kolportiert, überliefert ist sie nicht. Mehrfach bezeugt ist hingegen der Ablauf der Hinrichtung. Major von Schack berichtete dienstlich über die Exekution an seinen Vorgesetzten, Feldmarschall Freiherrn Dubislav Gneomar von Natzmer. Leutnant von Katte sei würdig gestorben, wie es sich für einen preußischen Offizier geziemt: „Seine Présence d'Esprit bis auf die letzte Minute kann nicht genug admiriren. Seine Standhaftigkeit und Unerschrockenheit werde mein Tage nicht vergessen, und durch seine Zubereitung zum Tode habe vieles gelernet, so noch weniger zu vergessen wünsche."

Was verbindet die beiden jungen Männer, die auf so dramatische Weise voneinander Abschied nehmen? Freundschaft? Liebe? Die Beziehung zwischen Kronprinz Friedrich und Hans Hermann von Katte hat Stoff für verschiedene literarische Werke geboten. Am bekanntesten sind wohl Theodor Fontanes „Wanderungen durch die Mark Brandenburg". Freundschaft, vielleicht sogar Liebe, Loyalität, Opferbereitschaft, Schuld, Hass, Rache – das Verhältnis zwischen Friedrich und Katte und die daraus entstandene Tragödie waren reich an großen Gefühlen. Der Kronprinz hatte eine hoch emotionale Bindung an einen anderen jungen

Mann, trotz oder vielleicht gerade wegen seiner gefühlskalten Erziehung.

Ab seinem sechsten Lebensjahr wird Friedrich von einem hugenottischen Erzieher betreut. Der strenge Vater legt den Stundenplan des Sohnes von „frühstücken in sieben Minuten Zeit" bis zur Freizeit nach fünf Uhr, in der Friedrich tun könne, „was er will, wenn es nur nicht gegen Gott ist", akribisch genau fest. Mit zunehmendem Alter des Thronfolgers entsteht ein beklemmender Vater-Sohn-Konflikt. Friedrich Wilhelm I., der Soldatenkaiser, ist um die Zukunft Preußens besorgt. Er will – er glaubt es zu müssen – einen harten preußischen König aus seinem Sohn machen. Keine leichte Aufgabe, wie es scheint. Friedrich, so heißt es, ziehe seine Bequemlichkeit dem schonungslosen Einsatz, Musisches dem Militärischen, französischen Samt dem preußischen Wolltuch vor. Er trete keck und hochmütig auf. Sein Äußeres sei jedoch nachlässig und verweiblicht. Verdächtig ist auch, dass Friedrich Bücher liest und Flöte spielt. Alles in allem ist der Soldatenkönig mit seinem potenziellen Nachfolger absolut unzufrieden. So schreibt Friedrich Wilhelm I. im Jahr 1728 an seinen Sohn Friedrich: „... Zum Andern weiss er wohl, dass ich keinen effeminirten Kerl leiden kann, der keine menschlichen Inclinationen hat, der sich schämt, nicht reiten noch schiessen kann, und dabei malpropre an seinem Leibe, seine Haare wie ein Narr sich frisieret und nicht verschneidet, und ich Alles dieses schon tausendmal reprimadiret, aber Alles umsonst und keine Besserung in nichts ist."

Außerdem macht der junge Prinz Schulden; eine Tatsache, die den sparsamen Vater besonders abstößt und die er seinem Sohn im Verhör penibel vorrechnen lässt. Schlagen die Gene des verschwenderischen Großvaters, Friedrich I., im Enkel durch? „Mein Vater fand Freude an prächtigen Gebäuden, großen Mengen Juwelen, Silber, Gold und äußerlicher Magnifizienz – erlauben Sie, dass ich auch mein Vergnügen habe, das hauptsächlich in einer Menge guter Truppen besteht", sagt Friedrich Wilhelm I. bei einer Ansprache an seine Minister, die vom holländischen Gesandten Christiaan Carel Van Lintelo überliefert wurde. Der Soldatenkönig wird mit drastischen Sparmaßnahmen, verbunden mit ungeheurem persönlichen Fleiß, den überschuldeten Staatshaushalt sanieren, um Preußen unabhängig von ausländischen Geldgebern zu machen. Wer zu viele Schulden hat, ist abhängig. An dieses historische Faktum werden zu Beginn der „Zehner-Jahre" des 21. Jahrhunderts viele Staaten erinnert. Und Friedrich Wilhelm I. begnügte sich nicht mit Budgetkosmetik. Von vierundzwanzig Schlössern seines Vaters behielt er nur sechs. Das Haushaltsgeld für den Hofstaat kürzte er auf ein Viertel zusammen. Für Kultur hatte er wenig übrig, die Oper wurde geschlossen, die königlichen Lustgärten in Exerzierplätze umgewandelt.

Schon 1722 legt Friedrich Wilhelm I. Instruktionen für seinen Nachfolger fest: „keine Metressen, es beßer zu Nennen Huhren, haben und ein Gottseliches Leben führen; ... nicht Sauffen und freßen davon ein unzügtiges Leben her kommet, ... und auch nicht zugehen das in seine Lender und Prowincen keine Komedien, Operas, Ballettes, Maskeraden, Redutten gehalten werden."

Ein verweichlichter, verschwenderischer Thronfolger mit homoerotischen Neigungen droht sein Lebenswerk zu zerstören. Der Soldatenkönig will seinen Sohn mit Gewalt nach seinen Vorstellungen formen, er versucht den rebellischen Sohn zu brechen. Und scheitert. Die Prügel, die der spätere König Friedrich II. dabei bezogen hat, hat er vermutlich sein Leben lang nicht vergessen. Der Konflikt eskaliert. Zwei Monate vor dem Fluchtversuch demütigt der König seinen Sohn durch Schläge in der Öffentlichkeit. Er selbst hätte sich lieber erschossen, als sich von seinem Vater so behandeln zu lassen, höhnt Friedrich Wilhelm I. Später, in Verhören über die Gründe seiner Flucht, wird Friedrich angeben, dass der königliche Vater ihn „hart traktiert" habe. Schon im November 1729 will der Kronprinz Preußen verlassen, „weil Dero Herr Vater immer ungnädiger auf ihn geworden". Es wird

108

ein weiteres Jahr dauern, bis der mittlerweile 18-Jährige seinen Fluchtplan in die Tat umsetzt.

5. August 1730, gegen zwei Uhr morgens. Der Kronprinz steht auf der finsteren Dorfstraße der kleinen Ortschaft Steinsfurt in der Nähe von Mannheim und wartet. Jede Minute sollte sein Page Keith mit den Pferden kommen. Doch der Bursche verspätet sich. Der Prinz ist nervös, und er hat allen Grund dazu. In wenigen hundert Metern Entfernung schläft der König in einer Scheune. Friedrich Wilhelm I. befindet sich auf einer Inspektionsreise zu den süd- und westdeutschen Höfen. Das kleine Dorf ist mit seinem Gefolge voll belegt. Das Gefolge des Königs: auch er, Friedrich, gehört als Oberstleutnant der preußischen Armee dazu. Gehörte. Er hat die Uniform des verhassten Vaters abgelegt. Er trägt einen knielangen „Roquelaure", eigens für diesen Anlass aus roter Seide geschneidert. Plötzlich scheint die ungewohnte Zivilkleidung auf seiner Haut zu brennen. Der preußische Kronprinz weiß, dass er viel riskiert. Er will nach Holland entkommen und von dort über den Ärmelkanal nach England flüchten, weit weg vom Vater. Was aber, wenn die Flucht scheitert? Wenn er verraten wird? Der Vater wird kein Erbarmen kennen, da ist er sicher. Wenn nur der Page endlich käme.

Friedrich lauscht in die Nacht. Plötzlich hört er Geräusche. Kann die Flucht jetzt beginnen? Noch lässt sich im Dunkeln nichts erkennen. Jetzt dringen Stimmen durch die laue Nachtluft, Rufe. Die Enttäuschung schlägt wie über ihm zusammen. Es ist nicht sein Diener mit den rettenden Pferden, sondern es sind Offiziere des Vaters, die ihn suchen. Sie kommen, um ihn zu holen. Sie sprechen den Kronprinzen, der an eine Wagendeichsel gelehnt steht, an: Was er hier erwarte? Die Offiziere bitten den Kronprinzen, rasch die rote Zivilkleidung abzulegen und wieder den Uniformrock überzustreifen. Ein Offizier ohne Waffenrock ist ein Deserteur. Zu spät. In diesem Moment kommt der Page Keith mit den Pferden. Gibt es noch eine Chance? Jetzt oder nie. In der allgemeinen Aufregung reißt der Kronprinz ein Pferd an sich und will davongaloppieren. Doch die Offiziere machen auch diesen letzten, verzweifelten Versuch zunichte. Sie drängen Friedrich in die Scheune. Die Flucht ist gescheitert. Am damaligen Holzstadel ist noch heute eine Gedenktafel angebracht. Die Inschrift klingt angesichts der dramatischen Ereignisse zynisch: „Hier blieb auf seiner Flucht am 4./5. August 1730 Friedrich der Große dem Vaterlande erhalten." So kann man es auch sehen.

Der Zorn des Vaters bricht erst drei Tage später über Friedrich herein. Als er ein Rheinboot betritt, das die Reisegesellschaft nach Wesel bringen soll, stürzt sich der König auf seinen Sohn und schlägt ihn öffentlich, bis ein entsetzter Offizier dazwischentritt. Von nun an ist der Kronprinz „Arrestant" und wird von einem starken Kommando in die Festung Wesel gebracht. Am nächsten Morgen dann das gefürchtete Verhör durch den König: „Warum habt Ihr entweichen wollen?", fragt der Vater, als ob er nichts von dem seit Jahren schwelenden Konflikt wüsste. „Weil Sie mich nicht wie Ihren Sohn, sondern wie einen gemeinen Sklaven behandelt haben." Doch der Soldatenkönig scheint in Friedrich zuerst den preußischen Offizier und erst in zweiter Linie den Sohn zu sehen. Theodor Fontane beschreibt die Szene in seinen „Wanderungen durch die Mark Brandenburg": „Ihr seid nichts als ein feiger Deserteur, der keine Ehre hat." Friedrich ist es gewohnt, beleidigt zu werden. Die Worte treffen ihn nicht. „Ich habe so viel Ehre wie Sie, und ich habe nichts getan, was Sie an meiner Stelle nicht auch getan hätten." Der König zieht den Degen. Die umstehenden Offiziere starren ihren Herrscher betroffen an. Wird er zustechen? Friedrich Wilhelm I. ist für seine Zornesausbrüche gefürchtet. Schon als Kind hat er seine prinzlichen Spielgefährten und sogar seinen Lehrer verprügelt. Generalmajor Konrad Heinrich von der Mosel fasst sich ein Herz und tritt zwischen Vater und Sohn. „Sire, durchbohren Sie mich, aber schonen Sie das Leben Ihres Sohnes."

Doch nicht nur impulsiver Zorn leitet das Auftreten des Königs, sondern auch die (nicht unbegründete) Furcht vor einer

Verschwörung. Um ein eventuell bestehendes Komplott aufzudecken, schreckt er nicht davor zurück, den eigenen Sohn foltern zu lassen. In einem Kabinettsbefehl an die Untersuchungskommission schreibt er: „Also sollen sie Katte als wie den Inquistit Friederich um die Wahrheit herauszukriegen auf die Tortur legen, ist meine Ordere." In einem Antwortschreiben vom selben Tag lässt Staatsminister Grumbkow den König wissen, dass dies unmöglich sei. Widerstand gegen ein Königswort. Im preußischen Staat ist das ungewöhnlich. Die Haltung des Staatsministers zeugt von persönlicher Courage. Dass königliche Väter ihre prinzlichen Söhne foltern lassen, kann im Europa des 18. Jahrhunderts durchaus vorkommen: So stirbt Zarewitsch Alexei 1718 an der von seinem Vater Peter I. – zur Aufdeckung angeblicher Staatsstreichpläne – angeordneten Tortur. Preußen ist nicht Russland, und so bleibt Friedrich von körperlicher Folter verschont. Die seelischen Qualen, die Hinrichtung seines Freundes beobachten zu müssen, stehen dem 18-Jährigen aber noch bevor.

Der König empfindet nicht nur die Wut eines verratenen Heerführers, sondern auch die Enttäuschung eines gekränkten Vaters. So schreibt er an die Oberhofmeisterin der Königin: „Meine liebe Frau von Kameke. Fritz hat desertiren wollen. Ich habe mich genöthigt gesehen, ihn arretiren zu lassen; ich bitte Sie, auf eine gute Art meine Frau davon zu unterrichten, damit solche Neuigkeit dieselbe nicht erschrecke. Übrigens beklagen Sie einen unglücklichen Vater. F. W."

Schließlich wird Friedrich in die Festung Küstrin geschafft, dort erwartet er sein ungewisses Schicksal. In der Zelle wandern seine Gedanken oft zu seinem Vertrauten Hans Hermann von Katte. Was wohl mit dem Freund geschehen wird? Er weiß nur zu gut, dass er den jungen Offizier mit einem Brief schwer belastet hat. Vor der Flucht wollte Friedrich Katte folgende schriftliche Anweisung zukommen lassen: „… dass er so lange nicht zu warten, vielmehr von Sinsheim aus (bei Mannheim) fortzugehen gedenke. Katte solle nachkommen und ihn, den Kronprinzen, im

Haag unter dem Namen Comte d'Alberville erfragen. Misslänge die Flucht, so wolle er in einem Kloster Zuflucht suchen, wo man unter Skapulier und Kutte den argen Ketzer nicht entdecken werde."

Dass diese verräterischen Zeilen in falsche Hände und schließlich in jene des Königs gelangen, wird das Schicksal und das Unglück des Hans Herman von Katte.

Am 15. August 1730 ergeht der Befehl, „den Leutnant von Katte vom Regiment Gendarmes verhaften und auf die Wache seines Regiments abführen zu lassen". Prinzessin Wilhelmine, die Lieblingsschwester Friedrichs, berichtet in ihren Memoiren, dass der unglückliche Leutnant vor der bevorstehenden Verhaftung gewarnt wurde. Er findet noch Zeit, verräterische Papiere zu verbrennen, aber er nutzt die Gelegenheit zur Flucht nicht. Katte wird im Namen des Königs verhaftet, überreicht ungerührt seinen Degen und wird auf eine Wachstation gebracht. Der dort anwesende Offizier ist über den neuen Arrestanten nicht erfreut: „Er hatte länger als drei Stunden mit Ausführung des königlichen Befehls gezögert und war sehr böse, Katten noch vorzufinden", schreibt Wilhelmine in ihren Memoiren. Am 27. August wird der Gefangene in Berlin dem König vorgeführt. Prinzessin Wilhelmine steht am Fenster des Schlosses und sieht Katte, wie er über den Schlossplatz geführt wird: „Er war bleich und entstellt", schreibt sie, „nahm aber doch den Hut ab, um mich zu grüßen. Hinter ihm trug man die Koffer meines Bruders und die seinen, welche man weggenommen und versiegelt hatte. Gleich darauf erfuhr der König, dessen Empörung bis dahin sich gegen uns gerichtet hatte, dass Katte da sei. Und er verließ uns nun, um den Ausbrüchen seines Zornes ein neues Ziel zu geben."

Der Zorn des Königs trifft den Gefangenen mit aller Macht: Er reißt Katte das Johanniterkreuz vom Hals, prügelt ihn mit einem Stock und tritt ihn mit Füßen. An welchen Hof der Kronprinz flüchten wollte? Doch der Leutnant hält stand und verrät seinen Freund nicht. Schließlich wird der Fall einem Kriegsgericht

112

übergeben, das sich bezüglich des Kronprinzen für unzuständig erklärt und Hans Hermann von Katte zu lebenslanger Festungshaft verurteilt. Doch das ist dem zürnenden Herrscher nicht genug. Er bemerkt: „Sie sollen Recht sprechen und nicht mit dem Flederwisch darüber gehen. Das Kriegsgericht soll wieder zusammenkommen und anders sprechen." Damit fordert er ein Todesurteil. Doch die Richter beugen sich nicht. Schließlich fällt der König selbst ein Todesurteil, das er ausführlich begründet. Er schreibt: „… Also wollen Sie hiermit, und zwar von Rechtswegen, daß der Katte, ob er schon nach denen Rechten verdient gehabt, wegen des begangenen Crimen Laesae Majestatis mit glühenden Zangen gerissen und aufgehenket zu werden, Er dennoch nur, in Consideration seiner Familie, mit dem Schwert vom Leben zum Tode gebracht werden solle. Wenn das Kriegs-Recht dem Katten die Sentence publicirt, soll ihm gesagt werden, daß es Sr. K. M. leid thäte, es wäre aber besser, daß er stürbe, als daß die Justiz aus der Welt käme."

Hans Hermann von Katte bewahrt Haltung, als ihm der Richtspruch mitgeteilt wird. „Ich bin", sagt er, „völlig in die Fügungen der Vorsehung und den Willen des Königs ergeben. Ich habe keine schlechte Handlung verübt und wenn ich sterbe, so ist es um einer guten Sache willen."

Der Verurteilte richtet ein Gnadengesuch an den Herrscher. Am 3. November wird ihm mitgeteilt, dass es abgelehnt wurde. Der Offizier, der die schlechte Nachricht überbringt, ist erschüttert. Katte antwortet: „Sie sind zu gütig, aber ich bin mit meinem Schicksal zufrieden. Ich sterbe für einen Herrn, den ich liebe, und habe den Trost, ihm durch meinen Tod den stärksten Beweis der Anhänglichkeit zu geben."

Wer ist dieser Mann, der von sich selbst sagt, den Kronprinzen zu lieben? Hans Hermann von Katte, acht Jahre älter als Friedrich, war Gardekürassier-Offizier beim „vornehmsten Regiment der Christenheit", der königlichen Leibgarde. Die Zugehörigkeit zu dieser Eliteeinheit wird bei seiner Verurteilung eine entscheidende Rolle spielen. Ein nicht besonders wohlgesinnter Zeitgenosse zeichnete folgendes Bild des Hans Hermann von Katte: „Er war klein und sonnenverbrannt und hatte von den Blattern außerordentlich gelitten. Dazu dicht zusammengewachsene Augenbrauen, was ihm ein finsteres Ansehen gab. Er besaß Geist, aber wenig Urteil und war ehrgeizig und dünkelhaft. Die Gunst des Kronprinzen verrückte ihm vollends den Kopf, und er betrug sich dabei wie ein indiskreter Liebhaber in Ansehung seiner Geliebten. Überall zeigte er die Briefe des Prinzen vor, erhob ihn bis in die Wolken und tadelte dagegen Jegliches, was der König tat. Er war es hauptsächlich, der die Unzufriedenheit des Prinzen nährte, denn er ward von demselben in allen Stücken zu Rate gezogen. Nichts geschah, ohne dass Katte befragt worden wäre, und dabei war er klug genug, dem Prinzen immer nur das anzuraten, was dieser wünschte. Es wäre für beide gut gewesen, wenn sie einander nie kennengelernt hätten."

Der junge Offizier soll aber auch warmherzig und begeisterungsfähig, wenn auch nicht sehr prinzipientreu gewesen sein. Seine buschigen Augenbrauen trugen ihm bei den Dorfbuben einen Spottvers ein, der auf makabre Weise sein tragisches Ende vorwegnahm: „Wer Augenbrauen hat wie der Ritter Katt, kommt an den Galgen oder aufs Rad".

Der junge Mann war wohl körperlich nicht besonders attraktiv, und doch muss sich der Kronprinz auf besondere Weise zu ihm hingezogen gefühlt haben. Der Kronprinz und der Leutnant teilen musische und literarische Interessen. Künste, für die der Soldatenkönig nichts übrig hat. Es entwickelt sich eine enge Freundschaft. Der Kammerdiener des Prinzen wird später aussagen: Katte wäre gekommen, „wann er gewollt, und wenn er beim Kronprinzen gewesen, hätte niemand dabei sein dürfen".

Hatten der Kronprinz und der Leutnant eine homosexuelle Beziehung? Aus der historischen Überlieferung scheint einiges dafür zu sprechen. Prinzessin Wilhelmine zitiert Katte in ihren Memoiren mit folgender Aussage: „Wenn ich den Kopf verliere, so geschieht es um einer schönen Sache willen. Aber der Prinz wird mich nicht im Stich lassen." Ist mit „einer schönen Sache" eine sexuelle Beziehung zwischen ihm und Friedrich gemeint? A. L. Rowse behauptet in seinem Buch „Homosexuals in History", Katte wäre der aktive Partner in einer homosexuellen Beziehung mit dem Kronprinzen gewesen. Vor allem die Hinrichtung des Freundes wird von Historikern als drakonische Maßnahme des Vaters gedeutet, um dem missratenen Sohn ein für alle Mal die verhasste Veranlagung auszutreiben.

Unstrittig ist jedenfalls, dass Friedrich II. zeit seines Lebens ein distanziertes Verhältnis zu Frauen hatte. Seine Ehe mit Elisabeth Christine von Braunschweig-Wolfenbüttel-Bevern, eine weitschichtige Verwandte des Hauses Habsburg, war auf Druck des Vaters zustande gekommen. Die erzwungene Hochzeit rehabilitierte Friedrich, der seinen Status verloren hatte, als Kronprinz. Die Ehe blieb allerdings kinderlos. Eine Obduktion „des alten Fritz" ergab keine Hinweise auf Geschlechtskrankheiten oder Deformationen, die eine Erklärung dafür bieten würden. Seinem Leibarzt Zimmermann zufolge hatte sich Friedrich jedoch kurz vor der Hochzeit eine Geschlechtskrankheit zugezogen.

Am Totenbett musste der Kronprinz seinem Vater versprechen, Elisabeth Christine nicht zu verstoßen. Zuneigung lässt sich nicht erzwingen: Nach dem Tod Friedrich Wilhelms I. lebten die Eheleute getrennt und zeigten sich auf Galafesten gemeinsam.

Wie der Mann, der in späteren Jahren „der Große" genannt werden wird, die Tragödie um seine Jugendliebe verarbeitet hat, ist nicht überliefert. Das Grab des Hans Hermann von Katte hat Friedrich II. nie besucht.

*

A. L. Rowse, Homosexuals in History: A Study of Ambivalence in Society, Literature and the Arts, York 1977.
Detlef Merten, Der Katte-Prozeß, Berlin 1980.

Theodor Fontane, Wanderungen durch die Mark Brandenburg, Große Branden-
burger Ausgabe, Bd. 2, Berlin 1997 (erstmals erschienen 1863).
Johannes Kunisch, Friedrich der Große. Der König und seine Zeit, München
2004.

http://www.preussen-chronik.de/schauplatz_jsp/key=schauplatz_steinsfurth.
html
http://www.preussen.de/de/geschichte/1740_friedrich_ii./hans_hermann_
von_katte.htm
http://www.weblexikon.de/Friedrich_II._(Preußen).html
http://www.juristische-gesellschaft.de/schriften/62.pdf
http://articles.gourt.com/de/Friedrich%20II.%20(Preußen)
http://www.textlog.de/40504.html
www.oliver-rost.homepage.t-online.de/Kronprinzenprozess.rtf
http://www.textlog.de/40499.html

Katharina II. und
Grigori Alexandrowitsch Potemkin
Die Zarin und der einäugige General

Schön war Grigori Alexandrowitsch Potemkin nicht mehr. Der breitschultrige Gardeoffizier am Hofe der Zarin Katharina II. hatte beim Putsch gegen Zar Peter III. mit den Brüdern Orlow Regie geführt und so seine spätere Geliebte Katharina auf den Zarenthron gehievt.

Es ist ein warmer Oktobertag im Jahr 1791. Kosaken heben einen fettleibigen schwitzenden Mann aus einer von acht Pferden gezogenen Kutsche. Zuerst kommen nackte Füße, dann angeschwollene Beine und schließlich ein halb geöffneter Morgenrock zum Vorschein. Die Soldaten schleppen den massigen Körper zu einem Hügel. Seine Durchlaucht Fürst des Heiligen Römischen Reiches, Grigori Alexandrowitsch Potemkin, wahrscheinlich geheimer Ehemann Katharinas der Großen, die Liebe ihres Lebens. Er war Fürst von Taurien, Feldmarschall, Oberbefehlshaber der russischen Armee, Großadmiral des Schwarzen und des Kaspischen Meeres und, und, und. Potemkin galt als der mächtigste Mann des russischen Zarenreichs. Er hatte es gemeinsam mit seiner geliebten Zarin als europäische Macht etabliert. Als junger Offizier wird er als „stattliche slawische Erscheinung mit dichtem Haarschopf" beschrieben. Simon Sebag Montefiore, der britische Biograf des Fürsten, bewundert sein „griechisches Profil", zitiert seinen Spitznamen „Alkibiades". Alles in allem: Herr Potemkin war ein stattlicher Mann, tatkräftig, intelligent, brutal, und er konnte einer Frau in reifen Jahren Momente der Ekstase verschaffen. Keine schlechten Grundlagen für eine Karriere. Und jetzt liegt dieser mächtige Mann auf einem Feldweg in der Steppe, schwitzt, stöhnt, kann sich kaum noch bewegen. Es sind seine letzten Stunden. Fürst Potemkin wollte nicht mehr weiterreisen, nur raus aus der schwankenden Kutsche, weg mit den drei Ärzten, die ihn mit ihren Quacksalbereien mehr quälen als helfen. Er ahnt, die letzte Stunde hat geschlagen. Erinnerungen rasen durch seinen fiebernden Kopf. Eine Briefzeile taucht auf: „Ich habe meinem ganzen Körper bis zum kleinsten Härchen den feierlichen Befehl erteilt, Dir auch nicht durch das kleinste Zeichen zu verstehen zu geben, dass er Dich liebt … Oh, Herr Potemkin, was für ein Wunder hast Du vollbracht, indem Du jemandem den Kopf so sehr verdrehtest, einen Kopf, der bisher in der Welt als einer der besten Europas berühmt war. Welch eine Schande! Welche Sünde!"

Zarin Katharina II. hat ihm diese Zeilen zukommen lassen. Beweise ihrer Liebe, ihrer Abhängigkeit und ihrer Lust. Im Badehaus des Sankt Petersburger Winterpalais konnten die Herrscherin und ihr Geliebter ungestört die Freuden der Liebe genießen. Ihre Kosenamen verraten einiges über die Intensität der Beziehung. Katharina nennt Potemkin „Koloss", „Tiger", „Abgott" oder „Helden". Die Affäre dieser zwei Alpha-Tiere verläuft turbulent. Obwohl um neun Jahre jünger als seine Geliebte, quält er die Zarin mit seiner Eifersucht. Die Liebe der beiden ist ein steter Kampf um Macht – Macht im Staat, Macht im Bett, Macht über Lust. Katharina fleht ihren Geliebten in einem berühmten Briefzitat an: „Lass uns um Gottes willen eine Möglichkeit finden, nie wieder zu streiten. Unsere Streitereien entzünden sich immer an nebensächlichem Blödsinn. Wir streiten um die Macht, nicht um die Liebe." Doch lassen sich Macht und Liebe, Dominanz und Unterwerfung trennen? Grigori trifft den Nerv seiner Geliebten. Er nennt sie „Feuerfrau", sie vergisst die Welt in seinen Armen. Eine Frau nimmt sich die sexuelle Lust, die ihr Körper braucht, sie handelt, wie männliche Herrscher es seit Jahrtausenden praktiziert haben.

In seinen letzten Minuten wird sich der Fürst auch an dieses Ringen um und in der Liebe erinnern. Der ferne Nachhall wollüstiger Momente macht vielleicht sein Sterben leichter. Die sexuelle Affäre mit der Zarin ist schon seit gut einem Jahrzehnt Geschichte, die Herrscherin wendet sich immer jüngeren, aber immer strammen Offizieren zu. Fürst Potemkin ist klug genug, für seine Zarin den Besten auszuwählen: potent im Bett, aber ungefährlich für seine Macht. Die Liebhaber für die alternde Zarin, deren Figur in die Breite geht, deren sexuelle Gelüste aber nicht abnehmen, werden sorgfältig ausgewählt. Jeder Kandidat wird von Ärzten auf körperliche Gesundheit geprüft, muss seine Manneskraft und seine Erfahrung in Liebesdingen an jungen Damen des Hofes beweisen, dann erst wird er der Zarin zugeführt, von Potemkin persönlich. Der Liebeslohn ist fürstlich, etwa 100.000 Rubel gelten als üblicher Tarif für befriedigende Liebesdienste an der Zarin. Fürst Potemkin kassiert davon eine fette Provision.

Er selbst bleibt den Damen nicht abhold. Die einsamen Nächte lässt er sich reihum von seinen fünf jungen Nichten versüßen. Auch in der Stunde des Todes ist eine Nichte, die stupsnasige Gräfin Alexandra Branicka, bei ihm, wischt ihm den Schweiß von der Stirn und hofft, beim reichen Erbe bedacht zu werden. Potemkins Affären mit der Zarin und einer schamlosen Vielzahl von Aristokratinnen und Mätressen waren an Europas Höfen wohlbekannt. Sie wurden entrüstet kommentiert, mehrten seinen sagenhaften Ruf und Ruhm.

Im Juni 1762 ist die Zeit für Potemkin noch nicht gekommen. Es sind die fünf Brüder Orlow, die den Lauf der Geschichte ändern, einen Zaren stürzen, seine Frau erheben. Die Brüder Orlow stehen in der Gunst der Herrscherin.

Ihr Gemahl, der russische Zar Peter III. wurde im Juli 1762 wenige Tage nach seiner Verhaftung auf Schloss Ropscha bei Sankt Petersburg ermordet. Vergiftet oder erwürgt? Katharina informierte ihre Völker über den Tod des Zaren in einem dürren Manifest: „Seine Hoheit Peter III. ist an einer starken Kolik er-

krankt und nach dem Willen des Allerhöchsten verschieden."
Seine Gemahlin „verzieh" jedenfalls dem Anführer der Wacheinheit, Alexei Grigorjewitsch Orlow, der für den Mord am Zaren verantwortlich war, und trauerte nicht lange um ihren verblichenen Gatten, den sie ohnehin hasste. Schließlich war die Zarenwitwe Nutznießerin – wenn nicht Auftraggeberin – des Staatsstreichs und des kaltblütigen Mordes. Die Drahtzieher des Putsches hatten höchst intime Beziehungen zur Zaren-Gattin. Gardeoffizier Grigori Orlow diente seiner Herrin seit 1761 nicht nur als Soldat, er erfreute die sexuell aufgeschlossene Katharina auch im Bett. Zar Peter III. wusste wohl von der Affäre seiner Frau, und auch ihre Schwangerschaft wird ihm nicht entgangen sein, doch sein Interesse an der deutschen Prinzessin blieb während ihrer arrangierten Ehe gering. Es war nicht sein einziger Fehler.

Peter Ulrich von Holstein – so hieß der Zar mit „bürgerlichem" Namen – geht in die Chronik der russischen Kaiser als bizarre Randerscheinung ein. Der Neffe der kinderlosen Zarin Elisabeth war aus dem norddeutschen Holstein ins russische Reich geschickt und als Thronfolger auserkoren worden. Für den unreifen 16-Jährigen war die 14-jährige deutsche Prinzessin Sophie Auguste Friederike von Anhalt-Zerbst-Bernburg als Ehefrau bestimmt worden. König Friedrich II. von Preußen hatte die quirlige Sophie in einem Briefwechsel mit der Zarin ins Heiratsspiel gebracht. Das pubertierende Mädchen wurde natürlich nicht gefragt. Grundsätzlich hätte sie gar nichts gegen ihren Cousin Peter einzuwenden gehabt. Sophie akzeptierte die Spielregeln der Hocharistokratie. Die Chance, Zarin von Russland zu werden, ergibt sich nicht oft.

Allerdings konnte ihr der zugedachte Ehemann „das Wasser nicht reichen". Nach einer Pockenerkrankung entstellt, begnügt sich der künftige Zar mit Saufgelagen und spielt mit Zinnsoldaten. Er entwickelt kein Interesse an der geschlechtsreif werdenden Sophie.

Auch die Hochzeitsnacht wird so zum Desaster, Peter kriecht betrunken ins Ehebett und schläft bis in den späten Morgen. Neun Jahre lang weigert sich der Zarewitsch, der Jungfernschaft seiner Gattin zu Leibe zu rücken. Unbeachtet und einsam am fremden Hof liest Katharina die Schriften von Tacitus, begeistert sich für die Ideen der französischen Philosophen Montesquieu und Voltaire, denkt über Ethik, Politik sowie Fragen der Staatsführung nach. Sie spricht mehrere Sprachen, mehrt ihre Bildung. Den entgangenen Lustgewinn holte Katharina in den folgenden Jahren auf.

Sophie begann sich nach Alternativen umzusehen und fand sie bald. Die zur „Großfürstin" geadelte und nach dem Übertritt zum orthodoxen Ritus „Katharina" Genannte verliert ihre Jungfernschaft im Liebesspiel mit einem Kammerherrn, der die künftige Kaiserin auch gleich schwängerte. Der so gezeugte Thronfolger erhielt den Namen Paul und wurde der Mutter kurz nach der Geburt weggenommen. Ihr Liebhaber wurde vom Hof der Zarin verbannt. Er hatte seine Pflicht erfüllt. Sie auch. Russland hatte einen Thronfolger.

Das historische Bild Peters III. schwankt in der geschichtlichen Betrachtung. Der Holsteiner Prinz war in seinem Reich emotional nie angekommen. Er verachtete den russischen Lebensstil, hasste Land und Leute und umgab sich mit Freunden aus seiner Heimat. Er trug meist eine preußische Uniform, obwohl das Zarenreich mit Frankreich und der Habsburger-Monarchie gegen Preußen und England kämpfte. Für seine persönliche Sicherheit engagierte er eine eigene Holsteiner-Garde, die er allerdings im entscheidenden Moment nicht mehr gegen die Putschisten einsetzen wollte. Außenpolitisch bewunderte der Zar seinen preußischen Kollegen Friedrich II. Mit ihm führte er eine intensive Korrespondenz. Die persönliche Zuneigung zum großen Preußenkönig Friedrich veränderte auch das europäische Machtgefüge. Das Zarenreich wechselte militärisch die Seiten und schloss sich in der Endphase des Siebenjährigen Krieges den Preußen an.

Dieser Schwenk bewahrte das Haus Brandenburg vor einer Niederlage und ermöglichte den weiteren Aufstieg Preußens zur europäischen Großmacht. Seine Ehefrau Katharina hasste hingegen Preußen, viele Offiziere wollten den Allianz-Wechsel nicht mitmachen. Peter III. hatte sein Todesurteil unterschrieben.

Katharinas Geliebter Grigori Orlow durfte sich durchaus Hoffnungen machen, an der Seite Katharinas zum Zaren aufzusteigen. Doch die Herrscherin weigerte sich, ihre mühsam errungene Macht zu teilen. Sie hielt ihren Geliebten auf Distanz, belohnte ihn mit höchsten Posten, die wunderbare Möglichkeiten zur Bereicherung boten, dachte aber nicht daran, dem strammen Offizier aus niederem Adel ihr Jawort zu geben. Die herrschende Klasse der russischen Aristokratie hat den Putsch und die Ermordung des ungeliebten Herrschers toleriert. Den Verräter als Zaren zu präsentieren, das wäre nicht mehr akzeptiert worden. Grigori Orlow reagiert wie ein verschmähter Liebhaber. Er wird fordernd. Er wird mürrisch. Es kommt zum Streit. Orlow provoziert die 35-jährige Monarchin, hat Verhältnisse mit Hofdamen. Als er seine 13-jährige Cousine verführt, reicht es der Zarin. Sie delogiert Orlow aus der Suite des Kammerherrn, von der aus der Favorit über eine geheime Treppe direkten Zugang zu ihrem Schlafzimmer hat. Ein neuer Kammerherr zieht ein.

Doch Katharina II. lindert Orlows Trennungsschmerz durch höchste Ehren und üppige Landschenkungen. Gemeinsam entwickeln sie in der Tradition der Aufklärung eine Modernisierungsstrategie für das Riesenreich. Katharina macht Orlow zum Verantwortlichen dafür. Zarin und Geliebter gehen mit mutigem Beispiel voran. Sie lädt den englischen Arzt Thomas Dimsdale nach Sankt Petersburg ein. Er hat Grundlagen für eine Impfung gegen die gefürchteten Pocken beschrieben. Gegen den Rat ihrer eigenen Ärzte lässt sich die Herrscherin von Dr. Dimsdale mit menschlichem Pockeneiter ritzen. Auch Grigori Orlow muss seinen Oberarm freimachen und als Versuchskaninchen für die Pockenimpfung herhalten. Das Beispiel macht Schule. Die Impfung wird in Russland zum Erfolg. Der englische Arzt erhält 10.000 Pfund als Honorar und wird zum russischen Baron erhoben.

Ihr Reich war unüberschaubar groß. Es gab keine genauen Pläne und selbst die Herrscherin hatte nur ungenaue Vorstellungen, welche Ländereien zu ihrem Reich gehörten. Es mangelte an Menschen, um die ungeheuren Rohstoffe des Imperiums zu nutzen. Die Zarin aus deutschen Landen verfolgte eine konsequente „Ausländer rein"-Politik. Im Juli 1763 erließ sie ein Manifest, das die Einwanderung propagierte: „So verstatten Wir allen Ausländern, in Unser Reich zu kommen, um sich in allen Gouvernements, wo es einem jeden gefällig, häuslich niederzulassen." Etwa 30.000 Deutsche folgten diesem Ruf und siedelten sich in Russland an.

Potemkins Macht, sein Einfluss und sein ungeheurer Reichtum gründeten in seiner Partnerschaft zur Zarin. „Sein Leben bestand aus einem einzigen Begehren, nicht jedoch aus dem Genuss, denn mit nichts war er zufrieden." So analysiert der Berliner Slawistik-Professor Georg Witte den Feldherrn und Politiker. Ohne die Beziehung zu Katharina wäre Potemkin ein leidlich erfolgreicher Schwerenöter an einem kaiserlichen Hof gewesen. Gemeinsam führten sie Russland zu neuer Größe. Potemkin regierte das Zarenreich mit Tatkraft, Mut und Intelligenz. Er war ein kongenialer Partner einer starken – auch skrupellosen – Herrscherin, die erlaubt, dass er zum einflussreichsten Mann Russlands aufsteigt. Auf dem Höhepunkt seines Ruhms ist Grigori Alexandrowitsch Potemkin ein wahrer Machtkoloss, dick mit Edelsteinen behängt und doch unsicher. Er kaut seine Fingernägel blutig, herrscht aber über hunderttausende Leibeigene, mehr hat nur die Zarin unter ihrer Knute.

Katharina die Große, Elizabeth I. und Maria Theresia – drei Frauen auf Herrscherthronen, die Europa prägten.

Potemkin wollte stilvoll sterben, nicht in einer Kutsche, geschwächt durch Aderlässe und Brechmittel, den bevorzugten

„Heilmitteln" der Ärzte, die Kranke damit umso sicherer dem Tode weihten. Der Fürst wollte wie ein Kosake sterben, unter freiem Himmel. Gräfin Branicka hatte einen orientalischen Teppich auf dem Boden ausbreiten lassen, die gesamte Entourage – Generäle, Würdenträger, Priester, Beamte – versammelte sich in gebührender Entfernung und beobachtete das Sterben eines Großen. In seinem prachtvollen Morgenmantel aus Seide hatte er Briefe von Katharina verborgen. Auch nach dem Ende ihrer geschlechtlichen Beziehung waren die beiden in stetem Kontakt.

Der 52-jährige Fürst litt an Malaria, er starb an Leber- und Herzversagen. Medikamente gegen seine schleichende Erkrankung hatte er nur unregelmäßig oder gar nicht genommen. Den Ärzten misstraute er. Als Katharina in Sankt Petersburg vom Tod ihres Lebensmenschen informiert wird und ihre Briefe zurückerhält, die sie an Potemkin geschrieben hat, schickt sie alle Bedienten aus dem Salon. Tagelang weint sie.

Schon kurz nach seinem Tod beginnt die Nachwelt die Leistungen des „Mitregenten" kleinzureden. Die Neider und Gegner erringen die historische Deutungshoheit. Der Geliebte der Zarin wird klein gemacht: Seine Erfolge werden als Trugbild, Blendwerk, Attrappe abgewertet. Fassade und nichts dahinter – für all dies gibt es seit mehr als zwei Jahrhunderten ein Synonym: Potemkinsche Dörfer. Die Verleumdung überlagert die Geschichte einer tatkräftigen Persönlichkeit. Den schlechten Ruf „verdankt" der Zaren-Liebling dem sächsischen Diplomaten Georg von Helbig, der für eine Hamburger Zeitschrift diese Falschmeldungen über Potemkin in die Welt setzte. Der Sachse war dabei Intrigen am Zarenhof aufgesessen. Neider hatte Potemkin genug, seit Katharinas Favorit für die Zarin im Winter und Frühjahr 1787 eine pompöse Leistungsschau inszenierte. Die Reise in den Süden bis auf die Schwarzmeer-Halbinsel Krim sollte eine Machtdemonstration sein. Zur für Monate geplanten Luxusreise in das neu kolonialisierte Russland lud Fürst Potemkin nicht nur die

Zarin, sondern auch hochrangige Gäste aus ganz Europa. Kaiser Joseph II. folgte der Einladung ebenso wie deutsche und französische Gesandte. Russland wollte die nach den Siegen über die Türken eroberten Gebiete zeigen, wollte Macht zur Schau stellen und so in den Kreis der ersten europäischen Mächte aufgenommen werden. Es war eine Demonstration von Größe und Luxus gegen die Geringschätzung der Königs- und Kaiserhöfe in Paris, Berlin und Wien.

Kaiser Joseph II. blieb angesichts der vorgeführten Bauten nüchtern, zeigte sich aber durchaus beeindruckt. In kaum drei Jahren hatte Potemkin unter großen Opfern der Bevölkerung eine Hafenstadt buchstäblich aus dem Boden gestampft und 40 Kriegsschiffe auf Kiel gelegt. Joseph II. war nicht nur begeistert, er verstand den Salut der Flotte im neuen Hafen sehr wohl auch als Drohung. Mit Russland war zu rechnen. Eine Weltmacht hatte die Bühne betreten. Potemkin war der Regisseur. Sicherheitshalber macht der römisch-deutsche Kaiser Potemkin zum Fürsten des Kaiserreichs. Die Kräfte zehrende Luxus-Sightseeing-Tour durch den Süden Russlands ist der Höhepunkt in Potemkins aufreibendem Leben. Nach dieser Reise lassen seine Kräfte nach, sein maßloser Lebensstil fordert Tribut. Mit 50 Jahren hat er das beste Mannesalter längst hinter sich gelassen.

Die Geschichte der „Potemkinschen Dörfer" prägte fortan das Russland-Bild in Europa und verstellte den Blick auf die Kraft des russischen Reichs. Russland wurde immer wieder unterschätzt. Graf Segur warnte als Kenner des Riesenreichs Napoleon Bonaparte vor seinem Russland-Feldzug – vergeblich.

Sterbend in der bessarabischen Steppe erinnert sich der „Tiger" an die Briefe, die er, längst aus dem Liebesdienst entlassen, seiner Seelenverwandten geschrieben hat. In diesen Schriften darf er Schwäche zeigen, er ist ausgebrannt: „Meine Matuschka. Ich bin am Ende meiner Kräfte. Krämpfe quälen mich. Ich bin zu nichts zu gebrauchen. Kaltblütigkeit ist jetzt vonnöten und nicht diese Empfindsamkeit, wie sie mir zu eigen ist. Seid gnädig, erlaubt mir, mich auszuruhen. Wenigstens ein bisschen. Wahrhaftig, ich kann nicht mehr."

Doch die Zarin lässt ihren besten Mann nicht zur Ruhe kommen. „Mein lieber Freund Fürst Grigori Alexandrowitsch. Nichts macht mir solche Angst wie deine Krankheit. Aber in eben diesem Moment, mon cher ami, seid Ihr keine unbedeutende Privatperson, die tun und lassen kann, was ihr gefällt. Ihr gehört dem Staat. Ihr gehört mir."

Der mächtigste Herr Russlands bleibt bis zum Tod Leibeigener einer Frau.

*

Friedrich Weissensteiner, Liebe in fremden Betten, Wien/Frankfurt am Main 2001.
Simon Sebag Montefiore, Katharina die Große und Fürst Potemkin, Frankfurt am Main 2009.
Dieter Wunderlich, Vernetzte Karrieren. Friedrich der Große, Maria Theresia, Katharina die Große, Regensburg 2000.

http://www.welt.de/kultur/history/article12607459/An-Fuerst-Potemkin-war-alles-echt-Auch-die-Doerfer.html
http://de.academic.ru/dic.nsf/conversations/29896/Potemkin
http://www.wdr.de/themen/kultur/stichtag/2009/09/24.jhtml
http://www.dradio.de/dkultur/sendungen/kritik/1073317/
http://www.dieterwunderlich.de/Katharina.htm
http://www.bautz.de/bbkl/k/Katharina_II.shtml
http://devserv.helliwood.de/sl_fullmobile_store/xml_geschichte2_2010/Die_Inspektionsreise_Katharinas_II_von_1787.htm

Napoleon und
Marguerite-Joséphine Weimer
Der Kaiser und Mademoiselle George

Sie war erst 16 Jahre alt, als ihr der Erste Konsul des Landes eine grüne Kutsche vor ihre Wohnung stellen ließ. Marguerite-Joséphine Weimer zierte sich einen Tag lang, aber sie wusste, was zu tun war. Am Vorabend nach einer Aufführung des Stücks „Iphigenie auf Aulis" hatte ihr ein unbekannter Gönner 3000 Francs übergeben lassen. Das war eine ansehnliche Gage, die sich junge Schauspielerinnen nicht durch Vorsprechen auf der Bühne verdienen konnten. Für diese gewaltige Summe musste Mademoiselle George, wie sie in Pariser Künstlerkreisen genannt wurde, eine besondere Leistung erbringen. So stieg die schlanke und groß gewachsene Schauspielerin in einem weißen Musselin-Negligé, zart verhüllt durch einen Spitzenschleier und gewärmt mit einem Kaschmirschal, in den Zweispänner und ließ sich dem Abenteuer ihres Lebens entgegenschaukeln.

Die junge George war eine Schauspielerin, keine Prostituierte, aber am Beginn des 19. Jahrhunderts sind die Grenzen fließend, gerade im nachrevolutionären Paris. Von Schauspielerinnen wird erwartet, dass sie die Schleier lüften, wenn der Vorhang gefallen ist. Die Aristokratie betrachtet die Mädchen vom Ballett, die Schauspielerinnen als leichtfertige Gespielinnen, wie die Korsett-schneiderinnen am Montmartre, die als „Midinetten" den Ruf der koketten Pariserinnen begründen. Die Liebe zur Kunst gipfelt oft in Leidenschaft für die Künstlerinnen. Nach der Überwindung des Tugendterrors der Französischen Revolution und dem Ende der Schreckensherrschaft des Robespierre explodiert die französische Hauptstadt vor Lebenslust. Ein kleiner Mann hat die Zügel fest in die Hand genommen. Er schickt sich an, die halbe Welt zu erobern und sich, aus einem korsischen Dorf kommend, zum Kaiser Frankreichs aufzuschwingen. Kleine Männer mit großer Macht entwickeln ungeheuren erotischen Appetit.

Die geborene Marguerite-Joséphine Weimer stammt aus Bayeux. Ihr Vater ist Deutscher (daher der Name Weimer). Das Bühnenhandwerk ist ihr buchstäblich in die Wiege gelegt. Sie tritt als Kind in der komischen Oper „Les deux petits Savoyards" in Amiens auf der Bühne ihres Vaters auf. Das Stück von Nicolas Dalayrac hat seine Premiere im vorrevolutionären Paris und ist ein populäres Erfolgsstück. Mit dem Erfolg in der Provinz darf die 15-Jährige in der Pariser „Comédie-Française" auftreten.

Die Equipage rumpelt gut eine Stunde lang über das Pariser Kopfsteinpflaster in Richtung Saint-Cloud. Bekannt ist Saint-Cloud durch seinen Park und sein um 1570 erbautes Schloss. Königin Marie-Antoinette bekam das stattliche Anwesen wenige Jahre vor der Revolution geschenkt, der Palast mit seinem Park, der in einer Stufe zur Seine hinabführt, wurde dem Herzog von Orléans abgekauft. Die Königin wollte ihren Kindern ein Schloss und eine Gartenanlage bieten, in denen diese in frischer Luft durchatmen konnten. Paris stank ja, wie jede Großstadt dieser Tage, entsetzlich. Napoleon Bonaparte hatte sich das schön gelegene Schloss auf einer Anhöhe mit Blick auf Paris fein ausgesucht, für die Habsburgerin Marie-Antoinette war es erst kürzlich renoviert worden.

Ein Kammerdiener erwartet die junge Dame, führt sie durch leere Zimmerfluchten, vorbei an brennenden Kerzenständern, bis sie schließlich in einem großen Zimmer anlangt. Die Fenster geben einen Blick auf den Park im englischen Stil frei. Ein großes Bett, ein gewaltiger Diwan vor der Feuerstelle deuten auf den Zweck des Boudoirs hin. Kerzenständer verbreiten ein helles, warmes Licht. Die Schauspielerin erinnert sich in ihren Memoiren: „Himmel! Es ist erleuchtet, wie für einen Ball. Nichts kann bei diesem Licht verborgen bleiben. Selbst ein leichtes Erröten wäre zu bemerken. Es gibt kein dunkles, verschwiegenes Plätzchen, an dem man sich entkleiden könnte." Philipp Vandenberg beschreibt die Szene in seinem Buch „Die Frühstücksfrau des Kaisers", als wäre er dabei gewesen: „Ehe Mademoiselle George Gelegenheit hatte, sich in dem märchenhaften Zimmer umzusehen, ging neben dem Kamin eine Tür auf, und er stand vor ihr: Napoleon Bonaparte, Erster Konsul der Franzosen, wie er sich damals nannte, auffallend klein und in grüner Uniform mit rotem Kragen und roten Ärmelaufschlägen, über seiner Stirn hing eine verwegene Haarlocke."

Napoleon eröffnet das Konversationsgeplänkel: „Madame, Sie waren wunderbar!" Das Kompliment des mächtigen Korsen stürzt die 16-Jährige in holde Verlegenheit. „Wie Sie vielleicht bemerken, bin ich netter und höflicher, als Sie es sind. Hatte ich Sie nicht schon einmal beklatscht? Hatte ich Ihnen nicht nach der Vorstellung von ‚Emilie' als Beweis meines Vergnügens 3000 Franc zukommen lassen? Ich hatte gehofft, Sie würden mich bitten, sich dafür persönlich bedanken zu dürfen. Aber die hübsche und hochmütige Emilie kam nicht."

Die Schauspielerin spielt auch diese Rolle perfekt. Sie gibt sich verlegen, stammelt, lacht und bittet um Verzeihung. Der spätere Kaiser fragt nach ihrem Namen. „Marguerite-Joséphine." Er will sie „Georgina" nennen. Sie ist glücklich, will eine etwas intimere Lichtstimmung. Der Diener kommt, löscht die Hälfte der Kandelaber. Der Erste Konsul und die junge Schauspielerin plaudern. Sie erzählt aus ihrem Leben, von den geliebten Eltern, der Schauspielausbildung in Paris und ihrem Verehrer, dem polnischen Prinz Sapieha.

Und darum rankt sich die nächste Anekdote, die Vandenberg in seinem Buch beschreibt. Napoleon bewundert die exquisite Garderobe seiner künftigen Favoritin. „Von meinem Geld?", fragt er wenig galant. George schüttelt den Kopf. „Ein anderer Mann?" Die Geliebte des Ersten Konsuls gesteht. „Fürst Sapieha aus Polen – von ihm sind Schal und Schleier." Das erträgt der General nicht. Wütend zerreißt er das Spitzentuch und befiehlt den Diener Constant in die Garderobe seiner Frau.

Joséphine Bonaparte, Tochter eines Hafenkapitäns von der Karibikinsel Martinique, muss die nächsten Jahre nicht nur ihre teuren Roben mit Fräulein George teilen, sondern auch gleich ihren Ehemann. Es ist besser für die Frau Gemahlin, wenn sie die Geliebte ignoriert und Napoleons Großzügigkeit nicht kommentiert. Denn der General finanziert das Luxusleben der jungen Schauspielerin mit aberwitzigen Beträgen. Am 2. November 1803 scheint der Erste Konsul besonders zufriedengestellt worden zu sein. Mademoiselle George erinnert sich in ihren erst 1908 veröffentlichten Memoiren: „An diesem Abend schob mir der Konsul ein dickes Bündel Banknoten in den Ausschnitt." George dürfte bald nachgezählt haben. Es waren 40.000 Franc.

An jenem ersten Abend passiert noch gar nichts. Das ungleiche Paar verplaudert die Nacht, bis fünf Uhr morgens. „Georgina" verspricht, am nächsten Tag wiederzukommen. Zum Abschied ein Liebesgeständnis: „Ich liebe Sie von ganzem Herzen." Am nächsten Tag ein neuer Versuch. Wieder wartet die Kutsche. Wieder geht es nach Saint-Cloud. Napoleon will zur Sache kommen: „Schau, Georgina, lass mich Dich lieben. Ich wünsche mir von Dir totales Vertrauen. Es stimmt schon, Du kennst mich kaum, aber es braucht oft nicht einmal eine Minute, um jemanden zu lieben." Das Mädchen erweist sich für den General als schwierige Festung. In ihren – Jahrzehnte später formulierten – Erinnerungen antwortet Mademoiselle (alt)klug: „Arme Mädchen werden rasch genommen und ebenso rasch wieder vergessen. Für Sie sind es Spielzeuge, die Sie ein bisschen mehr, ein bisschen weniger amüsieren. Obwohl Sie der Erste Konsul und der mächtigste Mann des Landes sind, ich beabsichtige nicht, Ihr Spielzeug zu sein." – „Aber wenn Sie mein allerliebstes Spielzeug wären, würden Sie keinen Grund zur Beschwerde finden", wird der Herrscher Frankreichs deutlich. George verspricht, am nächsten Tag wiederzukommen, nach der Vorstellung. Auf dem Spielplan der „Comédie-Française" steht „Cinna", eine Tragödie von Pierre Corneille. Napoleon kommt zu spät. George muss ihren Monolog ein zweites Mal sprechen. Der Konsul applaudiert begeistert, das Publikum folgt seinem Führer. Nach der Vorstellung schaukelt die junge Dame ein drittes Mal in den Pariser Vorort. „Er zog mich Stück für Stück aus. Er tat es wie eine Zofe mit Fröhlichkeit, Würde und dezent. Wie könnte eine Frau von solch einem Mann nicht fasziniert sein. Er wurde klein und kindlich, um mir zu gefallen. Er war nicht länger Konsul, er war ein verliebter Mann, seine Liebe war nie grob oder gewalttätig."

George sinkt schließlich in Napoleons Arme. Wieder hat der General einen Sieg erkämpft. Mademoiselle George bleibt die ganze Nacht. Das einzige Kleidungsstück, das sie dabei anbehält, sind ihre Seidenstrümpfe.

Die Rivalität zwischen Joséphine Bonaparte und der Geliebten überträgt sich auf das Pariser Theaterleben. Auf der Bühne, vor allem aber im Zuschauerraum und den Logen, wird ein Duell zwischen Mademoiselle George und ihrer Rivalin Catherine Joséphine Duchesnois inszeniert. Die beiden Damen – Catherine ist ein paar Jahre älter und schon ein paar Jahre früher im Bett des Herrn Bonaparte gelandet – wetteifern nicht nur in der Schauspielkunst. Das Pariser Publikum wird in zwei Lager gespalten: die Fans von George und die Claque der Duchesnois. In ihren Memoiren beschreibt die Jungschauspielerin ihr Debüt vor den Augen der Pariser Hautevolee: „Mein Auftritt wurde mit großem Wohlwollen aufgenommen. Ich hatte das Glück, schon in meiner ersten Szene einen großen Erfolg zu landen. Ich hatte kaum Lampenfieber und trotzdem, das Theater war ausverkauft, der Erste Konsul saß in seiner Loge, begleitet von der reizenden Joséphine. Im Parkett saß die gesamte Pariser Gesellschaft. Alle waren da. Mein Bruder und meine Schwester hatten Orchestersitze ergattert und alte Handschuhe meiner Mutter mitgenommen, um beim Applaus möglichst großen Lärm zu machen."

George war vor der Premiere gewarnt worden, Anhänger ihrer doppelten Rivalin Duchesnois würden Störaktionen planen. Tatsächlich wird ihr Auftritt im vierten Akt durch Schreie aus dem Publikum unterbrochen. Sie möge ihre Deklamation wiederholen. Die Störer versuchen die Jungschauspielerin aus dem Konzept zu bringen. Ein zweites, ein drittes Mal wird sie unterbrochen. Erst der Applaus aus der Loge des Ersten Konsuls lässt die Stimmung kippen. Napoleon hat geurteilt. Das Stück wird zum Triumph für Mademoiselle George.

Die Ehekrise im Haus Napoleon wird auf und vor der Bühne als Stellvertreterkrieg der beiden Favoritinnen ausgetragen. In der Pariser Gesellschaft bilden sich zwei Lager, die Georgiens, der Fanklub von „Georgina", und die Anhänger Duchesnois', die sich Circassiens nennen. Im bösen Spott wird daraus die Verballhornung Carcassiens (Hühnergeripppe), eine eher unfeine Anspielung auf die fehlenden Körperrundungen der Duchesnois. Der Ehemann protegiert seine neue Geliebte George, Joséphine Bonaparte schlägt sich auf die Seite der abgelegten Liebhaberin und wirbt für Duchesnois. Die Spannungen am ersten Theater in Paris werden so groß, dass der Kulturminister einschreiten muss. Beide Damen erhalten die Höchstgage, beide dürfen in Hauptrollen brillieren. Nach der Vorstellung empfängt George ihren größten Fan: Napoleon.

Die Affäre dauert gute zwei Jahre. „Wie hat Napoleon Sie verlassen?", wurde sie vom großen Dichter Alexandre Dumas gefragt. „Er hat mich verlassen, um sich zum Kaiser zu machen", antwortet diese.

Napoleon gelingen quer durch Europa neue Eroberungen. George leidet wenig. Sie hat sich die guten Dienste am „Herren der Welt" fürstlich entlohnen lassen und dabei nicht einmal Exklusivrechte geboten. Denn die begabte Schauspielerin unterhält mehrere Geliebte, alle vermögend und großzügig. Der polnische Fürst Sapieha etwa, dessen Kleiderspenden Napoleon so theatralisch zerstört hat, stammt aus einem alten litauischen Geschlecht, seine Familie besitzt ungeheuren Grundbesitz in Polen und Geld, das er in Paris freizügig ausgeben kann. Das ist die Bedingung. Geld ist für das Fräulein George wie Chips im Kasino. Es wird leicht verdient und leichtsinnig ausgegeben – nichts Ernstes.

Ihre Schönheit, die sich auf den überlieferten Bildern nicht ganz erschließt, hat zeit ihres Lebens ihre Schauspielfähigkeiten überstrahlt. Dabei wird sie 60 Jahre lang Rollen spielen. Zwischen Theater und Leben unterscheidet sie nicht, alles fließt zusammen. Für Ehe, Kinder und Familie bleibt George keine Zeit. Mit dem Tänzer Louis-Antoine Duport reist sie quer durch Europa – nach Sankt Petersburg und nach Wien. Ihren Geliebten verliert sie an die kaiserliche Donaumetropole. Der Tänzer wird Ballettmeister am k. k. Hoftheater und übernimmt später die Direktion dieses Hauses am Wiener Michaelerplatz. George bewahrt ihre Unabhängigkeit, sie tritt in zahlreichen Städten auf und kehrt nach elf Jahren im Ausland als reife Frau wieder nach Paris zurück.

Ihr ehemaliger Geliebter Napoleon hat in der Zwischenzeit Europa erobert, sich von Gattin Joséphine getrennt, mit der polnischen Gräfin Maria Walewska einen Sohn gezeugt, sich zum Kaiser aufgeschwungen und schließlich sein Waterloo erlebt.

Mademoiselle George hat die Weltgeschichte nur noch aus der Distanz beobachtet. Sie mag sich gelegentlich an die zwei Jahre als Geliebte des damals mächtigsten Mannes der Welt erinnern. Sie bewies sich als unabhängige Frau, als selbstbewusste Gespielin für Männer sonder Zahl. Doch wer spielte mit wem?

*

Paul Arthur Cheramy, A Favourite of Napoleon. Memoirs of Mademoiselle George, edited, from the original manuscript, Charleston 2010.
Philipp Vandenberg, Die Frühstücksfrau des Kaisers, Bergisch Gladbach 2007.

Ludwig I. und Lola Montez
Nummer 16 in der Schönheitengalerie

„Und hätte die Welt sich wider Dich verschworen, ich trete in die Schranken wider sie; Du gehst meinem Herzen nicht verloren, Du bleibst darin, ich lasse von Dir nie." Bayerns König Ludwig I. war ein Poet, jedenfalls fühlte er sich als solcher und versuchte die laute Kritik an seiner wahrhaft skandalösen Affäre mit einer Tänzerin wegzureimen. Es gelang ihm nicht. Der Monarch verliert seine Macht, seine Geliebte und seine Würde.

Die unglaubliche Geschichte spielt im München des Vormärz – also in der ersten Hälfte des 19. Jahrhunderts. Es gibt noch kein Deutsches Reich. Bayern ist eine Monarchie, die Wittelsbacher regieren. Ludwig I. von Bayern ist keine düstere Figur der Geschichte. Als junger Kronprinz hängt er einer freiheitlich-patriotischen Gesinnung an. Er glüht in seiner Begeisterung für Kunst, Architektur und Literatur, schreibt leidenschaftliche Gedichte und sieht sich selbst als „teutscher" Patriot, der aber gleichzeitig für die Eigenständigkeit und Souveränität seines Königreichs kämpft. München ist noch keine Weltstadt mit Herz, aber Ludwig I. prägt das Bild der Stadt mit zahlreichen Neubauten. Den Beinamen „Athen an der Isar" verdankt München König Ludwig und seinen zahlreichen Bauten für die holde Kunst. Es ist ein gewaltiges Arbeitsbeschaffungsprogramm. Der König lässt die Alte Pinakothek, das Odeon bauen, legt den Grundstein zur Allerheiligen-Hofkirche und zu vier weiteren Kirchenbauten, denn katholisch ist München auch. Er vergrößert die Residenz und die Staatsbibliothek und finanziert diesen Bauboom zu einem guten Teil aus seinem Privatvermögen und den Überschüssen des bayerischen Staatsbudgets. Denn so großzügig der König in

Kunst investiert, so knauserig ist er bei anderen Ausgaben. Golo Mann beschreibt die Finanzpolitik: „Ludwig als der oberste Verwalter sparte, wo er nur konnte, nicht nur beim Hofe, dessen Küche als die schlechteste unter ihresgleichen in Europa galt, auch draußen am Lande. Es fehlte in den Kreisen an allen Ecken und Enden, zu wenige Beamte, zu schlecht bezahlt und ohne Altersversorgung, zu wenige Lehrer, zu wenige Schulen, zu geringe Fortschritte im Straßenbau, kurzum, höchst unbefriedigende Verhältnisse."

Unter der scheinbar ruhigen Oberfläche beginnt es zu brodeln. Die deutschen Einigungsbestrebungen finden auch in Bayern viele Anhänger. Die Rufe nach Mitbestimmung, nach verbrieften Freiheitsrechten werden lauter. An den Universitäten formieren sich Korps und Burschenschaften. Sie verstehen sich als gesellschaftliche Avantgarde: reden, streiten, fechten und trinken für ein einiges deutsches Vaterland. Studenten, Professoren und Bürger werden bei den Revolutionen des März 1848 buchstäblich auf die Barrikaden gehen.

König Ludwig I. von Bayern hat die Vorboten einer neuen Zeit schon länger gespürt und mit Repression reagiert. Unter dem Eindruck der Pariser Juli-Revolution des Jahres 1830 war der König zum Konservativen geworden, aber er liebt die Menschen, das Leben und schöne Frauen, sammelt ihre Porträts und freut sich über Gunstbezeugungen. Für die sogenannte „Schönheitengalerie" im Schloss Nymphenburg lässt er von seinem Hofmaler Joseph Karl Stieler die hübschesten Damen Münchens und Umgebung porträtieren. Es ist, wie es der Münchner Historiker Hans Michael Körner formuliert, „ein bildlicher Beweis der Schwärmerei des Königs für weibliche Schönheit". Das Bildformat ist vorgegeben, die Reihung der Porträts erfolgt nach Rang und Stand. Die Frage, wer denn die Schönste im ganzen Land sei, bleibt somit unentschieden. Heinrich Heine schrieb in seinen Lobgesängen auf König Ludwig über dessen Schönheitengalerie nicht ganz schmeichelhaft: „Er liebt die Kunst, und die schönsten

Fraun, Die lässt er porträtieren; Er geht in diesem gemalten Serail,
Als Kunsteunuch spazieren. "

Eine 25-jährige dunkelhaarige Schöne, Elizabeth Rosanna
Gilbert, erhält binnen weniger Tage die Ehre, vom König aus-
erwählt und für die Galerie in Öl verewigt zu werden. In seinen
privaten Zimmern hatte Ludwig I. eine „Kopie von dem aus der
Schönheitengalerie".

Die Dame ist eine „Zuagroaste", nach zwei durchaus turbulenten Jahren in der Pariser „Demi Monde", weniger vornehm
würde man „Halbwelt" sagen, muss Frau Gilbert die französische Hauptstadt verlassen. Der Boden war ihr zu heiß geworden.
Sie hatte nicht wenigen Männern den Kopf verdreht, sich als
Geliebte verdingt, Ordnungswidrigkeiten begangen, Beamte mit
der Reitpeitsche gezüchtigt und sich auch sonst wenig damenhaft
benommen. Aber sie kann zahlreiche Referenzen als Geliebte
bedeutender Männer vorweisen. Franz Liszt, den sie bei einem
Konzert in Dessau kennengelernt hat, wird für wenige Wochen
ihr Liebhaber und verfasst für sie ein Empfehlungsschreiben, das
ihr die Türen zur Königlichen Musikakademie öffnet. Dort darf
sie nach der Aufführung des „Freischütz" tanzen. Deutlich größeren künstlerischen Erfolg verschaffen kann ihr Alexandre Henri
Dujarier. Der Kulturredakteur der Zeitung „La Presse" öffnet
seiner Geliebten Türen im Pariser Kulturbetrieb und schreibt
begeisterte Rezensionen. Doch Lola Montez wird dem Starjour-
nalisten kein Glück bringen. Ihretwegen duelliert sich Dujarier
und wird dabei getötet. Der Geliebte und Förderer verschieden,
das Engagement beendet, Lola Montez flieht aus Paris.

In der bayerischen Metropole kommt sie ohne Ausweispa-
piere an. Sie hätte sie ohnehin fälschen müssen. Denn die in Irland
geborene Elizabeth nennt sich Señora Maria de los Dolores Por-
rys y Montez oder kurz Lola Montez. Sie hat ihre aristokratische
Vita frank und frei erfunden. Für ihren angelernten Beruf einer
Tänzerin dünkt ihr das spanische Flair vorteilhafter. Ihre neue
Identität passt durchaus zum eher dunklen Typus, den die Dame

vertritt. Und als geübte Hochstaplerin steigt sie im ersten Haus am Platz ab: dem „Bayerischen Hof" am Promenadenplatz im Herzen Münchens.

Montez bleibt nicht untätig. Schon wenige Tage nach ihrer Ankunft begibt sie sich zum Intendanten der Hofbühne, Baron Frays, und bewirbt sich um ein Engagement als Tänzerin. Der Herr Hofbühnen-Direktor lässt die unzweifelhaft hübsche Spanierin erst einmal abblitzen. Ihre Referenzen scheinen zwar augenfällig, aber künstlerisch nicht so eindrucksvoll gewesen zu sein. Ihre Gagenforderungen sind ziemlich unbescheiden, sie fordert schlicht die Hälfte der Netto-Einnahmen. Als Tänzerin ist Lola Montez Autodidaktin. Ihre Ausbildung beschränkt sich auf vier Monate Tanzunterricht und einige Wochen Aufenthalt in Südspanien. In London durfte sie bei einer Aufführung der Oper „Der Barbier von Sevilla" zwischen den Akten auftreten – als Pausenfüller.

Immerhin reicht es über Vermittlung eines notorischen bayerischen Playboys, den sie aus Paris kennt, für eine Blitzaudienz beim König. Dem 60-Jährigen genügt ein Blick, er fühlt sich von neuer Manneskraft durchströmt. Lola hatte zur Audienz ein enges schwarzes Samtkleid angezogen, das ihre „vollkommene Figur" noch deutlich betonte. Und der König und seine Besucherin sprachen spanisch, Deutsch konnte Frau Montez ja nicht. Schon Tage nach diesem Besuch beginnt die Legendenbildung. Bruce Seymour beschreibt in ihrer Biografie die entscheidende Szene. Ludwig deutete fragend auf Lolas wohlgeformten Busen und fragte: „Natur oder Kunst?" Lola soll statt einer Antwort zur Tat geschritten sein. Sie nimmt vom Schreibtisch des Königs eine Schere und schneidet ihr Kleid zwischen den Brüsten auf. Was dabei sichtlich ins Auge des Monarchen springt, entzückt den König. Wahr oder Erfindung? Wahrscheinlich hat Lola Montez, die ja eine notorische Schwindlerin ist, diese Geschichte nachträglich erfunden, sie rühmt sich dieses Scherenschnitts und entzückt Jahre später ihr zahlendes Publikum auf Vortragsreisen mit der Anekdote. Wahr ist: Lola Montez überzeugt den König, sie darf im Hof- und Nationaltheater ein Gastspiel geben. Sie wird unverzüglich auserkoren, für die Schönheitengalerie des Königs Modell zu sitzen.

Es muss „Liebe auf den ersten Blick" gewesen sein. Schon Tage nach der Audienz beginnt Ludwig I. die verhängnisvolle Affäre mit Frau Montez. Er hat Feuer gefangen und wird zum Protektor und Mäzen der Künstlerin. Einem Freund gesteht der bayerische Herrscher die Nebenwirkungen der wiederentdeckten Leidenschaften: „Esslust und Schlaf verlor ich zum Teil, fiebrig heiß wallte mein Blut, in des Himmels Höhen hob es mich, meine Gedanken wurden reiner, ich wurde besser."

Das Münchner Publikum ist von den tänzerischen Fähigkeiten des neuen „spanischen" Stars nicht so entflammt wie der König. Es reagiert mit „unerwarteter Kälte" auf die Montez. Möglicherweise solidarisiert sich auch die bessere Münchner Gesellschaft mit der Königin. Immerhin ist Ludwig I. seit 36 Jahren mit Therese Charlotte Luise von Sachsen-Hildburghausen verheiratet. Die beliebte Königin hat vier Söhne und vier Töchter zur Welt gebracht und so ihre dynastischen Pflichten mehr als erfüllt. Und jetzt erliegt der König den Reizen einer Tänzerin, deren schlechter Ruf ihr nach München nacheilt. Lola Montez beeilt sich, den vielen Skandalen ihrer Lebensgeschichte neue hinzuzufügen. Ihre Quartiergeberin steht im Sold der bayerischen Geheimpolizei und bespitzelt die irische Spanierin. Sie soll Männerbesuche empfangen. Der König tut solche Informationen als böse Gerüchte ab und beginnt, in sein Notizbuch Liebesgedichte in spanischer Sprache zu schreiben: „Ich liebe dich mit meinem Leben, meinen Augen, meiner Seele, meinem Körper, meinem Herzen, meinem ganzen Ich. Schwarzes Haar, anmutige Gestalt ..."

Lola Montez muss tatsächlich besondere Fähigkeiten gehabt haben. Der alternde König lässt Vorsicht, Vernunft und Anstand fallen. Während der Porträtsitzungen hockt er auf dem roten Sofa, parliert spanisch und lässt sich von Lola Montez auf der

Gitarre vorspielen. Kaum sechs Wochen nach der ersten Audienz verspricht er der Tänzerin die ungeheure Summe von 100.000 Gulden, falls Lola bis zum Tode des Königs unverheiratet bliebe. Zusätzlich sollte sie eine jährliche Apanage von 10.000 Gulden erhalten. Der König bezahlt seine Mätresse fürstlich. Für ihre Dienste erhält sie das Mehrfache eines Ministergehalts. Und damit der bayerische Herrscher seine Geliebte auch standesgemäß besuchen kann, schenkt er ihr ein einstöckiges Palais in allerbester Lage. Dort zieht Lola Montez keine neun Monate nach ihrem Eintreffen in München ein. Es ist der Höhepunkt einer steilen Karriere. Münchens bürgerliche Gesellschaft hat nur ein Thema: Lola Montez. Die Kurtisane des Königs unterwirft sich keinerlei Konventionen. Sie flaniert in Begleitung eines großen schwarzen Hundes – angeblich eine Mischung aus Boxer und Bulldogge – durch München, sie raucht in der Öffentlichkeit, lässt sich von Scharen junger Männer begleiten, flucht laut und attackiert brave Ortsansässige mit ihrer Peitsche, auch dies ein Markenzeichen der Frau Montez. Als der Münchner Polizeidirektor gegen sie einschreiten will, versetzt ihn Ludwig I. strafweise in die bayerische Provinz.

Den Neid der Damen stachelt sie auf, weil sie den teuren Schmuck trägt, den ihr der sonst so knauserige Monarch geschenkt hat. Auf den König trifft das Sprichwort zu: blind vor Liebe. Während Königin Therese selbst um einen neuen Wintermantel bitten muss – und der König so lange zögert, bis die Gattin eines Münchner Bierbrauers der Königin das schöne Stück vor der Nase weg kauft –, überhäuft er die Mätresse mit Pretiosen. Bis zum Ende der Affäre wird der König – auf heutigen Wert gerechnet – fast zweieinhalb Millionen Euro für Lola Montez ausgegeben haben.

Die Karikaturisten haben das Objekt ihrer spitzen Federn gefunden, der liebestolle alte König und die „spanische Fliege" oder der „schwarze Teufel". Lola ist die „bayerische Pompadour". Die Affäre beginnt auch politische Geschichte zu schreiben. Der König verlangt von seiner bayerischen Regierung, der Mätresse die Staatsbürgerschaft zu verleihen. Das geht dem Kabinett dann doch zu weit. Der konservative Minister Karl von Abel weigert sich. Der König ist empört. Doch die Minister geben dem Druck ihres Monarchen nicht nach. Das gesamte Kabinett droht mit dem Rücktritt, bittet um Entlassung.

Am 1. März 1847 stolpert die unter dem Einfluss der katholischen Kirche stehende königlich bayerische Regierung über Lola Montez. Ein neues Kabinett, mühsam gefunden, bürgert die geborene Irin ein. Es kommt zu Protesten und Tumulten. Ludwig I. spannt den Bogen weiter. Er adelt seine Geliebte zur „Gräfin von Landsfels" und gibt als Begründung für diese Provokation der bayerischen Aristokratie an: „Wegen der vielen, den Armen Bayerns erzeigten Wohltaten."

Eingebürgert und geadelt legt Lola Montez alias Gräfin Landsfels Wert auf eine stramme Begleitung. Sie bezirzt den jungen Studentenführer Elias „Fritz" Peißner. Der Senior der Korporation „Palatia" widmet sich mit einer Handvoll Kommilitonen fortan dem Dienst an der Schönen, und zwar Tag und Nacht. Die Mätresse des Königs gebietet nun über eine eigene Leibgarde. Der nächste Skandal bahnt sich an. Denn die deutschnationalen Studenten reagieren auf die Abtrünnigen und ihre Schutzherrin mit Zorn und Hass. Senior Elias Peißner und seine Korpsbrüder werden aus der „Palatia" ausgeschlossen und gründen eine „Alemannia". Lola Montez bittet den König um Intervention. Dieser fordert die Studenten-Korps auf, die Leibgarde seiner Geliebten nicht mehr zu ächten. Der bayerische Justizminister Karl von Schrenck von Notzing, ein „Alter Herr" der „Palatia", unterzeichnet ein Manifest gegen Lola Montez und tritt aus dem Staatsdienst aus. An der katholischen Münchner Universität protestieren Studenten. Unruhen brechen aus. Die Geliebte des Königs provoziert weiter. Sie versteckt sich nicht im Palais, das mit Schneebällen und Steinen beworfen wird, sondern geht demonstrativ spazieren. Als sie schließlich von einer aufgebrachten Menge auf dem Theatinerplatz erkannt wird, kommt es zu unfeinen Beschimpfungen und handfesten Drohungen. Lola Montez rettet sich in die Theatinerkirche. Ihr Palais wird belagert. Sie tritt mit einem Champagnerglas auf den Balkon und prostet der schäumenden Menge zu.

König Ludwig I. ist empört: So darf man seine Favoritin nicht behandeln. Der Monarch will durchgreifen. Er verordnet am 9. Februar 1848 die sofortige Schließung der Universität bis zum Wintersemester 1848/49 und befiehlt allen Studenten, die Stadt binnen drei Tagen zu verlassen.

Münchner Wirte und viele Zimmervermieter solidarisieren sich mit den Studenten und Professoren. Das Geschäftsleben droht ohne trinkfreudige Hochschüler schweren Schaden zu nehmen. Die Münchner sind entrüstet. Viele formieren sich zum Marsch auf die Residenz des Königs. Unerhörtes ereignet sich. Nur schwere Reiter können die Protestierenden auseinandertreiben. Auf den winterlichen Straßen Münchens herrscht vorrevolutionäre Stimmung. Ludwig I. eilt zum Wohnort seiner Favoritin, wird von den Demonstrierenden mit Schweigen, gar mit Buhrufen bedacht. Viele verweigern die Etikette. Sie nehmen vor ihrem König den Hut nicht ab. Dieses Verhalten gilt als schwere Beleidigung. Der König und seine verbliebenen Berater erkennen den Ernst der Lage. Die Universitätssperre wird schon am nächsten Tag widerrufen. Lola Montez muss München verlassen.

Doch der Volkszorn im März 1848 lässt sich nicht mehr beruhigen. Drei Wochen später wird das Münchner Zeughaus gestürmt. Die Bürger und Studenten bewaffnen sich, sie bilden sogenannte „Freikorps". Die Märzrevolution hat auch in Bayern begonnen, aber noch schützt den König der Respekt vor der Monarchie. Der Aufstand der Münchner Bürger und Studenten im Frühjahr 1848 richtet sich, anders als in vielen anderen deutschen Ländern, weniger gegen die überkommene Ordnung als vielmehr gegen die Person Lola Montez, die mit ihren Eskapaden und dem öffentlich zelebrierten Verhältnis zum König eben diese

Ordnung aus den Angeln hebt. Schon der durch Montez erwirkte Rücktritt der konservativen Regierung Abel hat politische Wirkungen. Die liberalere Nachfolgeregierung stößt zahlreiche Reformen an.

Gerüchte verdichten sich: Lola Montez ist aus dem Schweizer Exil wieder zurückgekommen. Wie ein Lauffeuer verbreitet sich die ungeheure Sensation. Sie soll sich mit dem König im Haus des ehemaligen Hufschmieds treffen. Dort am Rande des Englischen Gartens in der Nähe der Isar hat der König ein Liebesnest einrichten lassen. Es geht Schlag auf Schlag. Studenten, Professoren und Münchner Bürger protestieren, es kommt am 16. März zu neuerlichen Unruhen. Ludwig muss seine Lola per Fahndungsbefehl polizeilich suchen lassen. Drei Tage später ist der Druck auf ihn zu groß. Er dankt zugunsten seines Sohnes Maximilian II. ab. Seine Krone hat er im Liebestaumel verloren, die Monarchie wird noch einmal über die Revolutionswirren gerettet.

Der große Historiker Golo Mann zeichnet in einem Essay über den König von Bayern ungeachtet seiner Eskapaden mit und um Lola Montez ein freundliches Bild des ersten Ludwig. „Mit seinen großen Tugenden, seinen im Vergleich mit jenen doch nur geringfügigen menschlichen Schwächen, war er ein König, wie Europa ihn im 19. Jahrhundert nur einmal sah und wohl nie wieder sehen wird."

Und seine Geliebte? Lola Montez versucht sich weiterhin als Tänzerin und als Reisende. In Genf lebt die königliche Mätresse in Luxus und tröstet Ludwig I. zumindest brieflich über das Ende der Beziehung hinweg. Der bayerische Ex-König finanziert weiter den freizügigen Lebenswandel von Lola Montez, bis er schließlich vom Studentenführer Peißner selbst erfährt, dass dieser eine Affäre mit der Geliebten des Königs hatte. Damit ist die Angelegenheit für den abgedankten Monarchen erledigt. Montez muss sich nach einer neuen Finanzquelle umsehen. Sie verlässt die Schweiz, kehrt nach London zurück und findet neuerlich einen Mann, der sie heiraten wird. Peinlicherweise gilt eine zweite Eheschließung als

Bigamie und daher als Verbrechen. Montez flieht nach Spanien und Frankreich und veröffentlicht auf 1400 Seiten ihre reichlich ausgeschmückten Lebenserinnerungen. Das Buch wird ein kommerzieller Erfolg, aber mit Ehemann Nummer zwei ist es bald vorbei. Die Montez schifft sich Richtung New York ein, tritt am Broadway als „Lola Montez in Bavaria" auf, heiratet wieder, tanzt bei einem Wanderzirkus und siedelt sich für zwei Jahre in der kalifornischen Goldgräberstadt Grass Valley an.

Während der bayerische Ex-König das Leben an der französischen Côte d'Azur genießt, hält sich Lola Montez mit Vortragsreisen und Ratgebern über weibliche Schönheitspflege finanziell über Wasser. Das exzessive Leben fordert ihren Tribut. Montez erleidet einen Schlaganfall, wird von einem protestantischen Pastor zum christlichen Leben bekehrt und stirbt, nicht einmal 40 Jahre alt geworden, verarmt an einer Lungenentzündung. Auf ihrem Grabstein auf dem Green-Wood Cemetery in Brooklyn steht: „Eliza Gilbert. Ein Leben lang ist sie vor ihrer wahren Identität davongelaufen."

*

Golo Mann, Ludwig I., König von Bayern, Waakirchen 1989.
Bruce Seymour, Lola Montez – Eine Biografie, Düsseldorf 1998.
Fritz Weissensteiner, Liebe in fremden Betten, Wien / Frankfurt am Main 2001.

http://www.lola-montez.com
http://www.corpspalatia.de

Franz Joseph I. und Anna Nahowski
Der Monarch und seine Liebe zum Morgengrauen

Wer einen Kaiser liebt, muss früh aufstehen oder frühmorgens ins Bett gehen. Franz Joseph I., Habsburger-Kaiser von Gottes Gnaden, pflegte bei Tagesanbruch (und im Winter Stunden vor Sonnenaufgang) im Park des Schlosses Schönbrunn zu lustwandeln. Der Monarch, dessen Bild als gebeugter greiser Mann mit Backenbart an seinem Arbeitstisch im historischen Gedächtnis eingebrannt ist, war auch einmal jung und durchaus viril. Franz Joseph wird im jugendlichen Alter von 18 Jahren zum Kaiser der mitteleuropäischen Monarchie, ein attraktiver, fescher Bursch, der schon im Teenager-Alter Interesse am anderen Geschlecht zeigt und forsch zu Werke geht.

Das Zeitalter Franz Josephs I., das bis heute unser Bild von der Habsburger-Monarchie prägt, beginnt nach den Wirren des Revolutionsjahres 1848. Das Ende des Biedermeiers verlief weder bieder noch beschaulich, schon gar nicht friedlich. Der Aufstand der Bürger gegen die absolutistische Monarchie und das politisch rückwärtsgewandte Biedermeier mit seinem Kaisertum von Gottes Gnaden war gerade erst militärisch – und blutig – niedergeschlagen worden. 2000 Wiener starben in den Oktoberkämpfen. Österreichische und kroatische Truppen unter der Führung von General Alfred Fürst zu Windisch-Graetz hatten die Kaiserstadt Wien mit Artillerie beschossen. Der weitgehend unfähige Kaiser Ferdinand war mit seinem Hof nach Olmütz geflohen, der Reichstag folgte ins mährische Kremsier nach.

Die erkämpften Errungenschaften der Märzrevolution von 1848 gingen Schritt für Schritt verloren. In Österreich begann der Neoabsolutismus. Symbol dafür war der Kaiser. Nach dem Rücktritt von Ferdinand I. und dem Thronverzicht seines Bruders Erzherzog Franz Karl trat dessen Sohn Franz Joseph die Nachfolge an. Der 18-Jährige wurde in Olmütz zum Kaiser gekrönt, ins nachrevolutionäre Wien wagte sich der Hof noch nicht zurück.

Die Hoffnungen auf eine Reform der Verfassung und der Einräumung der „bürgerlichen Freiheitsrechte" schwanden von Verfassungsentwurf zu Verfassungsentwurf. Franz Joseph I. war jung, aber dachte unter dem Einfluss des Erzhauses und seiner konservativen Mutter Sophie keineswegs „jung".

Franz Joseph sah es als seine Hauptaufgabe an, die demokratischen Kräfte zu schwächen und die Herrschaft von Krone und Klerus zu sichern. Der Monarch stützte sich dabei auf die Armee und die katholische Kirche. Kaiser Franz Joseph I. zeigte sich – wenn er sich überhaupt öffentlich zeigte – nur in der Uniform. In seinen ersten Regierungsjahren war der erzkonservative „rothosige Leutnant", wie er von Kritikern bezeichnet wurde, keineswegs beliebt. Innenpolitisch erzwangen der Kaiser und seine Regierung Stillstand, außenpolitisch und militärisch blieb Franz Joseph erfolglos. Die Feldzüge in Italien gingen verloren. Die Schlachten von Magenta und Solferino gehen als blutiges Gemetzel in die Kriegsgeschichte ein. Und mit der Niederlage der österreichischen Armee bei Königgrätz gegen die besser bewaffneten preußischen Truppen ist Österreichs Traum von einem großdeutschen Reich unter Führung der Habsburger ausgeträumt.

Die politischen und militärischen Misserfolge Franz Josephs, das Ende der Großmachtträume leiteten paradoxerweise eine Phase des wirtschaftlichen und kulturellen Aufschwungs ein. Das Verhältnis zum Königreich Ungarn wurde mit dem sogenannten „Ausgleich" 1867 auf eine feste Grundlage gestellt, die k. u. k.

Doppelmonarchie gegründet. Das „Ende des Jahrhunderts", das Fin de Siècle konnte beginnen. Mit dem Staatsgrundgesetz von 1867 wurden liberale Freiheitsrechte verbrieft. Der Liberalismus in Politik und Wirtschaft, die Industrialisierung Europas und historisch noch nie dagewesene technologische Revolutionen veränderten die Donaumonarchie. Der Kaiser hatte daran keinen Anteil. Er zog sich in die Hofburg und ins Schloss Schönbrunn zurück, mutierte zum obersten Sektionschef des Reichs und erfüllte penibel und ohne politische Initiative die Pflicht des Regierens.

Der Habsburger war seit 20 Jahren mit der bayerischen Prinzessin Elisabeth („Sisi") verheiratet, die ihm vier Kinder, aber nur einen Thronfolger geboren hatte. Aus der Liebesbeziehung des jungen Kaisers zu der noch viel jüngeren und bildschönen Bayern-Prinzessin war ein Ehedrama entstanden. „Sisi" fühlte sich am langweiligen, konservativen Wiener Hof unter der „Fuchtel" ihrer Schwiegermutter weder verstanden noch zuhause. Franz Joseph liebte und verehrte sie zwar, konnte aber der jungen Frau nicht jene Form von Eheleben bieten, die sich die romantisch junge, später exzentrische Kaiserin erhofft hatte. Von ihrem Ehemann erwartete sie längst keine Unterstützung oder Verständnis mehr. So floh Elisabeth aus Wien, reiste zu monatelangen Kuren nach Meran, Korfu oder Madeira und gab sich ihrer fanatischen Reitleidenschaft, dem Körperkult und ihren schwärmerischen Gefühlen für antike Helden hin. Sie akzeptierte die Tatsache, dass ihr Kaiser sexuelle Befriedigung in anderen Betten fand. Kaiserin Elisabeth selbst empfand nur geringe Lust und Begeisterung an der körperlichen Liebe – Franz Joseph schon.

Im öffentlich zugänglichen „Kammergarten" des Schönbrunner Schlossparks begegnet dem Kaiser im Mai 1875 ein 15-jähriges Mädchen beim Morgenspaziergang. Der hohe Herr sucht ihre Nähe, doch die junge Dame enteilt Franz Joseph – aus Scheu, wie sie in ihr posthum veröffentlichtes Tagebuch schreibt. Der Kaiser setzt ihr nach. Anna notiert den Verlauf des allerhöchsten Morgenlaufs: „Ich eilte gegen das Jägerhaus in der Meinung, wenn ich beim Thürl hinein gehe, wo der Weg zum Jägerhaus führt, bin ich vor ihm sicher, soweit wagt Er mir nicht nach zulaufen. Ich eile hinein bin meinem Mädchen weit voraus, laufe noch ein Stückchen Weg wie ein Schulkind, u. bleib um Luft zu schöpfen stehen. Ich blick mich nach der Lini um u. sehe o Entsetzen auch den Kaiser hier. Also von neuem laufen, doch ich höre seinen Tritt immer näher, jetzt ist Er knapp hinter mir, – – da von entgegen gesetzter Seite kommt ein Burgwächter ich bin erlöst, der Kaiser verschwindet." Die Aufzeichnungen von Anna Nahowski sind in zierlicher Kurrentschrift verfasst und füllen gut 200 eng beschriebene Seiten ihres Tagebuchs, ein schwarz gebundener „Kleinoktavband" (also etwas kleiner als ein DIN-A5-Blatt heute) mit Goldschnitt.

Warum ein scheues junges Mädchen aus dem innerstädtischen Bezirk Neubau am frühen Morgen im Schlosspark Schönbrunn – zwar in Begleitung ihres Dienstmädchens Lini – lustwandelt, bleibt erklärungsbedürftig. Es sei denn, man würde der frühreifen Dame unterstellen, bewusst die Nähe zu attraktiven Erzherzögen oder anderen Schlossbewohnern zu suchen. Denn um kurz nach fünf Uhr früh in Schönbrunn sein zu können, muss die junge Frau zu nachtschlafender Zeit ihre Wohnung in Wien-Neubau verlassen und gut eine Stunde zu Fuß nach Schönbrunn gehen.

Anna Nowak ließ sich auch in den kommenden Tagen nicht von ihren Morgenspaziergängen abhalten, und so kam es, wie es kommen musste. Sechs Wochen später trifft Anna im Park den Herrn in Generaluniform wieder. Kaiser Franz Joseph eröffnet das Gespräch: „Sie gehen aber fleißig spazieren!" Die Halbwaise, die von ihrer Mutter schon mit vierzehneinhalb Jahren zwecks finanzieller Absicherung mit dem Seidenfabrikanten Heuduck verheiratet worden war, findet den 30 Jahre älteren Herrn charmant und nicht unattraktiv. Im Park, am frühen Morgen, zu jener Zeit, wird nicht lange getändelt. Die nächste Tagebuchnotiz findet sich bereits am Tag darauf. „‚Schönes Mädchen, Frau oder Kind, was Sie sind‘, sagt der Kaiser, ‚geben Sie mir einen Kuss.‘ Ich wagte ihn nicht anzublicken, die Bäume tanzten vor meinen Augen. Er wiederholte die Bitte immer dringender, beugte sich herab, hob meinen Kopf empor, und ich habe ihn wahrhaftig geküsst. Ich fühle es noch, denn der Bart war vom Regen nass. Er reichte mir zum Abschied die Hand u. ging.“

Ein Kuss vom Kaiser bringt das Gefühlsleben der Anna Heuduck gehörig durcheinander: „Zuhause keine Ruh, fort denk ich an diese Begegnung, Tag und Nacht steht das Bild des Kaisers mit seinem Lächeln vor mir! Soll ich wieder nach Schönbrunn gehen? Hundertmal sagte ich nein! U. ebenso oft, ja! Und ich ging.“

Der Kaiser in der Blüte seiner Jahre küsst also das junge Mädchen aus dem Volk. Und sie beschließen, einander regelmäßig zu treffen. So beginnt eine merkwürdige Affäre, die fast 14 Jahre dauern sollte. Anna entspricht dem Schönheitsideal jener Tage: Ein bisschen mollig, ein rundes Gesicht, ein draller Busen – so blickt sie den Betrachter auf den überlieferten Fotos an. Sie ist ein „süßes Wiener Mädl“, das in einer kleinbürgerlichen Welt aufgewachsen ist. Sechs Geschwister und ihr Vater sterben, die Mutter führt die Korbwarenfabrikation allein weiter. Anna gilt als melancholisch, oder wie es im Wiener Dialekt heißt: „tramhappert“.

Anna ist im Frühjahr 1875 noch mit ihrem Seidenfabrikanten verheiratet, aber die von der Mutter erhoffte „gute Partie“ ist er nicht. Johann Heuduck gilt als spielsüchtiger Alkoholiker. Er kümmert sich kaum um seine Angetraute, die fast noch ein Kind ist. Am 2. April 1875 notiert sie in ihr Tagebuch: „Mein Mann ist ein großer Lump, ein Kartenspieler, der sich um sein junges Weib nicht kümmert. O was hat mich diese Heirath schon Tränen gekostet.“

Anna wird schwanger und bringt eine Tochter, Carla, zur Welt. Die Verbindung zum Kaiser bleibt aufrecht. Er besucht sie heimlich in ihrer Parterre-Wohnung und hat dabei Angst, vom

149

heimkehrenden Ehemann entdeckt zu werden. In Briefen fordert der allerchristlichste Kaiser die verheiratete Bürgersfrau auf, ihn zu erwarten, tunlichst ohne Mieder, damit er schneller zur Sache kommen kann. Mit 17 Jahren lässt sich Anna von ihrem Ehemann scheiden.

Schon eineinhalb Jahre später lernt sie einen Beamten der k. u. k. privilegierten Südbahn-Gesellschaft kennen. Franz Nahowski gilt als Lebemann und toller Tänzer. Anna verliebt sich in den feschen Franz, kann sich zwischen Eisenbahner und Kaiser nicht entscheiden und beschließt, mit beiden Männern „gut zu sein". Franz Nahowski bedrängt Anna, doch diese ziert sich anfänglich. Aus ihrem Tagebuch wissen wir genau, wann sie schwach wurde. „Und nun am 21. Februar kam der verhängnisvolle Tag, wo es kein Halten mehr gab, wo meine Kraft gebrochen ich gehöre ihm mit Leib und Seele." Anna will noch einmal heiraten, dafür bittet sie den Kaiser brieflich um Erlaubnis. Sie ist außerdem wieder schwanger. Das Kind muss einen Namen haben. Franz Joseph besucht seine Freundin, setzt sich an ihr Bett und verkündet sein Einverständnis, es sei das Beste, wenn sie heiraten würde. Im selben Jahr, in dem Franz Joseph offenbar weitgehende Arrangements mit seiner Geliebten trifft, feiert Wien die Silberhochzeit des Kaiserpaars mit dem vom Historismus-Maler Hans Makart gestalteten Festzug über die Wiener Ringstraße. Hunderttausende stehen Spalier. Auf einem der Festwagen strahlt eine junge Schauspielerin. Katharina Schratt wird in die Geschichte der Monarchie als mütterliche Freundin des Kaisers eingehen – Anna wird vergessen sein. Aber wir greifen vor.

Anna und ihr Eisenbahner heiraten – es ist eine „Klausenburger Ehe", schließlich ist Anna geschieden und dürfte kein weiteres Mal den Ehebund eingehen. Für solche Fälle gibt es eine Lösung. Das heutige rumänische Cluj war eine ungarische Freistadt und Sitz einer protestantisch-unitarischen Kirche, die eine Wiederverheiratung geschiedener Paare ermöglichte.

Dem Kaiser scheint es nur recht gewesen zu sein, dass sein diskretes „Gspusi" nun unter dem schützenden Mantel einer ehrbaren Ehe weitergehen kann. Im Jahr ihrer Hochzeit erhält Anna jedenfalls vom Kaiser persönlich ein Kuvert mit 50.000 Gulden ausgehändigt. Die junge Frau soll um diese für sie gewaltige Summe eine Villa in der heutigen Maxingstraße kaufen. Die damalige Hetzendorfstraße führt direkt am Schlosspark von Schönbrunn vorbei. Noch heute ist in der gelb gestrichenen Gartenmauer eine kleine grüne Tür eingelassen. Franz Joseph ließ die Bresche schlagen, damit er direkt und möglichst unerkannt – nur schnell über die Straße – in die Villa seiner Geliebten gelangen konnte. Der „Hohe Herr", beinahe vergötterter Monarch, muss sich heimlich im Dunkel des frühen Morgens aus seinem Schloss stehlen und um Einlass bitten. Der Kaiser schleicht wie ein Dieb durch die Gegend, vermeidet den Kontakt zu Passanten, muss Wachleute abschütteln. Es geht zu wie in der Karikatur. Anna gibt Ratschläge, wie der Kaiser unauffällig beim geheimen Hintereingang unbemerkt das Haus betreten könne: „Majestät! Ich möchte Ihnen den Rath geben, ganz ungeniert hinab zu gehen, geht gerade jemand, dann lenken Sie Ihre Schritte gegen den Friedhof oder gehen im Feldgassel ein Stück hinauf. Sobald die Luft rein ist, lasse ich Sie beim Thürl rein." Tatsächlich fühlt sich die Majestät nicht sicher, schlendert am eigentlichen Ziel vorbei, interessiert sich für den Friedhof, kommt erst mit Verspätung zum Gartentor herein und ist echauffiert: „Gerade hier vor der Tür sucht ein altes Weib auf dem Kleeacker herum, welches nicht vom Fleck kommt."

Das kleine, feine Haus ist noch heute weitgehend unverändert erhalten. Es hat damals 50.000 Gulden (heute wäre das etwa eine halbe Million Euro) gekostet, die Renovierungsarbeiten verschlangen noch einmal so viel. Auf dem Kleeacker gegenüber steht die Residenz des US-Botschafters in Wien. War der Eisenbahner-Ehemann eingeweiht? Wahrscheinlich. Wie hätte Anna ihrem Ehemann erklären können, dass sie sich so viele tausend

Gulden für den Kauf einer Villa direkt neben dem kaiserlichen Schloss erspart habe? Franz Nahowski lieferte für seine Frau (und für den Kaiser) das gesellschaftliche Alibi. Anna hatte als verheiratete Frau einen Gatten, dem die zwei Kinder zuzurechnen waren, die sie in den folgenden Jahren gebar. Tochter Helene kam 1885 auf die Welt. Helene Nahowski ehelichte später den Komponisten Alban Berg. Georg Markus zitiert aus den Erinnerungen des Neffen von Alban Berg: „Annas zweiter Mann musste sich in die Rolle des offiziellen Vaters einfinden. Es ist nach den Berichten Helene Bergs immer wieder zu großen Eifersuchtsszenen zwischen den Eheleuten gekommen; der Effekt war, dass Nahowski von Zeit zu Zeit in die äußersten Winkel der Südbahn versetzt wurde."

Ein Wink des Kaisers reichte da wohl aus. Schließlich wollte der Monarch bei seinem Abenteuer nicht von einem gehörnten Ehemann gestört werden. Die „bessere Wiener Gesellschaft" ging stillschweigend von der kaiserlichen Abstammung Helenes aus. In der Chronik des Wiener Musikvereins wird ein Besuch im Kärntner „Waldhaus" des Komponisten beschrieben. Die Besucher können im Kleiderkasten zwei sorgfältig gebügelte Nachthemden mit eingestickten Jahreszahlen 1875–1880 und 1885–1893 bewundern. Anna Nahowski, Mutter von Alban Bergs Ehefrau Helene und deren Bruder, hatte die intimen Begegnungen mit dem Kaiser auf ihre Art festgehalten.

In der Maxingstraße 46 konnte Franz Joseph so bieder sein, wie er es gerne wollte, losgelöst von den Verpflichtungen des Regierens und der Repräsentation. Anna bot ihm nicht nur leibliche Vergnügungen, Kipferl und Kaffee zum Frühstück, sondern Kontakt zum Volk. In dieser anderen – wirklicheren – Welt war er gern zu Hause. Besondere intellektuelle Ansprüche stellte der Kaiser an seine Geliebte nicht. Sie war hübsch, mollig und unkompliziert. Überspannte Gedichte schrieb ohnehin schon seine Gemahlin, Kaiserin Elisabeth. Ende des Jahres 1886 kommt es zur Krise. Ganz Wien tratscht darüber, dass der 56-jährige

Monarch die berühmte Burgtheater-Schauspielerin Katharina Schratt verehrt. Anna spioniert dem Kaiser nach, überrascht die beiden im Schönbrunner Park, stellt ihn zur Rede – der apostolische Kaiser und König Franz Joseph leugnet.

Doch die Tatsachen sprechen für sich. Immer seltener erscheint der Kaiser. Anna versucht es mit den Waffen einer Frau um die Jahrhundertwende. Sie schmollt. „Sie haben vielleicht die Schratt in Schönbrunn getroffen und gleichzeitig mich besucht, denkend dies geht in einem Aufwaschen." Sie verweigert sich des Kaisers Wünschen. Franz Joseph nimmt sich mit Gewalt, was ihm vorenthalten werden soll. Anna notiert im Tagebuch den Tatbestand einer sexuellen Nötigung: „Mit einer raschen Bewegung hat er mich erfasst und hielt mich fest. Jeder Versuch, mich freizumachen, war umsonst. Er zog mich mit Gewalt nach meinem Bett, mein zorniges Gesicht mit Küssen bedeckend."

Franz Joseph erneuert mit Katharina Schratt das bewährte Arrangement. Auch die Schauspielerin empfängt den Monarchen zum Frühstück. Auch sie bewohnt eine Villa in Gehweite des Schönbrunner Schlossparks.

Das Dreiecksverhältnis wird dem Kaiser ein wenig zu mühsam. Annas Eifersucht nervt den Monarchen. Im Frühjahr 1889 – wenige Wochen nach der Affäre von Mayerling, dem Selbstmord des Thronfolgers Erzherzog Rudolf nach der Erschießung seiner jugendlichen Geliebten Mary Vetsera – bittet Baron Friedrich von Mayr, der Generaldirektor des Kaiserlichen Familienfonds, Anna Nahowski in sein Büro in der Hofburg. Nicht der Kaiser teilt ihr mit, dass es „aus" sei, sondern ein Beamter. Anna ist verbittert, will den Geliebten sprechen, wird aber nicht vorgelassen. Sie begegnet ihm nie wieder. Ihr wird mitgeteilt, dass sie die Höhe der Abfindung „für die vierzehn Jahre im Dienste des Kaisers" selbst bestimmen kann. Als Gegenleistung muss sie eine Erklärung unterschreiben: „Ich bestätige hiermit, daß ich am heutigen Tag 200.000 fl. (Gulden) als Geschenk von Seiner Majestät den Kaiser erhalten habe. Ferner schwöre ich, daß ich über die

Begegnung mit Seiner Majestät jederzeit schweigen werde. Anna Nahowski Wien, 14. März 1889."

Ab diesem Zeitpunkt beginnt auch der intime Kontakt zur gefeierten Burgschauspielerin. Drei Jahre lang hatte der Kaiser versucht, sich „zu beherrschen". Ab dem Ende der Beziehung zu Anna unterschreibt Franz Joseph seine Briefe an Katharina Schratt als „Ihr Sie innigst liebender Franz Joseph". Zuvor lautete die Schlusswendung: „Ihr treu ergebener Franz Joseph".

Anna hält sich an die Vereinbarung mit dem Kaiser. Sie schweigt. 1931 stirbt sie im Alter von 71 Jahren in Wien – nicht ohne die Tagebücher vorher ihrer Tochter Helene übergeben zu haben. Diese vertraut sie der in der Österreichischen National-bibliothek befindlichen Alban-Berg-Stiftung an.

Der Sohn von Anna und dem Kaiser, auf den Namen Franz Joseph getauft und Frank genannt, starb in der Nervenheilanstalt Steinhof. Dorthin wurde der Schizophrene gebracht, als er sich im Jahr 1930 den kleinen Finger abgeschnitten und die Gliedmaße auf das Grabmal von Franz Joseph I. in der Kapuzinergruft am Wiener Neuen Markt gelegt hatte. Anna Nahowski und ihr Sohn sind auf dem Hietzinger Friedhof bestattet, etwas versteckt hinter den Granit-Grabstätten der Hietzinger Adels- und Bürgerfami-lien. Auf dem Grabstein stehen nur ihr Name und der ihres Sohnes. Kein Geburts-, kein Sterbedatum – ein verwittertes Kreuz. Das Grab befindet sich kaum 200 Meter von einer kleinen grünen Türe entfernt, die – heute versperrt – in den Schlosspark von Schönbrunn führt.

*

Sigrid-Maria Größing, Sisi und ihre Männer, Wien 2008.
Sabine Fellner/Katrin Unterreiner, Frühere Verhältnisse, Wien 2010.
Georg Markus, Katharina Schratt, Wien 1982.
Anna Eunike Röhrig, Mätressen und Favoriten, Göttingen 2010.
Friedrich Saathen (Hrsg.), Anna Nahowski und Kaiser Franz Joseph. Aufzeich-nungen, Wien 1986.

Robert Alan Palmer, Franz Joseph I., München 1995.
Steven Beller, Franz Joseph – Eine Biographie, Wien 1997.
Robert Seydel, Die Seitensprünge der Habsburger, Wien 2005.

http://www.musikverein.at/monatszeitung/monatszeitungEintrag.
asp?monat=3&jahr=2004&idx=430
http://de.wikipedia.org/wiki/Anna_Nahowski

Luise Antoinette und André Giron
Die Kronprinzessin und der Hauslehrer

Hure, Ehebrecherin, Rabenmutter. So oder ähnlich wird man Ende Dezember 1902 am Königshof in Dresden über Luise von Sachsen getuschelt haben. Es sind starke Worte über eine Kronprinzessin. Die in Salzburg geborene Erzherzogin aus der toskanischen Linie der Habsburger hat aber auch ein „starkes Stück" geliefert: Die fünffache Mutter verlässt ihren prinzlichen Gemahl Friedrich August III. von Sachsen, um in die Arme ihres Geliebten in die Schweiz zu flüchten. Welch eine Schmach für den künftigen König von Sachsen. Sie ist schwanger, ohne zu wissen, wer der Vater ist. Ihre Kinder lässt sie am Dresdner Hof zurück. Der deutsche Adel des noch jungen 20. Jahrhunderts hat seinen ersten Skandal. Empört notiert Baronin Hildegard von Spitzemberg in ihr Tagebuch: „Alle waren sie erfüllt wie wir von dem entsetzlichen Skandale am sächsischen Hofe, der wirklich an Widerlichkeit seinesgleichen sucht! Fünf Kinder, einen Mann, einen Thron zurückzulassen, um mit zweiunddreißig Jahren, in der Hoffnung von dem Hauslehrer eben dieser Kinder, durchzugehen – es ist geradezu entsetzlich! Wenn die fürstlichen Frauen also sich vergessen, so allem Hohn sprechen, was sonst auch im Unglück für anständig, vornehm, christlich galt, dann nehmen sie sich selbst das Recht des Bestehens."

Die Baronin lag mit ihrem Lamento näher an der Wirklichkeit, als sie dachte. Das beginnende 20. Jahrhundert war eine Zeit stürmischer wirtschaftlicher Entwicklung, technologischen Fortschritts und gesellschaftlicher Brüche. Der alte Adel verharrte in Traditionen und Lebensweisen, die weit ins 18. Jahrhundert zurückreichten. Es war eine bigotte Welt, eine Welt des Scheins, die weder den sozialen Veränderungen noch den neuen Machtverhältnissen entsprach. Das liberale Großbürgertum hatte längst die wirtschaftliche Macht übernommen. Sigmund Freud glaubte, das (sexuell) Unbewusste entdeckt zu haben, für den Schriftsteller Stefan Zweig eine „Sternstunde der Menschheit". Und inmitten tiefsten Friedens, ungeahnten Wohlstands für eine breite Mittelschicht, wachsender demokratischer Freiheit und sozialer Rechte beharrte eine gesellschaftliche Elite, kraft Geburt und Abstammung, auf überkommene Traditionen.

Da wagt es eine schwangere Frau, mit allen Konventionen ihres Standes zu brechen, materielle Sicherheit und Titel zu riskieren, um ein neues Leben zu beginnen? Welche Mutter lässt fünf Kinder im Alter von einem Jahr aufwärts an einem Ort, den sie selbst zu hassen scheint, zurück? Die Tochter des letzten habsburgischen Großherzogs von Toskana hat sich selbst gut gekannt und ebenso ungeschönt wie selbstbewusst analysiert: „Eigensinnig bin ich, kapriziös, gewöhnt, meinen Kopf durchzusetzen. Mein Wille, meine Launen sind allein bestimmend für mich. In meiner Liebe bin ich wankelmütig, leicht werde ich eines erst heißgeliebten Menschen überdrüssig. Ich gehöre zu den gefährlichen Frauen, die den Mann in sich verliebt machen, wenn das Spiel lockt. An Luxus und Eleganz gewöhnt, bin ich eine Verschwenderin. Wehe dem Mann, der mich bis auf den Grund meiner Seele kennt … Wer mich lieben will, muss sein wie ich, leichtsinnig und gewissenlos …", warnt Luise ihren – späteren – zweiten Ehemann Enrico Toselli brieflich. Vergeblich, wie man sehen wird.

Luise Antoinette Maria Theresia Josepha Johanna Leopoldine Caroline Ferdinande Alice Ernestine, Kaiserliche Prinzessin und Erzherzogin von Österreich, Königliche Prinzessin von Ungarn und Böhmen, Prinzessin von Toskana wurde am 2. September 1870 in Salzburg geboren. Schon früh begibt sich ihre Mutter auf die Jagd nach einer guten Partie für das hübsche Töchterlein: „Mamas Heiratspläne begannen bei der Kaiserin von Brasilien …

1891 sollte ich Prinz Ferdinand von Bulgarien wiedersehen. Ich wollte an einer Stelle stehen, wo ich Einfluss hatte. Maria Theresia war meine große Heldin. Am 19. Juni 1892 kam dann mein zukünftiger Gatte, Prinz Friedrich August, nach Lindau an den Bodensee. Er war nur einundzwanzig Jahre und sah sehr hübsch und schmuck in seiner hellblauen mit Gold verzierten Husarenuniform aus", schreibt Luise in ihrer Autobiografie.

Sie liebt den Prinzen mit dem Enthusiasmus einer 21-Jährigen. „Sein offener Ausdruck war durch die besten und freundlichsten Augen der Welt doppelt anziehend. Ich glaube nicht, dass es einen Mann mit edlerem und besserem Herzen wie ihn auf der Welt gibt. Seine Ritterlichkeit war ohne Tadel, und er betete mich an", heißt es in Luises Lebenserinnerungen. Die beiden heiraten am 21. November 1891 in Wien. Kein Bund fürs Leben, wie sich elf Jahre später herausstellen wird. Wie so oft, dürfte die „Schwiegerfamilie" daran nicht unbeteiligt gewesen sein. Die Stimmung am sächsischen Hof wird einem glücklichen Eheleben nicht gerade zuträglich gewesen sein: „Es ist ein Wirrwarr kleinlicher Intrigen und Tyrannei, da jeder versucht, über jemand zu herrschen", urteilt die Entflohene später. Dem Schwiegervater ist Luise nicht besonders zugetan. Sie beschreibt ihn als großen, schon etwas gebeugten Mann, an dem vor allem die „kalten, kleinen, blauen Augen" auffielen, „die misstrauisch unter buschigen Brauen hervorschauten ... Intolerant wie bigott, geistig beschränkt und engherzig, war mein Schwiegervater ein Fanatiker im reinsten Sinne des Wortes, da er wie von einer Art religiösem Wahnsinn erfasst gewesen sein muss".

Auch wenn man jede Menge schwiegertöchterlicher Subjektivität in Abzug bringt, bleibt das Bild eines Mannes, der wohl kein besonders großer Sympathieträger war. „Im Vertrauen gesagt, Großvater war ein Ekel", soll einer der Enkel König Georgs gesagt haben. Jedenfalls verbiestert der strenge Georg der jungen Kronprinzessin das Leben. Sie wird systematisch überwacht und bespitzelt. Sogar im Beichtstuhl stellt ihr der Priester auf allerhöchsten Befehl intime Fragen. Für harmlose Vergnügungen wie Baden im züchtigen Kostüm an der „Riviera" bei Loschwitz an der Elbe bekam sie Stubenarrest, weil die ganze Gegend zusammengelaufen war. Fuhr sie mit dem Fahrrad, spazierte über den Dresdner Altmarkt oder fuhr mit der Straßenbahn, wurde die Prinzessin und künftige Königin Sachsens mit Freiheitsentzug bestraft. Vor ihrer Zimmertüre im Taschenbergpalais ließ der Schwiegervater eine bewaffnete Wache aufmarschieren. In Loschwitz, beim Maler Hans Unger, war sie mehrfach zu Besuch und ließ sich ein Stück einer sächsischen Mehlspeise namens „Eierschecke" servieren. Auch für diese vergleichsweise harmlose Nascherei wurde sie zu Hausarrest verdonnert. Luise war von ihrem Vater in Salzburg zur Freiheit und Ungezwungenheit erzogen worden. Sie sprach vier Sprachen fließend, sang, spielte Klavier und war ein aufgewecktes junges Mädchen. Die „Innsbrucker Nachrichten" wussten zu berichten: „Die Erzherzogin war auch schon als junges Mädchen zahlreichen Sportarten mit großer Freude zugetan. Sie vermochte allen Beschwerden der Hochjagden in den Bergen Salzburgs und des Salzkammerguts zu trotzen. Sie ist eine treffliche Reiterin und ihre Fertigkeit im Schlittschuhlaufen wurde oft genug auf dem Salzburger Eislaufplatz bewundert. Sie wurde von der Salzburger Bevölkerung aufrichtig geliebt." Die zeitgenössischen Blätter berichten auch von einer ausgeprägten sozialen Ader, einem ungezwungenen Umgang mit dem „einfachen Volk".

Luise wollte sich nicht im sächsischen Königspalast und in überkommenen Traditionen einsperren lassen. Was nützt der noble Titel „Kronprinzessin", wenn die persönliche Freiheit eingeschränkt, selbst kleine Vergnügungen des Alltags mit „Stubenarrest" bestraft werden können? Die Privilegien eines Standes hatten sich ins Gegenteil verkehrt. Jede Arbeiterfrau, jede Dresdner Bürgerin durfte mehr Spaß am Leben haben.

Aus Luises Sicht sind die Anklagepunkte durchaus ehrenvoll: „Originalität und Fantasie sind Sünden am Dresdener Hof und von diesem Standpunkt aus betrachtet, kann ich begreifen, dass ich mich als sehr störendes Element erwiesen haben muss, da ich nicht ihre Erwartungen erfüllte", wird sie später in ihren Memoiren vermerken.

Der Prinzgemahl verkürzt sich unterdessen die Wartezeit auf das Königsamt mit Kartenspielen, Reiten und üppigen Saufgelagen im Offizierskasino. Und er zeugt mit seiner Angetrauten fleißig Prinzen und Prinzessinnen. Aber auch über ihre Kinder kann Luise nicht bestimmen. Gebären ja, erziehen nein. Dazu gibt es Personal. Sogar in eine höchstpersönliche Frage wie das Stillen der Babys mischt sich der all- und übermächtige Schwiegervater ein.

Auch politisch passt sie dem katholischen, konservativen Königshaus in Dresden nicht ins Konzept. „Luise ist viel zu demokratisch. Sie hat eine lächerliche Liebe für das Volk und vergisst stets die Pflichten ihres Standes", soll die Schwägerin der Kronprinzessin gesagt haben. Luise ist frustriert. Ihr Mann hat kein Verständnis für ihre Anpassungsschwierigkeiten. Kronprinzen, die gegen ihre dominanten königlichen Väter aufbegehren, sind eher die Ausnahme, nicht die Regel. Und tun sie es, werden sie oft vom „System" gebrochen, gedemütigt, zu Resignation oder zur Flucht in Alkohol und Frauenexzesse getrieben.

Von ihrem Ehemann erwartet sich Luise keine Unterstützung mehr. Sie sucht Trost außerhalb ihrer Ehe und der aristokratischen Zwangsjacke, die über ihr Frauenleben gestülpt wurde. Bei einer Reise nach Paris lernt sie den attraktiven 23-jährigen André Emile Giron kennen. Der Belgier arbeitet bei einer befreundeten Familie als Erzieher und Hauslehrer. Er sei „schlank, schwarzhaarig mit kleinem dunklen Schnurrbart" gewesen. „Ein lebhafter Mann mit gutem Benehmen und gutem Geschmack für Kleidung", schreibt Luises Biografin Erika Bestenreiner.

Es war „Liebe auf den ersten Blick". Jedenfalls kommen sich die Prinzessin und der Hauslehrer schon in Paris näher. Eine Romanze. Sicherlich wird der gute Mann auch über Qualitäten verfügt haben, die geeignet waren, Luise ihre unbefriedigende Ehe vergessen zu lassen. Die Kronprinzessin von Sachsen wirbt den Herrn Lehrer ab. Für ihre Kinder nur die beste Ausbildung. André Giron übersiedelt nach Dresden und unterrichtet die sächsischen Königs-Enkel in Französisch. Die Überstunden widmet er der Kindesmutter. Das Paar ist unvorsichtig, in mehrfacher Hinsicht: Ihre Liebeskorrespondenz wird entdeckt und Luise ist schwanger. Obwohl zu dieser Zeit Präservative längst bekannt und industriell hergestellt wurden, verzichtete das Paar auf entsprechende Vorsorge.

Der gehörnte Ehemann reagiert unwirsch. Luise heuchelt nicht einmal Reue. Sie packt heimlich ihre Koffer und gibt an, zu einem Kuraufenthalt nach Salzburg zu reisen. Der Abschied ist für immer geplant. Denn Luise nimmt ihren gesamten wertvollen Schmuck mit. Eine gewisse Distanz zum sächsischen Hof in Dresden wäre durchaus im Interesse beider Seiten gewesen. Die Affäre macht aber Schlagzeilen. Die „Innsbrucker Nachrichten" berichten in ihrer Ausgabe vom 27. Dezember 1902 unter dem Titel „Das Ehedrama der sächsischen Kronprinzessin und der Liebesroman des Erzherzogs Leopold Ferdinand", dass der sächsische König „einer Ohnmacht nahe gewesen sei". Getobt wird der strenge Herr jedenfalls haben. Das Leserpublikum empörte sich auch schon damals gern über das Lotterleben in hochgestellten Kreisen.

Der Zweck der Reise ist, wie es scheint, kein ungewöhnlicher: ein vorweihnachtlicher Besuch der alten Eltern im heimatlichen Salzburg. Am 9. Dezember 1902 verlässt die Kronprinzessin Dresden. Salzburg ist nur ein Zwischenstopp. Luise begibt sich direkt an den Genfersee, um dort ihren Bruder Leopold Ferdinand Salvator zu treffen. Der Erzherzog kann als Drahtzieher der Flucht beschrieben werden. Von adeliger Etikette hält Leopold Ferdinand nichts, er verachtet den Adel und will seiner geliebten Schwester helfen. Der Skandal bleibt der Öffentlichkeit nicht verborgen. Das „Dresdner Journal" vom 22. Dezember 1902 berichtet: „Die Kronprinzessin hat im Zustande von krankhafter seelischer Erregung vor einigen Tagen Salzburg verlassen und sich unter Abbruch ihrer Beziehungen zu höchst ihren Verwandten nach dem Auslande begeben." Ruinöse Nachrichten über das (katholische!) Königshaus. Weil nicht sein kann, was nicht sein darf, wird das Gerücht in Umlauf gebracht, die entlaufene Prinzessin sei geistig verwirrt. Die „Deutsche Zeitung" kommentiert: „Mitleid mit der Geflohenen könnte man nur dann haben, wenn sie wirklich … geistig nicht vollständig Herrin ihrer Sinne gewesen sein sollte …" Mit dieser Mutmaßung liegt der Redakteur ganz auf der Höhe der Zeit. Ende des 19., Anfang des 20. Jahrhunderts werden Frauen, die Spaß im (fremden) Bett haben, von Wissenschaftlern als abnormal bezeichnet. „Ist das Weib geistig normal entwickelt und wohlerzogen, so ist sein sinnliches Verlangen ein geringes. Wäre dem nicht so, müsste die ganze Welt ein Bordell und Ehe und Familie undenkbar sein", urteilt 1886 Richard von Krafft-Ebing, ein damals anerkannter Psychiater.

Da bei einer Kronprinzessin „wohlerzogen" vorausgesetzt werden kann, bleibt, so schließt man messerscharf, nur die zweite Möglichkeit: Die mannstolle Luise ist nicht verrückt. Dem Kaiserhaus in Berlin ist das Liebesleben der Habsburger in der Donaumonarchie grundsätzlich suspekt. Kaiser Wilhelm II. kritisiert nicht nur die Affäre der Kronprinzessin, sondern die „Verfehlungen" der Habsburger allgemein. Der sächsische Gesandte in Berlin übermittelt, nicht ohne Genugtuung, folgenden Bericht über die Ansichten des deutschen Kaisers: „Auch die im österreichischen Kaiserhaus herrschenden Zustände, die Sucht der jungen Mitglieder, unter ihrem Stand zu heiraten, erfüllten ihn mit großer Sorge für die Zukunft der verbündeten österreichischen Monarchie."

Leopold Ferdinand Salvator, dessen Nähe und Rat Luise sucht, könnte dem Hohenzollern als abschreckendes Beispiel gedient haben. Der flotte Erzherzog muss tiefes Verständnis für die Nöte seiner schwangeren Schwester zeigen, ist er doch selbst regelmäßig in Affären verstrickt. Eine Tatsache, die dem alten Kaiser Franz Joseph I. in Wien keineswegs verborgen bleibt. Schließlich überwacht eine eigene Geheimpolizei in Wien das geschlechtliche Treiben der Mitglieder des allerhöchsten Kaiserhauses und zeichnet in den „Konfidentenberichten" ein schillerndes Sittenbild des Erzhauses. Die Bespitzelung der diversen habsburgischen Familienmitglieder hatte weniger moralische als finanzielle Gründe. Die hochadeligen Herren (und in bescheidenerem Ausmaß) auch die Damen pflegten für diverse amouröse Abenteuer und Verstrickungen hemmungslos Wechsel auszustellen, die dann diskret vom Familienfonds aufgekauft werden mussten, ehe sie eine zu weite Verbreitung und damit Öffentlichkeit fanden. Die Konfidentenberichte ermöglichten also eine gewisse finanzielle Planung.

Die toskanischen Herzogskinder, Luise und Leopold, reisen also um der Liebe willen nach Genf. Die sächsische Geheimpolizei hat ein Telegramm der Kronprinzessin an ihren Geliebten abgefangen und damit die Affäre aufgedeckt. Luise, die Mutige, tritt im wahrsten Sinne des Wortes die Flucht nach vorne an. Sie hat Angst vor dem strengen König Georg und seiner Rache. In ihrer Autobiografie „Luise von Toscana. Mein Lebensweg" berichtet die Entflohene über folgende Drohung ihres Schwiegervaters: „Luisa, deine Ansichten ... überzeugen mich immer mehr, dass du das Ideal einer Königin von Sachsen nicht erfüllen kannst. Ich bedaure nur, dass deine lächerlichen modernen Ideen mir nicht erlauben, dich für Lebenszeit einzusperren ... Zum Glück sind in unserer Zeit alle Vorsichtsmaßnahmen für Geisteskranke getroffen, und ich werde mich persönlich dafür interessieren, dass du von den Folgen deiner Handlungen bewahrt bleibst." Luise dürfe künftig mit ihren Kindern nicht mehr allein sein, da sie „sie in einem hysterischen Anfall bedrohen oder angreifen könnte." Die bevorstehende Entbindung werde auf dem „Sonnenstein" stattfinden, der, in den Worten der damaligen Zeit, eine Irrenanstalt war. „Wenn ich an das dachte, erfasste mich plötzlich Todesangst.

Nein, mein Kindchen durfte niemals in einem Narrenhaus geboren werden", wird Luise später schreiben. War also nicht das Verlangen nach einem jungen Liebhaber, sondern die Angst vor der Rache eines alten Despoten der Grund für ihre Flucht? Es spricht einiges dafür.

Die beiden Habsburger, deren Sündenfall den aktuellen Skandal ausgelöst hat, werden schon bald in Genf ausfindig gemacht. Sachsens König Georg fackelt nicht lange; die Ehre des gehörnten Sohnes und – wichtiger noch – die Ehre des Königshauses muss wieder hergestellt werden. Ein Sondergericht mit sieben Richtern soll die „Eheirrung" zwischen „Seiner Königlichen Hoheit Kronprinz Friedrich-August" und „Höchstseiner Gemahlin, Ihrer Kaiserlichen und Königlichen Hoheit der Frau Kronprinzessin Luise" bereinigen. Am Ausgang des Verfahrens kann kein Zweifel bestehen. Praktischerweise hat die „gefallene Prinzessin" dem verhassten Schwiegervater das Geständnis brieflich frei Haus geliefert: „… Um nicht den Mut zu verlieren, brauche ich nun nur noch, dass Du mir, liebster Papa, vergeben mögest, nachdem ich voll Vertrauen den schwersten Schritt meines Lebens gemacht, Dir meine Schuld offen zu gestehen!"

Am 11. Februar 1903 wird die Ehe „wegen Ehebruchs der Frau Beklagten mit dem Sprachlehrer André Giron" geschieden. Da im Urteil Giron als Scheidungsgrund genannt wird, ist es den beiden nach damaligem Recht unmöglich, zu heiraten. Friedrich August, der Unschuldige, ist allein für die Erziehung der Kinder zuständig. Und er kann die „Herausgabe" jenes Kindes verlangen, mit dem seine Ex-Frau „in der Hoffnung" ist. Außerdem hat die gewesene Kronprinzessin vorläufig keinen Nachnamen: Luise verliert durch die „Scheidung dem Bande nach" ihren ehelichen Namen, „von Sachsen". Nach deutschem Recht könnte sie nun ihren früheren Titel, also „Erzherzogin von Österreich", wieder annehmen. Ein solches Ansinnen will Kaiser Franz Joseph I. verhindern. Am 20. Januar 1903 schreibt er über die Suspendierung Luises: „Sie hat sich demnach von nun an weder der Titel einer kaiserlichen Prinzessin und Erzherzogin von Österreich, noch einer königlichen Prinzessin von Ungarn und Böhmen zu bedienen, wie sie auch nicht das ihr angestammte erzherzogliche Wappen weiter zu führen hat."

Mit dem Mädchennamen ist es also auch nichts. Da sie aber immerhin noch Mutter von Prinzen und Prinzessinnen ist, muss sie wohl im adeligen Stand gehalten werden; man verleiht ihr den Titel einer Gräfin von Montignoso. Für manche hat die sündige Prinzessin durch ihre Scheidung noch nicht genug gebüßt. Der „Allgemeine Verband tugendhafter Frauen" will „den Ausschluss Luises aus dem weiblichen Geschlecht nachdrücklich betreiben".

Vermutlich berühren diese Standes- und Titelfragen die gewesene Kronprinzessin wenig. Jedenfalls genießt sie ihre neue Freiheit und zeigt sich, wahrhaft skandalös, mit ihrem Liebhaber André Giron sogar in der Öffentlichkeit. Derweil fragen, daheim in Dresden, die Kinder nach der Mutter. Wo ist sie nur so lange? „Mutigen ist sehr krank, Mutigen kommt wohl nicht wieder", soll der gequälte Vater geantwortet haben. Ihre Ehe sieht die lebenslustige Prinzessin mittlerweile in einem recht abgeklärten Licht: „Mein Mann ist immer gut zu mir gewesen. In seiner Weise freilich, und er kann wahrhaftig nichts dafür, dass diese Art für mich verletzend und kaum erträglich ist. Seine Zärtlichkeit ist mir zu unbeholfen, zu linkisch derb und in ihrer absoluten Ungeniertheit qualvoll", sagt Luise einem Redakteur der Wiener Zeitung „Die Zeit" am 2. Januar 1903. Die mehrfache Mutter ist für den feurigen André Giron entbrannt – ein Strohfeuer. Denn schon vor der Scheidung vom Kronprinzen trennt sich Luise vom Eventualvater ihres jüngsten Kindes. Anna Monica Pia erblickt am 4. Mai 1903 in Lindau das Licht der Welt. Der sächsische Hof spendiert eine Kinderwäsche-Ausstattung. Und er schickt den Direktor der Dresdner Geburtsklinik aus, um das Neugeborene zu untersuchen. Es geht nicht um die Gesundheit, sondern um die Abstammung der kleinen Anna. Hundert Jahre vor dem Zeitalter der DNA-Analyse muss man sich auf Augenscheinliches verlassen:

Der sächsische Arzt misst und vergleicht und kommt zu dem Ergebnis, dass „aufgrund der hellen Farbe von Augen und Haaren sowie ihres ganzen Aussehens ausgesprochen auf Kronprinz Friedrich-August als Vater des Kindes" zu schließen sei. Der Kronprinz erkennt die Kleine als seine Tochter an.

Für Luise hat dieses Anerkenntnis weitreichende Konsequenzen: Zwar gesteht ihr König Georg eine Apanage zu, verlangt aber im Gegenzug, dass Anna gemeinsam mit ihren Geschwistern am sächsischen Hof erzogen werden soll. Die Stimmung der nunmehr sechsfachen Mutter ist nach der Geburt durchaus reuevoll: „Ihr Vater war nicht da, um sie wie die anderen kleinen Geschwister zu küssen und zu liebkosen."

Ihre fünf in Dresden zurückgelassenen Kinder hat die lebenslustige Mutter seit ihrer Flucht im Dezember 1902 nicht mehr gesehen. Kurz vor Weihnachten 1904 will Luise ihre ehemalige Familie kurzerhand überrumpeln: Sie reist nach Dresden, um die Prinzen und Prinzessinnen im Palast zu besuchen, doch die Polizei verweigert ihr den Zutritt.

Die Affäre ist längst zum internationalen Skandal und zu einem Politikum geworden. Schmähschriften aus dem konservativen Eck versuchen, aus der selbstbewussten Frau eine Kranke, eine Verrückte zu machen. Die Sozialdemokraten in Sachsen stilisieren den Kampf einer Frau um ihre Freiheit als Angriff auf eine verrottete Gesellschaftsordnung. Bei den Reichstagswahlen 1903 ist Luise ein wichtiges Thema. Die sächsische SPD gewinnt massiv und erreicht 59 Prozent der Stimmen. Die Rolle der Frau, ihr Recht auf Selbstbestimmung ist zur politischen Fahnenfrage geworden.

Ihre Tränen wird vermutlich der neue Mann an ihrer Seite, Conte Carlo Guicciardi, getrocknet haben. Der Geliebte ist noch weniger standesgemäß als der ursprüngliche Scheidungsgrund, der schöne André Giron. Der Italo-Lover ist, wenn auch getrennt lebend, verheiratet und wie einem Bericht der österreichischen Botschaft in Rom zu entnehmen ist, ein „von Wein und Tabakdünsten erfüllter campagnard (Bauerntölpel)". Seit Friedrich August hat Luise – so scheint es – genug von blonden, braven Männern. Entsetzt vom weiteren gesellschaftlichen Abstieg seiner vormaligen Gattin will Friedrich August, der mittlerweile zum König aufgerückt ist, die kleine Anna Monica Pia endgültig vor dem schädlichen Einfluss ihrer Mutter schützen und nach Dresden holen. Luise lässt sich schließlich in einem zwischen ihr und dem sächsischen König geschlossenen Vertrag ihre mütterlichen Gefühle gegen eine Erhöhung der Apanage abkaufen. Es hat eben alles einen Preis.

Die kleine Prinzessin soll nach Dresden gebracht werden. Allerdings zögert Luise die Übergabe hinaus, und so schickt der König diverse Damen der Gesellschaft, um das Kind in seine Obhut zu bringen. Die erste Abgesandte kann Luise mit einem Gewehr in die Flucht schlagen. Die zweite weiß, was sie erwartet. Erzieherin Ida Kremer erinnert sich: „Ich sollte in die Löwengrube steigen, um der Löwin ihr Jüngstes zu entführen." Auch diese Emissärin kehrt unverrichteter Dinge zurück; Prinzessin Anna Monica Pia bleibt bei ihrer Mutter. Vorerst.

Der Conte kann sich nicht lange in der Zuneigung der gewesenen Kronprinzessin sonnen, er wird von einem musikalischen Landsmann abgelöst: 1907 heiratet Luise den zwölf Jahre jüngeren Komponisten Enrico Toselli. Jetzt muss sie die mittlerweile fünfjährige Tochter endgültig herausgeben.

Die Geburt ihres Sohnes Carlo Emanuele Filiberto im darauffolgenden Jahr hat sie möglicherweise ein wenig über den Verlust hinweggetröstet. Die Beziehung retten kann auch das gemeinsame Kind nicht. Als die Ehe 1912 wegen „Verschwendungssucht und gemeiner Schimpfereien" geschieden wird, bleibt der Sohn beim Vater. Nach der Scheidung kauft ihr Onkel Ludwig Salvator, der als „König von Mallorca" sein kleines Gartenreich pflegt, einen bescheidenen Titel: Comtesse d'Ysette. Luise, die sieben Kinder geboren hat, lebt fortan allein. Sie stirbt 1947 in Brüssel in einem eher schäbigen Hotel, die letzten Lebensjahre soll sich die Erzherzogin und Kronprinzessin als Blumenfrau über Wasser gehalten haben. Der unterstellte Männerverschleiß animierte den bayerischen Satiriker Karl Valentin zu einem Couplet und Wissenschaftler zu scheinbar ernsthaften Abhandlungen. Eine davon trug den nicht gerade wertfreien Titel: „Das hysterische Weib in Familie und Gesellschaft – ärztlich-psychologische Betrachtungen zum Falle der Kronprinzessin von Sachsen."

*

Erika Bestenreiner, Luise von Toskana. Skandal am Königshof, München 2000.
Luise von Toscana, Mein Lebensweg, Dresden 2001.
Sabine Fellner/Katrin Unterreiner, Frühere Verhältnisse, Wien 2010.
Robert Seydel, Die Seitensprünge der Habsburger, Wien 2005.
Ida Kremer, Im Kampfe um ein Königskind: Anna Monica Pia, Herzogin zu Sachsen. Meine Erlebnisse als Erzieherin im Hause der Gräfin Montignoso, Dresden 1907.

http://www.sachsen.de/de/bf/verwaltung/archivverwaltung/v2/archive/dresden/4986_3132353638.htm
http://anno.onb.ac.at/cgicontent/anno?apm=0&aid=ibn&datum=19021227&zoom=2

Alma Mahler und Oskar Kokoschka
Die Muse und der Maler

Der Mann schwankt ein wenig. Es war eine lange Nacht, der Alkohol ist in Strömen geflossen. Oskar Kokoschka ist betrunken. Er versucht, seine Gedanken zu sammeln. Sein Blick wird klarer. Es ist so weit. Die Abschiedsfeier ist vorüber. Mit Musik und Champagner, es wäre ganz nach ihrem Geschmack gewesen. Jetzt, endlich, wird er sich von ihr befreien, der Verzweiflung ein Ende setzen. Sein Blick fällt zu Boden. Dort liegt sie. Wo sie hingehört, im Dreck. Er genießt es. Alma wird keine Macht mehr über ihn haben, nicht mehr. Das teure Pariser Kleid ist mit roten Flecken übersät. Es ist vorbei, endgültig.

Am nächsten Morgen entdeckt der Postmann vor dem „Pavillon J" im Großen Garten von Dresden einen scheinbar blutüberströmten Frauen-Torso. Der schreckhafte Briefträger ruft die Polizei, ein Schutzmann kommt, lacht. Keine Leiche, eine lebensgroße Puppe, ohne Kopf, liegt im Garten. Der verkaterte Maler wird wegen Erregung öffentlichen Ärgernisses notiert. Eine große Liebe in Wien endet als „besoffene" Geschichte in Dresden. „In Kokoschkas Wohnraum, auf dem Sofa, hinter dem runden Tisch, saß lebensgroß, schimmernd weiß, gekrönt von kastanienbraunem Haar, einen blauen Mantel um die Schulter, die Puppe, der Fetisch, die künstliche Frau, die ideale Geliebte, das ideale Modell." So schildert ein Besucher Kokoschkas die ungewöhnliche Erscheinung im Atelier des Künstlers.

Während seines Aufenthalts in Dresden, wohin Kokoschka zur Genesung nach seiner Kriegsverwundung gekommen war und wo er ab August 1919 an der Kunstakademie lehrte, versuchte er den Verlust Almas durch den Besitz einer originalgetreuen Puppe zu kompensieren. Die Wiener Puppenmacherin Wilhelmine Moos musste dem Maler aufgrund genauer Anweisungen einen lebensgroßen Fetisch gestalten. Kokoschka hat genaue Vorstellungen vom Objekt seiner Begierde und gibt präzise Anweisungen. So schreibt er an Frau Moos: „Sehr neugierig bin ich auf die Wattierung, auf meiner Zeichnung habe ich die mir wichtigen Flächen, entstehenden Gruben, Falten etwas schematisch angedeutet." Die lebensgroße Marionette, die nicht widersprechen, sich nicht widersetzen kann, soll die verlorene Geliebte wiederbringen. Wie verzweifelt muss ein Mann sein, um eine Frau durch ein lebloses Objekt aus Watte und Stoff ersetzen zu wollen? Oskar Kokoschka hat nicht nur das Ziel und die Erfüllung seiner sexuellen Begierde, sondern auch und vor allem den Impuls seines künstlerischen Schaffens verloren.

Kokoschka und sein Dienstmädchen Hulda, das er „Reserl" nennt und die ihn sklavisch verehrt, inszenieren mit der nackten Stoff-„Alma" Spiele. Die „stille Frau" wird zu einer Mitbewohnerin des seltsamen Paares im „Pavillon J" des Großen Gartens. Dort war Kokoschka als Untermieter des Direktors der Dresdner Gemäldegalerie, Hans Posse, untergekommen. Verzweifelt schreibt er: „Liebes Almi, ... Ich konnte die Stadt nicht mehr leiden, in der ich mit Dir gelebt hatte, und jetzt habe ich alle Ansprüche an Dein Herz aufgegeben, ohne, was mir Gott gegeben hat, mir ganz aus dem Sinn schlagen zu müssen." Doch die Angebetete bleibt ungerührt: „Oskar Kokoschka ist mir ein fremder Schatten geworden ... nichts interessiert mich mehr an seinem Leben. Und ich habe ihn doch geliebt!", notiert Alma Mahler in ihrem Tagebuch.

Reserl, Kokoschkas sächsische Kammerzofe, hat Mitleid mit dem „Rittmeister", wie sie ihn ehrfürchtig nennt. Nur zu gerne ist das „hübsche, junge Ding" bereit, ihrem Herrn Ablenkung zu verschaffen. Als Kokoschka nach einer durchmalten Nacht baden möchte, erscheint ihm eine höchst fleischliche Wassernixe: „Durch das Kellerfenster fiel Mondlicht ein, und da tauchte zu meiner

Überraschung wie Undine im Märchen, Reserl aus dem Wasser auf. Mit herausfordernder Nachlässigkeit sagte sie, sie wollte mir bloß helfen, die Gedanken an den Toten zu vergessen. Ihre Aufgabe wäre doch, Kammerzofe meiner Puppe zu sein, die zu meiner Lebensgefährtin bestimmt sei. Ihr gesunder Menschenverstand jedoch sage ihr, dass mir dann die Wärme im Bett fehlen würde", erzählt der Meister in seiner Autobiografie „Mein Leben".

Doch Oskar Kokoschka bleibt auf die Verflossene und ihre Kopie fixiert. Da sich die Puppe als für nächtliche Eskapaden völlig ungeeignet erweist, mutiert sie zum Modell. Er zeichnet und malt das willen- und seelenlose Geschöpf unzählige Male. Das eindrucksvollste Zeugnis dieser Obsession ist das Bild „Frau in Blau". Es entsteht 1919 und zeigt eine blau gekleidete Puppe auf einem Sofa. Das – ein wenig – plumpe Objekt kann die Verzweiflung des exzentrischen Malers nicht lindern. Schließlich wird er ihrer überdrüssig und setzt einen „gewaltsamen" Befreiungsschlag: Kokoschka und Reserl zerstören das „missratene Idol der Alma Mahler" im Rahmen eines feuchtfröhlichen Gelages. Der Kopf wird abgetrennt, der Puppen-Torso mit Rotwein besudelt. „… An jenem Abend hab' ich die Alma ermordet", notiert Kokoschka.

Die Dresdner Müllabfuhr entsorgt den Traum der Wiederkehr einer Geliebten. Trotz aller symbolischen Trennungsrituale bleibt Kokoschka der „echten" Alma verbunden. Das Ende einer großen Liebe. Es ist symptomatisch für die Beziehung selbst: animalisch, zügellos, obsessiv. „Niemals zuvor habe ich so viel Krampf, so viel Hölle, so viel Paradies gekostet", wird Alma Mahler später in ihrer Biografie schreiben. Am Anfang steht eine scheinbar grenzenlose Bewunderung des Künstlers für die Frau, die er malen soll. Almas Stiefvater Carl Moll gehört zu den Förderern des jungen Expressionisten und beauftragt ihn mit einem Porträt seiner Stieftochter. Während eines Abendessens verliebt sich Kokoschka in die Witwe Gustav Mahlers: „Wie schön sie war, wie verführerisch hinter ihrem Trauerschleier! Ich war verzaubert von ihr! Und ich hatte den Eindruck, dass ich ihr auch nicht ganz einerlei war. Nach dem Abendessen hat sie mich sogar beim Arm genommen und mich in ein Nebenzimmer gezogen, wo sie sich hinsetzte und mir am Klavier den ‚Liebestod' vorspielte."

Bald darauf hält Alma „den schönsten Liebes- und Werbebrief" in Händen. „Meine gute Freundin: … Ich weiß, dass ich verloren bin, wenn ich meine jetzige Lebensunklarheit weiter behalte; ich weiß, dass ich so meine Fähigkeiten verlieren werde, die ich auf ein außer mir liegendes, Ihnen und mir heiliges Ziel wenden sollte."

Unbewusst trifft der junge Maler mit diesen Worten die Triebfeder, die Alma Mahler intime Beziehungen zu (vielen) Künstlern eingehen lässt. Sie sucht nicht nach Schönheit, Jugend, Reichtum oder Sicherheit. Sie sucht nach Macht. Macht, die sie über die Männer gewinnt, weil sie unverzichtbarer Bestandteil ihrer Kunst wird.

52 Jahre nach Oskar Kokoschkas erstem Liebesbrief – es sollten 400 weitere folgen – schreibt Friedrich Torberg in seinem Nachruf auf Alma Mahler: „Wenn sie von jemandes Talent überzeugt war, ließ sie für dessen Inhaber – mit einer oft an Brutalität grenzenden Energie – gar keinen anderen Weg mehr offen als den der Erfüllung."

Schon in jungen Jahren urteilt Alma mit großer Selbstsicherheit über Künstler. Und behält fast immer recht. „Oskar Kokoschka ist ein Genie! Dass er die Vollkommenheit seines Genies erreichen wird, dessen bin ich gewiss. Ich liebte dieses Genie und das ungezogene störrische Kind in ihm. Es wäre schön gewesen, wenn er mir das geglaubt hätte. So aber jagten seine Eifersucht und sein Misstrauen unsere Bindung zu Tode". Die stürmische Liebe wird von quälender Eifersucht überschattet. Nach einem Besuch bei der Geliebten geht Kokoschka nicht nach Hause, sondern patrouilliert vor ihrem Haus, um den etwaigen Besuch eines anderen Verehrers zu verhindern. Später wird Alma notieren,

Kokoschka sei „über sie zu Gericht gesessen": „Niemand durfte ich ansehen, mit niemandem sprechen. Er beleidigte alle meine Besucher und lauerte überall auf. Die Kleider mussten an Hals und Arm geschlossen sein; mit gekreuzten Beinen durfte ich nicht sitzen ... es grenzte ans Absurde." Vergeblich versucht Kokoschka, die Angebetete zur Hochzeit zu überreden. Alma flüchtet sich in lange Reisen ins böhmische Franzensbad, dessen Moorbädern wohltuende Wirkung bei „Frauenleiden" zugeschrieben werden, und in das mondäne Scheveningen an der Nordsee. „Ich versprach ihm, zurückzukommen und ihn sofort zu heiraten, wenn er ein Meisterwerk geschaffen habe. Und er malte das Meisterwerk – das Bild ‚Die Windsbraut' ...", hält die Widerspenstige mit sichtlicher Genugtuung fest.

„Die Windsbraut" (1915) ist eine Hommage an die Liebe zwischen Alma Mahler und Oskar Kokoschka. Es zeigt die Liebenden als Schiffbrüchige in einem kleinen Boot auf hoher See. Kokoschka malt sich selbst mit geöffneten Augen, er starrt schlaflos in die Nacht, während sich Alma zärtlich und entspannt an ihn kuschelt. Um sie herum tobt das aufgewühlte Meer. Selbst das Abbild Oskar Kokoschkas muss aufmerksam über Alma wachen. Das Paar droht im Sturm der Leidenschaft und Eifersucht unterzugehen. Wie stürmisch die See, die Leidenschaft und diese Affäre waren, ist im Kunstmuseum Basel zu besichtigen. Georg Trakl, der zur Zeit der Entstehung des Gemäldes den Maler fast täglich besuchte, interpretiert Kokoschkas wohl berühmtestes Gemälde im Gedicht „Die Nacht": „Golden lodern die Feuer der Völker rings. Über schwärzliche Klippen stürzt todestrunken die erglühende Windsbraut." Im stürmischen Verlauf dieser Affäre entstehen mehr als 400 Bilder, die einen Bezug zu Alma Mahler haben. Für ihr Haus, die „Villa Mahler" in Breitenstein am Semmering, malt Kokoschka ein vier Meter hohes Fresko, das die Flammen des Kamins weiterführt. Auch dieses Werk ist symbolträchtig: Alma zeigt zum Himmel, während er in der Hölle stehend von Tod und Schlangen umwuchert scheint.

Im Mai 1911 in Wien begegnen einander der 25-jährige Oskar Kokoschka und Alma Mahler. Zwei exzentrische, narzisstische Persönlichkeiten verlieben sich ineinander: Oskar, der mittellose Künstler, und die um sieben Jahre ältere Alma, Dame aus der bürgerlichen Kunstszene. Alma wird Oskars Modell, seine Geliebte und Muse. Oskar malt nur mehr sie. Er glaubt, ohne sie nicht mehr leben zu können. Bereits 1912 wird Alma schwanger, lässt das gemeinsame Kind jedoch abtreiben. Wie sehr Oskar Kokoschka darunter leidet, zeigen die Bilder „Alma Mahler mit Kind und Tod" und „Alma Mahler spinnt mit Kokoschkas Gedärmen". Beide Studien sind 1913 entstanden und heute in der Sammlung Essl in Klosterneuburg zu sehen.

Die Beziehung kühlt immer mehr ab. Am 6. März 1914 schreibt Oskar Kokoschka: „Almi, man kann nicht nach Belieben einmal töricht und einmal weise sein. Man verliert sonst beide Glücksmöglichkeiten. Und Du wirst eine Sphinx, die nicht leben noch sterben kann, aber den Mann umbringt, der sie liebt und der zu moralisch ist, diese Liebe zurückzunehmen oder zu betrügen für sein Wohl."

Tatsächlich beendet ist das Verhältnis erst, als sich Kokoschka nach Ausbruch des Ersten Weltkrieges freiwillig an die Front meldet. Wobei das Wort „freiwillig" die Tatsachen nicht korrekt beschreibt. Vier Monate nach Kriegsausbruch erfuhr der Künstler von seiner drohenden Einberufung. Dem wollte er zuvorkommen und durch eine „freiwillige" Meldung eine bessere Dienstverwendung erreichen. Alma Mahlers Tochter Anna liefert eine andere Deutung der Geschichte, die ein weniger schmeichelhaftes Licht auf ihre Mutter wirft: „Die Alma hat den Kokoschka so lange einen Feigling genannt, bis er sich schließlich ‚freiwillig' zum Kriegsdienst gemeldet hat. Kokoschka wollte keinesfalls in den Krieg, sie aber hatte schon genug von ihm, er war ihr schon zu anstrengend geworden."

Für den Eintritt in das Dragonerregiment Nr. 15, dem vornehmsten Reiter-Regiment der österreichisch-ungarischen Monarchie, benötigt er ein Pferd. Das Geld dafür kann er aus dem Verkauf der „Windsbraut" aufbringen. 1915 wird der Maler schwer verwundet; in Wien glaubt man an seinen Tod. Alma Mahler geht in sein Atelier und holt ihre Briefe und einige Skizzen und Zeichnungen. Mittlerweile ist sie mit dem deutschen Architekten Walter Gropius verheiratet, der ebenfalls an der Front kämpft.

Während der Ex-Geliebte, der Ehemann und Millionen andere Männer Krieg führen, baut Alma Mahler ihr gesellschaftliches Leben aus: In ihrem Wiener Salon in der Elisabethstraße gehen zahlreiche Künstler ein und aus. Die Witwe Gustav Mahlers hält Hof. Die weltgewandte Dame, die auch mit anderen Qualitäten lockt, fasziniert die Männer. Und Alma genießt ihre Wirkung. Ihr späterer dritter Ehemann, der Dichter Franz Werfel, schreibt 1918 in sein Tagebuch: „Sie gehört zu den ganz wenigen Zauberfrauen, die es gibt. Sie lebt in einer lichten (blonden) Magie, in der viel Vernichtungswille lebt, Trieb zu unterwerfen, aber das alles wolkig, feucht …"

Drei Ehemänner, zahllose Geliebte, vier Kinder, elf Abtreibungen. Was für eine Frau ist Alma Mahler? Eine Maßlose? Eine Getriebene? Albrecht Joseph beschreibt seine Schwiegermutter: „Sie wollte geliebt werden, um Macht über ihre Verehrer zu gewinnen. Sie strebte nicht nach greifbarer Macht, offizieller Stellung, war nicht einmal geldgierig und hatte wohl viel weniger Affären, als gemeinhin angenommen wird. Sie wollte nur, dass die, denen sie gnädig war, Wachs in ihren Händen wurden." Die vielfach Angebetete ist auch selbst großer Gefühle fähig. 1919 schreibt sie in ihr Tagebuch: „Alles ist gleichzeitig. Ich kann keinen verneinen. Gustav Mahler, Oskar Kokoschka, Gropius … alles war und ist wahr!"

Oskar Kokoschka hat seine Lebensliebe nie vergessen. Anlässlich ihres 70. Geburtstages schreibt er an Alma Mahler: „Seit dem Mittelalter hat es nichts Gleichartiges gegeben, denn kein Liebespaar hat je so leidenschaftlich in sich hineingeatmet." Zum Fest werden Bekannte und Freunde der Grand Dame gebeten, jeweils ein Blatt Papier zu gestalten. Zu den 77 Gratulanten zählen unter anderem Walter Gropius, Heinrich und Thomas Mann, Carl Zuckmayer, Lion Feuchtwanger, Benjamin Britten, ihr ehemaliger Schwiegersohn Ernst Krenek, Igor Strawinsky, der österreichische Bundeskanzler Kurt von Schuschnigg und Oskar Kokoschka. Das Kompendium bestätigt das Lebenswerk der Muse:

„Mein Leben war schön. Gott vergönnte mir, die genialen Werke in unserer Zeit zu kennen, ehe sie die Hände ihrer Schöpfer verließen. Und wenn ich für eine Weile die Steigbügel dieser Ritter des Lichts halten durfte, so ist mein Dasein gerechtfertigt und gesegnet."

Alma Mahler-Werfel stirbt 1964 im Alter von 85 Jahren in New York, wohin sie mit Franz Werfel emigriert war.

*

Albrecht Joseph, Alma Mahler-Werfel, Kokoschka, der Schauspieler George, Bonn: Weidle-Verlage. (unveröffentlichtes Originalmanuskript).

Hilde Berger, Ob es Hass ist, solche Liebe? Oskar Kokoschka und Alma Mahler, Wien 1999.

Oskar Kokoschka, Mein Leben, Wien 2007.

Alma Mahler-Werfel, Mein Leben, Frankfurt am Main 1960.

Alfred Weidinger, Kokoschka und Alma Mahler, München u. a. 1996.

Hendrik Bärnighausen/Viktoria Wuchrer, Der Kunsthändler Hermann Holst, der Galeriedirektor Hans Posse und der Maler Oskar Kokoschka als Bewohner des „Pavillons J" im Großen Garten in Dresden, in: Staatliche Schlösser, Burgen und Gärten Sachsens, Jahrbuch 14, Dresden 2007.

www.alma-mahler.at

http://www.almamahler.com/archiv_semmering_deutsch/info_semmering/alma_und_der_semmering.html

http://de.wikipedia.org/wiki/Alma_Mahler-Werfel

http://www.textlog.de/17589.html

Gabriele D'Annunzio und Eleonora Duse
„Ich bereue es so! So sehr.“

Wiener Schriftsteller von Karl Kraus bis Hermann Bahr waren von der italienischen Schauspielerin Eleonora Duse anfangs nur mäßig begeistert. Karl Kraus schrieb 1923 in der „Fackel“: „Die Duse ist auf der Bühne ein großer Mensch und im Alltag eine kleine Frau.“ Und Hermann Bahr beschrieb die italienische Schauspielerin so: „Die Duse gilt den Italienern heute für die größte Tragödin. Ihr Ruhm ist allen geläufig. Keine andere darf man mit ihr vergleichen … Wenn man das oft gehört oder gelesen hat, dann ist man von ihrem ersten Bilde oder bei ihrer ersten Begegnung bitter enttäuscht. Sie ist klein, sie ist plump und ihren trägen Gebärden fehlt die Anmut. Ihre Augen sind groß und schön, aber wehmütig und verzagt. Die Nase ist klein und stumpf. Die Wangen hängen schlaff herab ohne einen persönlichen Zug … Man muss die Duse erst auf der Bühne sehen. Da ist sie schön. Sie ist da auch hässlich. Sie ist groß und sie ist klein, sie ist jung und sie ist alt, sie ist plump wie eine lombardische Bäuerin und sie ist nervös wie eine Pariser Cocotte – sie ist, was ihre Rolle jedes Mal ist. Das macht den unvergleichlichen Zauber.“

Hermann Bahr begründet als Theaterkritiker für die „Frankfurter Zeitung“ mit einer hymnischen Eloge den Ruhm der Duse in Mitteleuropa. Der österreichische Schriftsteller und der Schauspieler Josef Kainz werden im Winter 1891 in der Hauptstadt des Zarenreichs, Sankt Petersburg, auf die Italienerin aufmerksam. Auf Bahrs Lobeshymne in der „Frankfurter Zeitung“ hin engagiert ein Wiener Theateragent die Italienerin.

Sie erhält Rollenangebote für Wien und spielt in italienischer Sprache die „Kameliendame" für vier Vorstellungen im Carltheater. Hermann Bahr verfasst für das Programmheft eine „einleitende Studie". Die italienische Schauspielerin zählt zu diesem Zeitpunkt längst zu den größten Stars ihres Gewerbes. „Die Duse" ist zum Markenzeichen geworden. In ihrem Heimatland Italien wird sie buchstäblich vergöttert. Sie prägt im Kontrast zur Schauspiel-Legende Sarah Bernhardt einen neuen, einen modernen Stil des Theaters – ohne übertriebene Gesten, ohne pathetisches Deklamieren, oft kaum geschminkt.

Es ist geradezu unvermeidlich, dass sich die Lebenswege der großen Schauspielerin und des größenwahnsinnigen Dichters Gabriele D'Annunzio kreuzen und über einige Jahre parallel führen. Beide sind Idole einer schwärmerisch romantischen, nationalistischen Zeit. Italien taucht in einen Rausch des Patriotismus ein, der über die Blutbäder des Ersten Weltkriegs im Faschismus Mussolinis seinen Höhepunkt und sein Ende findet. Die „Duse" – so ihr Markenname – wird eigentlich noch in der österreichischen Lombardei geboren. Ihre Eltern geben ihr Theaterblut mit. Vater und Mutter sind beide Wanderkomödianten. Die Truppe tritt auf Marktplätzen und in Wirtshäusern auf, oft bloß für Kost und Logis. Alessandro Vincenzo Duse leitet eine dieser wandernden Schauspielgruppen, die sich aus Goldonis Zeiten irgendwie ans Ende des 19. Jahrhunderts gerettet haben: Handlungsreisende der leichten Muse. Menschen, die Spaß und ein bisschen Kultur in den oft tristen Alltag der „kleinen", meist armen Leute Italiens bringen.

Eleonora wird von ihrer Mutter in einem schäbigen Hotel in Vigevano geboren. Es nennt sich „Zur goldenen Kanone". Schon die Geburt ist ein Zeichen. Eleonora Giulia Amalia wird zeit ihres Lebens unterwegs sein, anfangs in schäbigen Zimmern, später im Luxus, selten findet sie ein Zuhause, am ehesten noch auf ihrem Alterssitz im mittelalterlichen Asolo. In diesem Städtchen, das die oberitalienische Ebene überwacht, wohin die Reichen aus Venedig in die Hügel Venetiens entfliehen, wenn der Sommer heiß, die Lagune stickig, das Leben am Meer unerträglich wird, findet sie späte Ruhe – ewige Ruhe.

Bereits als Vierjährige musste sie Rollen übernehmen, wie die „Cosette" in einer Dramatisierung von Victor Hugos Roman „Les Misérables". Sie lebt wie ein Zirkuskind, wächst mit dem Schauspiel auf. Alles, was sie lernt, lernt sie im Spiel. Sie mimt leidenschaftlich liebende Frauen, obwohl sie kaum versteht, welche Texte sie nachspricht. Mit nicht einmal 15 Jahren spielt sie in der Arena von Verona die Julia in Shakespeares Liebesdrama „Romeo und Julia". Es ist eine Art Erweckungserlebnis. Eleonora fühlt sich berauscht vom Stück, vom Erleben der großen Bühne, der vielen Menschen. Sie spielt nicht, sie lebt die Rolle. Es ist eine Wende in der Theatergeschichte. Später wird das natürliche Spiel der Duse, das mit allen Konventionen des aufgesetzten Pathos, des Deklamierens, der überzeichneten Gefühle bricht, als Vorstufe eines neuen Schauspielstils bewertet werden. In New York wirkt Lee Strasberg mit seinem „Actors Studio" und seinem Stil des „Method Acting" 60 Jahre später stilbildend. An jenem Abend in Verona hat die 14-jährige Duse einen ersten Schritt in eine neue Welt des Schauspiels gemacht. Sie irrt nach dem Schlussapplaus stundenlang durch die Stadt, weil sie sich verloren hat.

Dieter Wunderlich zitiert in seiner Biografie einen Brief der Duse: „Nach den Regeln muss man in bestimmten Situationen die Stimme erheben, sich übertrieben benehmen. Doch, wenn ich heftige Leidenschaft ausdrücken muss, wenn ich von Freude oder Leid ganz ergriffen bin, werde ich oft stumm, und auf der Bühne spreche ich leise, flüstere kaum." Diese neue „moderne" Art der Darstellung irritierte auch ihre Kritiker, und so rechtfertigte sie ihre Art zu spielen in zahlreichen Briefen. In einem Schreiben an den Theaterkritiker Icilio Polese Santarnecchi beklagt sie: „Glaubt Ihr, dass man über Kunst sprechen kann? Es wäre dasselbe, wie wenn man die Liebe erklären wollte ... Es gibt so viele Arten zu lieben und es gibt ebenso viele Offenbarungen der Kunst. Es gibt die Liebe, die erhebt und zum Guten führt: Und es gibt die Liebe, die jeden Willen, jede Kraft, jede Bewegung des Verstandes lähmt. Mir scheint, diese ist die wahrste, aber sicherlich auch die verhängnisvollste … Wer vorgibt, Kunst zu lehren, versteht rein gar nichts von ihr."

Eleonora Duse hat als Schauspielerin tausende, vielleicht hunderttausende Menschen berührt – sie selbst sucht das Glück ein Leben lang und wird es immer nur für kurze Zeitspannen finden. Das deutsche Nachrichtenmagazin „Der Spiegel" schreibt über das Jahrhundertphänomen in einer Titelgeschichte 23 Jahre nach ihrem Tod im fernen Pittsburgh: „In Eleonoras Gesicht hatte damals schon der Schmerz seine sichtbaren Spuren gezeichnet. Vor dreizehn Jahren hatte Martino Cafiero, der glänzende italienische Journalist, sie verlassen. In Marina di Pisa hatte sie ihr Kind begraben. Ihre Ehe mit Tebaldo Checchi, den nicht mehr als durchschnittlichen, aber intelligenten, taktvollen Kollegen, war um des Schauspielers Flavio Andò willen geschieden worden. Die Begegnung mit Andò war kurz ‚wie ein Frühlingsmorgen' gewesen. Arrigo Boito, Repräsentant des italienischen Romantizismus, Dichter und Komponist, ein vornehm denkender und empfindender Mann von zarter Güte, wurde ihr ein geliebter Freund." Doch die Verbindung hat nicht auf Dauer Bestand. Duses Freundin Olga Signorelli schreibt: „Eleonora versteht und sieht ein, doch sie kann es nicht länger ertragen, dass ihr Herz langsam sickernd in Sehnsucht sich verblutet". Sie trennte sich auch von Boito.

Und dann trifft die größte italienische Schauspielerin, ein Idol ihrer Zeit, ein Symbol Italiens, den Dichter Gabriele D'Annunzio. Er ist ein eleganter, eitler, selbstverliebter Mann mit exzentrischem Lebensstil. Er schwelgt im nationalistischen Pathos und inszeniert sich und sein Leben zu einem Gesamtkunstwerk. Der Sohn eines vermögenden Bauern hatte schon in frühen Jahren seinen eigentlichen Namen Francesco Rapagnetta („Kleine Rübe") offiziell ändern lassen. Für eine exzentrische Künstlerkarriere mit Frauenbegleitung schien dem jungen Francesco ein „Gabriele D'Annunzio" doch tauglicher zu sein.

Die Duse und D'Annunzio müssen sich ineinander verlieben. Leidenschaft und Kunst vereinigen sich zu einer Affäre, die wie ein Roman beginnt und in tiefer Frustration und Enttäuschung ausläuft. Gabriele D'Annunzio wird sich auch über Eleonora Duse erheben, ohne an ihre Größe heranzureichen. Er nennt sie „O Grande amatrice", als er ihr 1888 zwischen zwei Akten der „Kameliendame" im römischen Teatro Valle zum ersten Mal vorgestellt wird. Olga Signorelli beschreibt in ihrem biografischen Vermächtnis die Szene: „Sie ist noch in Tränen, von der Aufführung erregt, und steht mit der Stirn gegen eine Tür gelehnt, um ihre Ergriffenheit zu verbergen, als D'Annunzio sie sieht. ‚O große Liebende!' begrüßt er sie. Doch sie schenkt dem blonden Jüngling, der sich lächelnd vor ihr verneigt, kaum einen Blick." Sie ist ein Star, Gabriele D'Annunzio ein junger Dichter, der gerade in den römischen Salons seinen beginnenden Ruhm genießt. Die Rollen von Schmeichlern und schmachtenden Verehrern sind im Leben von Eleonora Duse mehrfach besetzt. Die reife Schauspielerin ist in diesen Tagen mit ihrem Kollegen Flavio Andò liiert – eine Liebesaffäre und Arbeitsbeziehung. Doch D'Annunzio wird sich wieder ins Spiel bringen. Sieben Jahre später, wenige Tage vor ihrem 37. Geburtstag, begegnen die beiden einander in Venedig (wo könnte es anders gewesen sein?). Olga Signorelli beschreibt das Zusammentreffen: „Bei einem ihrer flüchtigen Aufenthalte in Venedig geht sie nach schlafloser Nacht früh am Morgen aus und stößt auf Gabriele D'Annunzio, der einer Gondel entsteigt. Sie sprechen von Kunst, Theater und Dichtung … Ohne Worte wird zwischen ihren Herzen ein stummer Pakt geschlossen."

Die Schauspielerin hat in der Lagunenstadt ein Stockwerk im Palazzo Wolkow gemietet, in der Hoffnung, dort Ruhe zu finden, einen Ankerplatz für ein unstetes Leben. Doch auch diese romantische Vision, der Liebe einen passenden Ort zu geben, scheitert.

Wenige Wochen nach ihrer Wiederbegegnung mit D'Annunzio (andere Versionen lassen die Duse und D'Annunzio auf einem Ball miteinander tanzen) schifft sich die Duse neuerlich ein. Von Liverpool aus überquert sie den Atlantik. Sie hat Verträge für 60 Vorstellungen in New York, Boston, Washington und Philadelphia unterschrieben. Das (viele) Geld soll einen künstlerischen Traum finanzieren. Die Schauspielerin fühlt sich in der Neuen Welt unwohl, es ist nicht ihre Welt: „Als ich nach einer stürmischen Überfahrt diese große Stadt sah, nur Räder, nur Fahrzeuge, nur Läden, nur seltsame Gebäude, nur Riesenreklamen, nur Lärm und Getöse ohne den Schimmer der Kunst, ohne einen Ruhepunkt für Auge und Geist, da überkam mich der Gedanke, gleich nach Italien zurückzukehren. Ich besiegte die erste Regung und blieb, aber eine unerklärliche Traurigkeit hat mich stets bedrückt."

Als sie aus Amerika zurückkehrt, erbittet sie von D'Annunzio ein Stück. Für sie geschrieben, von ihr gespielt: „Die tote Stadt". Der um fünf Jahre jüngere Dichter ist der Star der Salons, modisch gekleidet, charmant, seine blauen Augen sollen hypnotische Kraft ausgestrahlt haben. Eleonora lässt sich mitreißen in den Strudel des dichterischen Überschwangs. Sie träumt von einem eigenen Theater am Albaner See, nördlich von Rom. Es soll ein „Tempel der Kunst" werden: seine Dichtung, ihre Interpretation. Sie schwärmen vom Gipfelpunkt italienischer Literatur. Beide spielen ihr Leben. Er inszeniert die große, die unsterbliche Liebe, auch wenn es nur für ein paar Jahre ist. Und er spielt mit der Liebe der ihn Anbetenden. Nicht seine Geliebte Eleonora wird in Paris die Hauptrolle in der „Toten Stadt" spielen, es ist ihre französische Rivalin Sarah Bernhardt. Der Demütigung folgt Trost. D'Annunzio schreibt in wenigen Tagen ein anderes Stück. „Der Traum eines Frühlingsmorgens" wird von der Duse in Paris auf die Bühne gebracht.

D'Annunzio hat bis zum Zusammentreffen mit Eleonora Duse große Romane und romantische Gedichte geschrieben. Er treibt die italienische Sprache in neue schwülstige Höhen. Bertolt Brecht urteilte 1942 über D'Annunzio in seinem „Arbeitsjournal": „Er war ein Scharlatan, aber dieser Scharlatan schrieb Hirtengedichte, die kaum untergehen werden." Mit der Duse und für die Duse verfasst D'Annunzio jetzt Theaterstücke: „La Gioconda" (1898) und „Francesca da Rimini" (1901). Er versucht sich am Konzept eines italienischen Nationaltheaters und scheitert damit, wie mit seinen Stücken, die trotz der immensen Popularität seiner Geliebten nur mäßige Erfolge werden. Eleonora Duse spielt exklusiv die Werke ihres Liebhabers, obwohl ihr – wie Dieter Wunderlich analysiert – D'Annunzios handlungsarme Bühnenstücke kaum eine Möglichkeit lassen, ihr schauspielerisches Können zu beweisen. Sie investiert große Summen in die Produktion und Ausstattung der Stücke, verspielt damit ihr Vermögen und gefährdet ihren Ruf als Künstlerin. Die Zeit der Gemeinsamkeit ist begrenzt. Eleonora Duse spielt auf Tourneen in Russland, Österreich, Deutschland, Schweden und Dänemark. Sie weilt Monate außer Landes, gastiert in Paris auf Einladung der zweiten Schauspiel-Ikone Sarah Bernhardt und folgt dem Ruf des Geldes in die USA. Als erster Frau widmete ihr das „Time Magazine" eine Titelgeschichte zur Vorankündigung ihrer Amerika-Tournee: „Ihr muss im Allgemeinen die Ehre zugestanden werden, sich an vorderster Front der weltbesten Schauspieler eingereiht zu haben."

Die Liebesaffäre erreichte den literarischen Höhepunkt in Briefen. Beide sind viel unterwegs. Beide genießen nur wenige Momente echter Gemeinsamkeit. Eleonore Duse übersteigert ihre Gefühle zum Dichter. Aus Marseille schreibt sie am 31. März 1898: „Gebenedeit seist Du – und das ungebändigte Leben, das Du Dir und der Kunst neu schaffst und wiedererweckst, in Dir für Dich, jedweden Augenblick. Oh! Gebenedeiter Du … Jeden Tag glaube ich zu sterben, während ich jeden Tag erwarte, ihn fern und doch nahe wissend. Ja, ja, Du teure schöne Seele. Dir werde ich entgegengehen … Es wird die ‚dargebrachte' Gabe sein. Ach, Seele! Eleonora."

Die große Schauspielerin unterwirft sich in den ersten Jahren ihrer Beziehung dem – vermeintlichen – Genie ihres Geliebten und stellt sich ihm mit Haut und Haaren zur Verfügung, ja akzeptiert seine zahlreichen Verehrerinnen. Der Poet honoriert die Hingabe seiner Geliebten nicht, obwohl ihr Ruhm den seinen um Längen übertrifft. In seinem Roman „Il Fuoco" beschreibt er die Hauptfigur Foscarina als alternde Geliebte eines gefeierten jungen Dichters, die auf den schönen Mann verzichtet, damit dieser zu seinen künstlerischen Höhenflügen aufsteigen kann. Für Eleonora muss diese literarische Beschreibung ihrer Beziehung zu Gabriele D'Annunzio eine weitere Demütigung gewesen sein. Der tiefe Blick in die Seele ihres Angebeteten, der kaum verhüllt den Alterungsprozess seiner Geliebten seziert und die Sehnsucht nach einer Trennung andeutet, stürzt die Duse in Depressionen. „Man muss solche Tage, dem Geist so schwere, vergessen. Ich bereue es so! So sehr."

Der Roman bewirkt eine große Verletzung, aber nicht das unmittelbare Ende der Beziehung. Erst Jahre später, nachdem eine weitere Affäre des manischen Frauenjägers in Italiens Gesellschaftszirkeln lebhaft diskutiert wurde, teilte sich das Land in zwei Lager. Die Anhänger der Duse beschuldigten den Selbstverliebten, ihr Idol verraten und eine „großherzige und edle Seele zur Märtyrerin" gemacht zu haben. Der französische Dichter Romain Rolland, ein enger Freund Stefan Zweigs, nannte D'Annunzio einen „Raubvogel". Seine Beute waren schöne und meist reiche Frauen. Die Treulosigkeit war für ihn ein Element seiner Dichtung, eine künstlerische Notwendigkeit, jedenfalls eine ziemlich bequeme Ausrede. Die amerikanische Biografin D'Annunzios, Frances Winwar, behauptete in den Fünfzigerjahren des vorigen Jahrhunderts, die Liebesbriefe seien „Selbstbespiegelungen seiner Seele" gewesen, die weniger für die Empfängerinnen als für den Autor bestimmt waren. Der Dichter schrieb Briefe als Textvorlagen für künftige Bücher oder Dramen. Nach dem Erkalten einer Beziehung versuchte D'Annunzio gelegentlich seine Liebesbeteuerungen zurückzubekommen, gar zurückzukaufen. Er benötigte die intimen Geständnisse als Unterlagen für neue Werke. Frances Winwar analysiert Gabriele D'Annunzio: „Er musste seine Romane leben oder wenigstens ihr zentrales Motiv selbst erfahren haben".

Die größte Schauspielerin ihrer Tage bleibt den Anmaßungen des Dichters ausgeliefert. Sie spielt bei einer Tournee durch die USA auch nach der ungalanten Brüskierung im Roman „Il Fuoco" ausschließlich in Stücken D'Annunzios. Das Publikum ist mäßig begeistert.

Im Vorfeld des Ersten Weltkrieges steigert der Schriftsteller sein nationalistisches Pathos zu politischer Aktion. Er lässt sich 1898 in das italienische Parlament wählen und propagiert unermüdlich den Kriegseintritt des Königreichs Italien aufseiten der Alliierten. D'Annunzio oszilliert zwischen den gegensätzlichen politischen Lagern. Als konservativer Abgeordneter stimmt er mit den Linksradikalen und wird nach dem Krieg glühender Anhänger, gar Vorläufer des faschistischen Führers Benito Mussolini. Seinen pathetischen Propagandisten D'Annunzio hält Mussolini auf Distanz. Er überhäuft den von König Vittorio Emanuele III. – auf Vorschlag des „Duce" – zum erblichen „Fürsten von Nevoso" Geadelten mit grotesken Ehrungen und lässt den Dichterfürsten in seiner Villa „Vittoriale" oberhalb des Gardasees in schwülstiger Würde erstarren.

Dort wird den Besuchern heute jener Doppeldecker Ansaldo S.V.A. 10 gezeigt, mit dem Gabriele D'Annunzio gegen Ende des Ersten Weltkriegs eine operettenhafte Aktion vollführte. Mit insgesamt elf Flugzeugen startete er in der Morgendämmerung des 9. August 1918 vom Flugfeld San Pelagio bei Padua zu einem „Husaren"-Flug nach Wien. Vier dieser leichten Aufklärungsflugzeuge mussten auf dem Weg notlanden, sieben schafften es bis nach Wien, in die k. u. k. Reichs- und Residenzstadt des Kriegsgegners. Die italienischen Piloten werfen hunderttausende Flugblätter direkt über dem Wiener Stephansdom und dem Graben ab.

Die Propagandaschriften waren – wenig wirksam – in italienischer Sprache abgefasst, sodass sie kaum jemand verstehen konnte. D'Annunzio selbst hatte zur Feder gegriffen und ein patriotisches Gedicht an die Wiener verfasst. „Das Drohen der Schwinge des jungen italienischen Adlers gleicht nicht der finsteren Bronze im morgendlichen Licht. Die unbekümmerte Kühnheit wirft über Sankt Stephan und den Graben das unwiderstehliche Wort ab: Viva l'Italia!". D'Annunzio ging mit seiner Aktion in die italienische Militärgeschichte ein, sein Flug – eigentlich war er nur Mitflieger in einem Zweisitzer, den der erfahrene Pilot Natale Palli steuerte – wurde von den italienischen Künstlern gefeiert. Die alliierte Propaganda überschlug sich in Lobeshymnen.

Die Wiener Bevölkerung beobachtete mit einer Mischung aus Respekt und Spott die fliegerische Tollkühnheit der Italiener. Die Flugblätter waren bald heiß begehrte Sammlerobjekte und Wiens Tageszeitungen berichteten ausführlich, nachdem das offizielle Pressebüro der Regierung – aus vollkommener Dummheit oder ausgefuchster Taktik – den vollen Wortlaut der Flugblätter veröffentlicht hatte.

Die Geliebte seines Lebens, Eleonora Duse, beobachtete D'Annunzios Selbstinszenierung aus der Distanz. 1921 kehrt sie – vor allem aus finanziellen Gründen – auf die Bühne zurück. Die 62-Jährige hat im Krieg mit Staatsanleihen ihr Vermögen verloren und muss wieder auftreten. Es ist aber auch eine Rückkehr in ihr Leben: „Alle Mühen bedeuten nichts, wenn man nur nicht tot ist, ehe man stirbt". Ihre Anhänger bleiben treu. Das „Comeback" der Duse am Turiner Theater wird zum Triumph. Eine Tournee durch amerikanische Theater ist ausverkauft. Zum Auftritt im New Yorker „Metropolitan" kommt es nicht mehr. Die größte Schauspielerin ihrer (?) Zeit stirbt in einem Hotel in Pittsburgh vermutlich an einer Lungenentzündung. „Abreisen – schaffen – deckt mich zu!" – So werden ihre letzten Worte überliefert.

*

Olga Signorelli, Eleonora Duse. Werden – Leiden – Vollenden, Erlenbach/Zürich 1947.

Helen Sheehy, Eleonora Duse. A Biography, New York 2003.

Frances Winwar, Wingless Victory. A Biography of Gabriele D'Annunzio and Eleonora Duse, New York 1956.

Peter Demetz, Die Flugschau von Brescia, Wien 2002.

Petra Müller/Rainer Wieland (Hrsg.), Liebesbriefe berühmter Frauen, München/Zürich 2010.

http://www.dhm.de/lemo/html/biografien/DannunzioGabriele/index.html

http://www.spiegel.de/spiegel/print/d-41124004.html

http://www.dieterwunderlich.de/Eleonora_Duse.htm

http://www.fembio.org/biographie.php/frau/biographie/eleonora-duse/

http://www.time.com/time/magazine/article/0,9171,727260,00.html

http://www.novelguide.com/a/discover/aww_04/aww_04_01316.html

Alfred Redl und Stefan Horinka
Der Oberst, sein Geliebter und der Verrat

Eine Niederlage war schuld an der Aufdeckung einer Affäre, die Österreich-Ungarn in den Grundfesten erschütterte. Die Fußballmannschaft des „Deutschen Ball Clubs Sturm Prag" verliert im entscheidenden Match gegen SK Union Holeschowitz mit 5:7 die (deutsche) Prager Meisterschaft, weil ihr bester Spieler nicht zum Anpfiff erschienen ist. Der junge Lokalredakteur Egon Erwin Kisch ist Funktionär des 1898 gegründeten „Deutschen Ball Clubs Sturm Prag". Er ist entrüstet, weil sein Kicker-Star das Spiel versäumt hat. Es wird Konsequenzen geben. Tschechen und Deutsche spielten nach der Jahrhundertwende in der Habsburger-Monarchie bestenfalls gegeneinander Fußball, keineswegs aber in einer Mannschaft. DBC Sturm Prag (übrigens Vorbild und Namensgeber des heutigen österreichischen Vereins „FK Sturm Graz") wird niemals Meister.

Der Vereinsvorstand Egon Erwin Kisch, im Hauptberuf Jungredakteur bei der deutschsprachigen Prager Tageszeitung „Bohemia", ärgert sich über die Disziplinlosigkeit seines Verteidigers Wagner und macht dem Schlosser lautstarke Vorwürfe. Der Handwerker hat freilich eine schlüssige Erklärung für sein sportliches Fehlverhalten: Höchste Militärkreise hätten ihn verpflichtet, die Wohnungstür eines k. u. k. Obersten des Generalstabs aufzusperren und so die Untersuchung der Räumlichkeiten zu ermöglichen. Es sei eine merkwürdige Wohnung gewesen – zitiert das deutsche Nachrichtenmagazin „Der Spiegel" im Jahr 1955 den Schlosser – „wie von einer Dame, mit Brennscheren, parfümierten Briefen und Fotos junger Männer". Der verhinderte Kicker hat den Namen des Offiziers nicht erfahren, doch er erzählt dem Journalisten Kisch von geheimnisvollen Aktivitäten der Militärs. Es ginge um Spionage, Verrat und um „unerlaubte Beziehungen“. Das Wort „Homosexualität“ ist um 1913 nicht gebräuchlich.

Egon Erwin Kisch hat gerade vom Tod des Obersts Alfred Redl erfahren. Er weiß, dass der Generalstabsoffizier in Prag stationiert ist, er ist einem „Knüller“ auf der Spur. In der Morgenausgabe der angesehenen Zeitung „Bohemia“ lässt der Chronik-Redakteur Kisch ein Dementi in Fettbuchstaben drucken: „Von hoher Stelle werden wir um die Widerlegung der speziell in Militärkreisen aufgetauchten Gerüchte ersucht, dass der Generalstabschef des Prager Korps, Oberst Alfred Redl, der vorgestern in Wien Selbstmord verübte, einen Verrat militärischer Geheimnisse begangen und für Russland Spionage getrieben habe.“

Damit ist die Katze aus dem Sack. Die Geheimhaltung einer der größten Spionageaffären im Vorfeld des Ersten Weltkriegs scheitert. Kaiser Franz Joseph I. in Wien, der Thronfolger und die Reichstagsabgeordneten, alle erfahren aus der kleinen Notiz einer Prager Zeitung Ungeheuerliches.

Der erzwungene Selbstmord des Karriere-Offiziers steht am Ende einer Affäre, deren Tragweite im Mai 1913 noch gar nicht erfasst werden kann. Alfred Redl war seit 1907 Leiter der „Kundschafterabteilung“ im sogenannten „Evidenzbüro“, dem militärischen Nachrichtendienst der k. u. k. Armee. Diese eigentlich dem Außenministerium unterstellte Dienststelle sammelte alle militärisch bedeutsamen Informationen und legte sie täglich dem Chef des Generalstabs und einmal pro Woche auch dem Kaiser persönlich – und handschriftlich – vor. Für diese nachrichtendienstliche Aufgabe hatte die österreichisch-ungarische Armee gerade einmal zwei Dutzend Offiziere zur Verfügung. Das war ein Bruchteil der personellen, aber auch finanziellen Ressourcen, die etwa der russische Zar für Spionageaktivitäten bewilligte. Der angesehene Stabsoffizier Alfred Redl hatte also Zugang zu sämtlichen militärischen Planungen. Er war für die Aufdeckung gegnerischer Spio-

nage verantwortlich und verkaufte nicht nur die geheimsten Aufmarsch-Pläne der Armee an das Zarenreich und an die französische Regierung, er informierte seinen Dienstherrn auch bewusst
falsch über Truppenstärken, Rüstungsvorhaben und Mobilisie-
rungspläne der russischen Armee.

Es war doppelter Verrat zu einem verhängnisvollen Zeitpunkt: Österreich-Ungarn steuerte, unterstützt vom Deutschen
Kaiserreich, auf einen Waffengang mit dem Königreich Serbien
und – alle wussten es – auf einen Krieg mit Russland zu.

Redls Verrat kostete hunderttausende österreichisch-ungarische Soldaten das Leben, die geplante rasche Niederwerfung
Serbiens, die eine Voraussetzung für den Erfolg der deutschen
Armeen an der Westfront war, endete in einem eineinhalb Jahre
langen blutigen Ringen und mit schweren Verlusten der österreichischen Truppen. Die russischen Armeen hatte der Wiener
Generalstab – auch aufgrund von Redls Desinformation – sträf-
lich unterschätzt. Österreichische Soldaten konnten die deutschen
Armeen an der Westfront nicht unterstützen, die wirksame österreichische Artillerie blieb an der Ostfront gebunden. Im Gegenteil, deutsche Verbände mussten den Österreichern gegen die
Zaren-Armee zu Hilfe eilen, um einen raschen Zusammenbruch
der Front in Galizien zu vermeiden.

War Redls Verrat entscheidend für die spätere Niederlage der
Mittelmächte? Es ist eine historische Spekulation.

Nach der Enttarnung Redls und dem Einspalter auf der Titel-
seite der „Bohemia" reagierte das Kriegsministerium zunächst
gar nicht. Der Schock saß tief. Redl war nicht irgendein Offizier.
Er trug die flaschengrüne Uniform der „Generalstäbler". Die Elite
der Armee war beim Fußvolk nicht sonderlich beliebt, genoss
aber hohes Ansehen und zusätzliche Privilegien. Ein „Flaschen-
grüner" hatte seinen Kaiser verraten. Die Umstände waren
womöglich noch kompromittierender. Für den mächtigen, aber
durchaus umstrittenen Chef des Generalstabs, Franz Conrad von
Hötzendorf, war die Affäre politisch extrem peinlich. Ein Ge-

richtsprozess hätte Gelegenheit geboten, die Versäumnisse des Generalstabs bei der Auswahl und bei der Kontrolle seiner Mitarbeiter aufzurollen. Nur ein rasches Ende der Affäre konnte den Generalstabschef und seine engsten Mitarbeiter retten. Hötzendorf wurde von der Enttarnung des Obersts Redl am Rande eines noblen Essens im Grand Hotel am Wiener Ring informiert. Schockiert befahl er strengste Geheimhaltung, auch gegenüber dem Kaiser und Thronfolger Franz Ferdinand. Vier Offiziere sollten den Verräter im Hotel Klomser, das sich im ehemaligen Palais Batthyány-Strattmann (heute beherbergt das Gebäude die Redaktion der Tageszeitung „Der Standard") in der Wiener Herrengasse befand, aufsuchen und ihn nach kurzem Verhör und Geständnis zum Selbstmord zwingen. Die Herren trafen Redl in seinem Hotelzimmer an und übergaben dem Offizier, der Zivilkleidung trug, ein Päckchen Gift. „Sie dürfen um eine Schusswaffe bitten, Herr Redl." Der Oberst war in Zivil aus Prag angereist – im Privatwagen mit Fahrer – und hatte seine Dienstwaffe nicht bei sich. Auch die vier Herren des Generalstabs waren waffenlos. So muss der Geheimdienstmajor Maximilian Ronge selbst ins Kriegsministerium fahren und aus seinem Panzerschrank eine geladene Browning holen. Der Revolver wird Redl überreicht, um „dem Verbrecher sodann die Möglichkeit zu geben, seinem Leben ein rasches Ende zu bereiten."

Verbrechen und Ehrverletzungen wurden in Offizierskreisen so erledigt. Mit Beweisen konfrontiert, gestand der Oberst seinem Nachfolger im Geheimdienst, Major Ronge, „in den Jahren 1910 und 1911 fremde Staaten im Großen bedient" zu haben. Noch im Geständnis steckte Verrat.

Tatsächlich hatte Redl schon viel früher Geheimpläne fotografiert und an den russischen Geheimdienst übergeben. Wie Robert Lévai in seiner Fallstudie für die Andrássy Gyula Universität in Budapest schreibt, stellte „die österreichische Spionageabwehr bei der Aufarbeitung des Falles fest, dass Redls Konto bei der Neuen Wiener Sparkasse seit Anfang 1907 in auffallend schneller Folge Einlagen verzeichnete, die sich von 1905 bis 1913 auf insgesamt 116.700 Kronen beliefen. Der Zeitraum und die Höhe der Einlagen wiesen daher auf länger andauernde und wichtigere Verratshandlungen hin, als Redl sie in der Nacht vor seinem Tod eingeräumt hatte."

Die vier honorigen Herren ließen ihren Offizierskollegen allein im Hotelzimmer zurück. Mehr oder minder diskret bewachten sie den Ausgang des Hotels vom gegenüberliegenden Café „Central" für den Rest der Nacht. Sie hoffen, einen Schuss zu hören, der das vorläufige Ende der peinlichen Affäre markieren würde. Doch es bleibt still. Gegen fünf Uhr früh verlieren die Generalstäbler die Geduld. Ein Kriminalbeamter wird vorgeschickt, er soll ins Zimmer Nr. 1 gehen und berichten, ob sich Redl endlich erschossen hat. Der Polizist eilt am Hotelportier vorbei ins Zimmer und findet Redl am Boden liegend. Er hat sich in den Mund geschossen. Die Entdeckung des Selbstmords muss allerdings anderen Personen überlassen werden. Am frühen Morgen wird der Hotelportier gebeten, Oberst Redl ans Telefon zu holen. Der Portier entdeckt die Leiche des Offiziers, alarmiert die Polizei, die so tut, als würde sie ihres normalen Amtes walten. Zwei Abschiedsbriefe werden gefunden. Georg Markus zitiert daraus: „Leichtsinn und Leidenschaft haben mich vernichtet. Betet für mich. Ich büße mein Irren mit dem Tode. Alfred. Post Scriptum. Es ist jetzt ¾ 2 Uhr. Ich werde jetzt sterben."

Eine genauere Aufklärung des Falles war jedoch so nicht mehr möglich. Vorerst war Vertuschung angesagt. General Conrad von Hötzendorf informierte den Thronfolger Erzherzog Franz Ferdinand, der sich nicht in Wien aufhielt, in einem knappen Schreiben der Militärkanzlei: „Oberst Alfred Redl, Generalstabschef 8. Korps, hat sich heute Nacht im Hotel Klomser in Wien aus unbekannter Ursache erschossen."

Unverfrorener kann der oberste Militär seinen obersten Vorgesetzten im Kaiserhaus nicht anlügen. Schließlich hatte Conrad von Hötzendorf den Selbstmord in Auftrag gegeben und die Enttarnung Redls inszeniert. Das wahre Ausmaß des Verrats sollte verschwiegen, der Selbstmord des Offiziers als Ende einer peinlichen sexuellen Verfehlung abgetan werden. Jahre später wird die Schuld an der mangelhaften Aufklärung des Falles wie eine heiße Kartoffel herumgereicht. Wusste die Staatsspitze vom Verrat der Aufmarsch-Pläne an die Russen? Der Leiter des Evidenzbüros, Oberst August Urbański von Ostrymiecz, behauptete in seinen Erinnerungen, er habe einen „schonungslosen Bericht" verfasst, der aber von der Militärkanzlei des Thronfolgers verharmlost worden sei.

In einer dürren Meldung an die Presse bestätigte das Kriegsministerium erst zwei Tage später, Alfred Redl habe sich das Leben genommen, als man im Begriff gewesen sei, ihn wegen päderastischer Verfehlungen und Geheimnisverrats zu überführen.

Wofür brauchte Redl so viel Geld? Der aus bescheidenen, aber keineswegs armen Verhältnissen stammende Redl hatte durch Fleiß und Tüchtigkeit eine rasche und steile Karriere im Militärdienst durchlaufen. Sein Vater war Beamter bei der Staatsbahn, nachdem er aus finanziellen Gründen die Offizierslaufbahn hatte aufgeben müssen. Seine Dienstbeschreibungen waren vorzüglich. Generalstabschef Conrad von Hötzendorf notierte handschriftlich auf einer Qualifikationsliste des Jahres 1908: „Ein besonders tüchtiger Generalstabsoffizier." In Galizien aufgewachsen, sprach Redl drei Sprachen fließend. Seine Anwerbung durch den zaristischen Geheimdienst erfolgte wahrscheinlich schon 1901, also lange vor seiner Enttarnung. Für den Geheimnisverrat kassierte der Stabsoffizier Geld, viel Geld. Seine Einnahmen betrugen im Durchschnitt 50.000 Kronen pro Jahr. Für einen Offizier war das eine ungeheure Summe. In aller Regel hatten die schneidig uniformierten Herren sprichwörtliche Schulden „wie ein Stabsoffizier". Redl leistete sich eine luxuriöse Wohnung in der gutbürgerlichen Wickenburggasse in Wien-Josefstadt. Und er fuhr einen teuren Daimler.

Große Summen gab der Offizier für seinen Geliebten aus. Nach dem Tod Redls wurde der Ulanen-Leutnant Stefan Horinka wegen des „Verbrechens der Unzucht wider die Natur" vor das Wiener Garnisonsgericht gestellt und zu einer dreimonatigen Kerkerstrafe verurteilt.

Das Liebes- oder eher Sexualverhältnis der beiden hatte schon im Jahr 1908 begonnen. Stefan war damals gerade 18 Jahre alt geworden, kannte seinen „Onkel" Alfred aber bereits seit vielen Jahren. Redl hatte den jungen „heiteren, gutmütigen, noch in Entwicklung begriffenen Charakter" schon als Realschüler kennengelernt, über Jahre seine Ausbildung finanziert und sein Fortkommen protegiert. Stefan wurde durch Intervention Redls in die Infanterie-Kadettenschule in Wien aufgenommen. Ob der deutlich ältere Offizier schon damals ein Auge auf den „exzellenten Campagnenreiter" geworfen hatte, lässt sich nicht mehr belegen. Absichten hatte er jedenfalls. Georg Markus zitiert in seinem Buch „Der Fall Redl" aus den Prozessprotokollen: „Redl hat zum ersten Mal nach meiner Ausmusterung im Herbst 1908, unter Hinweis auf mein schlechtes Aussehen, mein Glied zu besichtigen verlangt." Der Oberst ließ es nicht bei einer sexuellen Nötigung bewenden. Er nutzte das mehrfache Abhängigkeitsverhältnis des jungen Soldaten und fertigte pornografische Fotografien an. Die Gerichtsakten lassen kein Detail aus: „Auch wurde Horinka in den folgenden Jahren vom Obersten in vollkommen nacktem Zustande mit steifem Glied mehrmals fotografiert, die zeitlich auseinanderfallenden Aufnahmen zeigen die verschiedenen Stadien des Erektionszustandes."

Stefan Horinka war nicht der erste homoerotische Partner Redls. Der Geheimdienst-Offizier pflegte ein jahrelanges Verhältnis zum Generalstabshauptmann Rudolf Meterling, das dann allerdings in die Brüche ging. Meterling wurde Jahre später in Warschau wegen „Kinderschändung" und der Gründung eines „Homosexuellen Klubs" verhaftet. Homosexualität war in einer militärischen Gesellschaft, in der es extreme Abhängigkeitsverhältnisse gab und in der tausende Männer monatelang in Kasernen, Garnisonen oder Kadettenschulen kaserniert waren, kein seltenes Phänomen. Offen ausgelebt durfte die Männerliebe aber keineswegs werden. Homosexualität wurde vielfach mit Kinderschändung gleichgesetzt, war tabuisiert und als Verbrechen strafbar. Die Doppelmoral galt als Staatsdoktrin. Jeder wusste, dass der jüngste Bruder von Kaiser Franz Joseph I. homosexuell war und seine Neigung kaum verhüllt im Salzburger Schloss Kleßheim auslebte. Es ging sogar so weit, dass es Offizieren der k. u. k. Armee untersagt wurde, an den Festen des Erzherzogs Ludwig Viktor teilzunehmen. Nach Salzburg war der als „Luziwuzi" bespöttelte Habsburger von seinem großen Bruder, dem Kaiser, „strafversetzt" worden. Der Erzherzog hatte sich im „Centralbad" – heute als „Kaiserbründl" bekannt – unweit der Wiener Franziskanerkirche eine Schlägerei im einschlägigen Milieu geliefert.

Auch die Beziehung zwischen Redl und dem Ulanen-Leutnant verlief nicht konfliktfrei. Stefan Horinka wollte die Affäre beenden und ließ sich nur durch immer neue Geldgeschenke dazu motivieren, seinen Mann zu stehen. Es kam zu heftigen Auseinandersetzungen und brieflich dokumentierten Szenen: „Die Zulage habe ich erhalten und danke aus ganzem Herzen. Der Ton des Briefes hat mich aber sehr überrascht. Jedenfalls habe ich wieder einen schlagenden Beweis für mein Gefühl, dass Dein sogenanntes Wohlwollen und Deine uneigennützige Freundschaft auf nichts anderem basiert, als zur Befriedigung Deiner unglücklichen Leidenschaft. Du drohst mir mit Verderben, wenn ich Dir nicht zu Willen bin. Nun gut, so gehe ich lieber zugrunde, als eine bezahlte Dirne zu sein."

Von großer Liebe und Zuneigung zeugt dieser Brief, den Redl einen Monat vor seinem erzwungenen Selbstmord erhielt, nicht. Für den Ulanen-Leutnant war die Affäre zum mächtigen Oberst im Generalstab eine peinliche Sache geworden. Denn Stefan Horinka war keineswegs homosexuell veranlagt. Ihm ging es um

Geld, Aufstiegschancen und um Beziehungen. Redl zahlte eine monatliche Apanage von 600 Kronen, nach heutigem Wert knapp 3000 Euro, dazu die Miete für seine Wohnung in der Garnisonsstadt Stockerau. Leutnant Horinka hatte einen Austro-Daimler zum Listenpreis von 12.500 Kronen geschenkt bekommen, eine ebenso teure Wohnungseinrichtung, und Redl stellte dem Ulanen auch noch zwei Pferde für 2000 Kronen in den Stall. Der junge Mann demütigte den Offizier, der die Liebe zu Männern suchte, indem er Redl auch noch seine Liebschaften mit Mädchen bezahlen ließ, inklusive der Kosten für – natürlich verbotene – Abtreibungen in darauf spezialisierten Kliniken.

Warum niemandem im Offizierskorps, aber auch niemandem in der Evidenzstelle des Generalstabs auffiel, wie viel Geld der Oberst ausgab, bleibt ein Rätsel. Nach dem Auffliegen der Spionage-Affäre musste sich der Kommandant des Regiments beim Thronfolger rechtfertigen. Dabei hatten die zwei Offiziere regelrechte schriftliche „Vereinbarungen" über Geldüberweisungen getroffen, und Stefan Horinka musste Redl gegenüber einen Verhaltenskodex einhalten. „Er dürfe niemals einer Frauensperson über eine Woche sich erstreckende Herberge gewähren."

Ob der Geliebte des Spions von dessen Landesverrat wusste? Bei den diversen Hausdurchsuchungen wurden zwar bedenkliche Schriftstücke und Notizen gefunden, ein Nachweis, dass Leutnant Horinka in den Verrat eingeweiht war, gelang aber nicht. Oberst Redl war ein Geheimdienst-Experte, der beste, den die Monarchie hatte. Und er konnte immerhin zwölf Jahre lang sein Doppelleben verbergen und seine Kameraden in der Evidenzstelle täuschen. Denn die Enttarnung des Meisterspions glückte nur durch einen Zufall.

Im April 1913 war ein postlagernder Brief an einen gewissen Herrn „Nikon Nizetas, Österreich, Wien, Hauptpost, postlagernd" vom Wiener Hauptpostamt vom Fleischmarkt an seinen Absender in Berlin zurückgeschickt worden. Aufgegeben worden war das Kuvert in der ostpreußischen Stadt Eydtkuhnen. Hier befand sich ein damals von Geheimagenten gern genutzter Grenz-übergang zwischen dem russischen Zarenreich und dem Deutschen Kaiserreich. Niemand hatte den Brief behoben. Erst in Berlin wurde der dicke Umschlag geöffnet. Dabei entdeckten die erstaunten Postbeamten 6000 österreichisch-ungarische Kronen im heutigen Wert von rund 45.000 Euro. Wertvoller als die Geldscheine waren aber Ortsangaben, die im Kuvert gefunden wurden. Dem preußischen Geheimdienst waren diese Adressen in Paris und Genf gut bekannt. Der aufmerksame Chef des Nachrichtendienstes, Major Walter Nicolai, informierte seinen österreichischen Kollegen vom Evidenzbureau, Major Maximilian Ronge, postwendend. Das Kuvert wurde wieder verschlossen und nach Wien aufs Hauptpostamt expediert, es war aber so ramponiert, dass ein neues Kuvert angefertigt und via Berlin wieder nach Wien geschickt werden musste, damit der Adressat nicht sofort Verdacht schöpfen würde, falls er denn käme. Vier Wochen lang hielten Geheimdienstmitarbeiter Tag für Tag unauffällig Wacht. Sie hofften, der Adressat würde die wertvolle Post doch noch abholen. Die Staatspolizei ließ gar zwei elektrische Klingelanlagen installieren. Der diensthabende Postbeamte sollte beim Erscheinen eines Verdächtigen die wartenden Polizisten herbeirufen. Und der Verdacht verstärkte sich. Es langten noch zwei weitere Kuverts auf dem Postamt ein. Beide enthielten wieder tausende Kronen in Scheinen. Ein Absender bezeichnete sich als „J. Dietrich". Dieser Name lieferte eine weitere Spur. Denn „Dietrich" galt in Spionagekreisen als Chiffre für Sankt Petersburg.

Am 24. Mai 1913 war es dann so weit. Das damals 19 Jahre alte Postfräulein Betty Österreicher erinnerte sich Jahre später in einem Interview mit der „Neuen Illustrierten Wochenschau" – abgedruckt von Georg Markus in „Der Fall Redl": „Knapp vor fünf Uhr stand auf einmal ein Herr in Zivil, grauer Anzug, dunkler Hut vor meinem Schalter und legte mir einen Zettel hin, auf dem der Name ‚Nikon Nizetas' stand. Vorsichtig suchte ich den Klingelknopf unter meinem Schalterbrett und drückte ihn nieder."

Vor seinem Postamtsbesuch hatte Redl seinen Geliebten Stefan zu einer Aussprache ins Hotel Klomser gebeten. Der Ulanen-Leutnant wollte – wieder einmal – die Affäre beenden. Auf Zimmer Nr. 1 kommt es zu einer erregten Auseinandersetzung. Stefan Horinka sagt seinem Liebhaber und Protegé, dass er den „Verkehr mit ihm unter allen Umständen abbrechen werde". Die k. u. k. Militärjustiz agierte zwar spät, aber gründlich. In den Gerichtsakten ist das Ergebnis einer medizinischen Untersuchung protokolliert. Demnach habe es an jenem Nachmittag im Hotel Klomser zwischen Redl und seinem jugendlichen Freund „keine Anhaltspunkte für einen homosexuellen Geschlechtsverkehr gegeben". Bei der gerichtsmedizinischen Untersuchung des Leichnams von Alfred Redl diagnostizierten die Pathologen, dass das Kreislaufsystem des 49-Jährigen schwer geschädigt war. Es dürfte sich dabei um eine Spätfolge der Syphilis-Erkrankung Redls gehandelt haben. Er war – so oder so – ein todgeweihter Mann.

War die Affäre Redl tatsächlich für den Ausgang des Ersten Weltkriegs (mit)entscheidend? Als man in Redls Prager Privaträumen die „Kriegsordre de Bataille", die Mobilisierungsanweisungen für alle Eventualfälle, das Reservathandbuch, Maßnahmen der Spionageabwehr in Galizien, Deckadressen fremder Generalstäbe, Spionagekorrespondenzen, Dokumente über das Kundschafterwesen und anderes mehr gefunden hatte, ging man vom größten anzunehmenden Schaden – dem Verrat der österreichischen Aufmarsch-Planung gegen Russland – aus. Der österreichische Reichsratsabgeordnete Graf Adalbert Sternberg bewertete nach dem Ersten Weltkrieg die Rolle des Spions: „Dieser Schurke Redl hat jeden österreichischen Spion denunziert, denn der Fall des russischen Obersten Laikow wiederholte sich mehrmals. Redl lieferte unsere Geheimnisse den Russen aus und verhinderte, dass wir die russischen Geheimnisse durch Spione erfuhren. So blieb den Österreichern und Deutschen im Jahre 1914 die Existenz von 75 Divisionen, die mehr als die gesamte österreichisch-ungarische Armee ausmachten, unbekannt." Von Sternberg geht so weit, den Verrat Redls als (Mit-)Auslöser des Ersten Weltkriegs zu analysieren: „Hätten wir klar gesehen, dann hätten unsere Generäle den Hofwürdenträger nicht zur Kriegserklärung getrieben." Der spätere CIA-Chef Allen Dulles analysierte, dass Redls Verrat zu den österreichisch-ungarischen Niederlagen in den ersten Kriegsmonaten beigetragen habe.

Der Fall Redl wurde jedenfalls mehrfach verfilmt, zuletzt 1985 in der Regie von István Szabó mit Klaus Maria Brandauer in der Hauptrolle.

*

Egon Erwin Kisch, Der Fall des Generalstabschefs Redl, Stuttgart 1988.
Georg Markus, Der Fall Redl, Wien / München 1984.
Maximilian Ronge, Kriegs- und Industrie-Spionage. Zwölf Jahre Kundschafts-
    dienst, Zürich 1930.
Stefan Zweig, Die Welt von Gestern. Erinnerungen eines Europäers, Stockholm
    1944.

Benito Mussolini und Margherita Sarfatti
Der Faschist und die rote Jungfrau

Mit ihrer öffentlichen Schändung ging Clara Petacci als Geliebte des italienischen Diktators und Faschisten-Führers Benito Mussolini in die Geschichte ein. Kommunistische Partisanen der „52. Garibaldi-Brigade" hatten am 27. April 1945 den „Duce" am Comer See auf der Flucht aus Salò in die Schweiz gefangen. Er war als deutscher Offizier verkleidet. Sie brachten ihn und seine 33-jährige Geliebte auf einen Bauernhof, wo das Paar im Schlafzimmer der Familie de Maria seine letzten Stunden verbrachte. Am nächsten Tag wurde der engste Verbündete Adolf Hitlers von Partisanen mit einer Maschinenpistole erschossen. Clara („Claretta") Petacci wurde vergewaltigt und Stunden nach ihrem Geliebten ebenfalls getötet. Partisanen misshandelten die Körper der beiden und schafften die sterblichen Überreste von Mussolini und seiner Geliebten am nächsten Tag nach Mailand. Dort wurde der „Duce" mit heruntergezogenen Hosen kopfüber auf Fleischerhaken gehängt und öffentlich ausgestellt. Clara Petacci hatte ein Priester im letzten Moment den Rock um die Beine zusammengebunden. So blieb wenigstens ihre entblößte Scham dem johlenden Mob verborgen.

Macht verführt – auch – Frauen. Clara Petacci war die letzte Geliebte des früheren Wanderarbeiters und späteren Journalisten Mussolini, aber nicht die wichtigste. Und sie ertrug das Doppelleben an der Seite des „Duce" viele Jahre. Ihre Tagebuchaufzeichnungen aus der Zeit von 1932 bis 1938, die erst vor wenigen Jahren im Mailänder Verlag Rizzoli („Mussolini segreto") vom Wochenzeitungsjournalisten („Oggi") Mauro Suttora veröffentlicht wurden, belegen die starke erotische Anziehungskraft zwischen dem römischen Diktator und seinem größten Fan. Es sind Geschichten der Unterwerfung und der Belohnung durch Geld, Gold und ein Luxusleben. Es sind Aufzeichnungen der Erniedrigung, des Wartens und kurzer sexueller Befriedigung.

Offiziell lebt Mussolini mit seiner Frau Rachele – um den Geboten der römisch-katholischen Kirche zu genügen – in aufrechter Ehe. Eine Scheidung war im zwar faschistischen, aber doch sehr katholischen Italien rechtlich gar nicht möglich. Das Paar hatte fünf Kinder.

Die wichtigste Frau an der Seite Benito Mussolinis – jedenfalls bis 1938 – war aber die Venezianerin Margherita Sarfatti. Geboren und aufgewachsen im dunklen, samtenen Luxus des venezianischen Palastes Bembo, direkter Blick auf die Rialto-Brücke inklusive. In demokratischen Zeiten lässt sich das Lebensgefühl der Tochter eines reichen, jüdischen Geschäftsmannes für 200 Euro pro Nacht erahnen: Der gotische Palazzo beherbergt heute im dritten Stock ein kleines Hotel. Während ihr Vater die jüdischen Traditionen bewusst lebte, war Margherita ein Kind der neuen Zeit. Das venezianische Ghetto und das traditionelle Judentum empfand die Tochter aus reichem Haus als historische Belastung. Sie schwärmte von den italienischen Einigungsbestrebungen, himmelte Giuseppe Mazzini, den Vater des sogenannten „Risorgimento", an und forderte für alle jungen Frauen den gleichen Zugang zu Bildung, Wissenschaft und Kunst.

Ihr Vater, Amadeo Grassini, beschleunigte den Ablösungsprozess weiter. Er bezahlte seiner geliebten Tochter Privatlehrer, nicht irgendwelche Studenten, sondern führende Intellektuelle ihrer Zeit: Der Literaturkritiker und Politiker Antonio Fradeletto prägte das junge Mädchen, begeisterte sie für die Kunst und hatte die Idee, in den Gardini (hinter dem ehemaligen Arsenal der Seefahrer-Republik Venedig) anderen Nationen Baugründe zur Verfügung zu stellen, damit diese für die Kunstausstellung „Biennale" Pavillons ganz nach eigenem Geschmack errichten konnten. Dieses Erfolgsrezept trägt bis heute. Die „Biennale" gilt als bedeutende Werkschau zeitgenössischer Kunst, und die Nationen-Pavillons werden alle ungeraden Jahre „bespielt". Fradeletto leitete die Biennale zwei Jahrzehnte lang und diskutierte mit seiner jungen Schülerin über Schopenhauer und Nietzsche. Für ihn war die Arbeiterklasse zahlenmäßig mächtig, aber politisch unmündig. Fradeletto entwickelte die ersten Fundamente des später von Mussolini machtpolitisch durchgesetzten „Faschismus".

Ihre sozialrevolutionären Ideen empfing sie von San Matteo, einem Florentiner Professor, den sie beim Urlaub an der Adria traf. Der deutlich Ältere verehrte die 15-Jährige, umschmeichelte sie, schrieb ihr heimlich Briefe und begeisterte sie für seine Ideen des Sozialismus, der Überwindung aller Klassenschranken. Er erzählte ihr von Karl Marx, dem Elend der Arbeitermassen und betrachtete ihre schlanken nackten Beine, wenn sie gemeinsam im heißen Sand der Adria-Strände lustwandelten. Seine leidenschaftlichen Komplimente zeigten keine Wirkung, seine politischen Gedanken hingegen überwältigten die Tochter aus feinstem Haus.

Margherita berichtet in ihren Lebenserinnerungen von einem „Erweckungserlebnis": Sie traf ein gelähmtes Bauernmädchen, begleitet von ihrer hilflosen Mutter. Das Kind aus dem Palazzo wird mit dem Elend des Lebens konfrontiert. Sie setzt sich an den Schreibtisch und verfasst einen flammenden Appell für soziale Gerechtigkeit. Ihren ersten Artikel steckt sie in ein Kuvert und sendet ihn anonym an die sozialistische Zeitung „Avanti!". Auch ihrem Verehrer schickt sie das Pamphlet. Der Herr Professor ist begeistert. Er schickt der jungen Dame rote Rosen. Ihr Vater hingegen hält die sozialrevolutionären Anwandlungen seiner Tochter für pubertäre Überspanntheit. Im Luxus leben und sich um das Elend der Welt sorgen: Papa Grassini ist empört, Frau Mama dagegen zeigt gewisse Sympathien für die aufmüpfige Tochter. Und die venezianische Gesellschaft hat ein neues Thema. Das junge Mädchen, das in einer sozialistischen Zeitung publiziert: Mildes Kopfschütteln und ein wenig Spott über die Bankierstochter, die im Opernhaus „La Fenice" in einer eigenen Familienloge den Arien lauscht und in der Familien-Gondel über den Canale Grande gerudert wird. Schnell wird sie für spitze Zungen zur „roten Jungfrau".

Ob das ihren Entschluss befeuert, rasch dem elterlichen Haus zu entfliehen? Jedenfalls lernt die 16-Jährige den doppelt so alten Juristen Cesare Sarfatti kennen. Er ist eine stattliche Erscheinung, imposanter Bart, dunkle Haare und durchaus schon wohlhabend. Und er denkt fortschrittlich, lehnt die Monarchie ab und sympathisiert mit den Sozialisten. Die beiden treffen einander heimlich. Als sie ihrem Vater erklärt, Cesare Sarfatti heiraten zu wollen, ist dieser entsetzt. Der Advokat gilt als leichtlebiger Schürzenjäger, seine politischen Ideen werden als krause zurückgewiesen und im Vergleich mit den Geschäften der Grassinis sind die Sarfattis arme Schlucker. Zwei Jahre müssen sich die beiden Liebenden heimlich treffen. Nach Erreichen ihrer Volljährigkeit kann der Vater die Hochzeit nicht mehr verhindern. Margherita: „Mit dreizehn verliebte ich mich in die Malerei, mit fünfzehn in die Idee des Sozialismus, mit sechzehn in einen Mann. Mit achtzehn heiratete ich zu gleicher Zeit die Literatur, die Künste, diese Idee und diesen Mann." Herr Sarfatti und Fräulein Margherita werden im Palazzo Bembo zivilrechtlich getraut. Die Hochzeitsreise führt das Paar in die Schweizer Berge und nach Paris. Den Eiffelturm, das Symbol der Moderne, besteigt die junge Ehefrau zu Fuß, in einer Galerie im Künstlerviertel Montmartre kauft Margherita eine Lithografie eines jungen Künstlers: Toulouse-Lautrec.

Zurück in Venedig drängt sie ihren Ehemann Cesare, für ein neues, „glorreiches" Italien zu kämpfen. Sie kann es sich frei von materiellen Sorgen leisten. Ihr Vater hat seiner Tochter 200.000 Lire Mitgift gegeben. Mit dieser Summe kann eine italienische Familie gut 200 Jahre leben. Bald wird dem Paar das konservative Venedig mit seiner morbiden Pracht zu eng. Die Familie zieht 1902 nach Mailand und wird dort von der Sozialistischen Partei mit offenen Armen empfangen. Solche Aktivisten sind willkommen. In Mailand lernt sie Anna Kuliscioff und Angelica Balabanoff, die großen Damen des italienischen Sozialismus, kennen. Sie führen ein aufregendes Leben. In ihrem Salon gehen die aufstrebenden Talente einer neuen Zeit ein und aus. Margherita schreibt Kunstkritiken, freundet sich mit Malern an. Sie schätzt und fördert eine Künstlergruppe, die sich „Futuristen" nennt, und entwickelt sich zu einer anerkannten Kritikerin. Ihre Meinung zählt. Es ist eine außergewöhnliche Rolle, die sie als Frau im Kunstleben des frühen 20. Jahrhunderts einnimmt. Marianne Brentzel schreibt in ihrer Biografie über Margherita Sarfatti: „Sie lebten das aufregende und hoffnungsvolle Dasein junger Radikaler mit der Sicherheit, dass sie zu den Werten der alten Familie zurückkehren konnten, wann immer sie es wünschten." In Mailand lernt Margherita den Dichter Gabriele D'Annunzio kennen. Der Jugendfreund ihres Mannes hat sie zur Premiere seines Theaterstücks „Das Schiff" eingeladen. Margherita sticht D'Annunzio ins Auge. Er überhäuft sie mit Rosen. Doch sie verfällt seinem Charme, nicht seinen körperlichen Reizen. Aus der ersten Begegnung entwickelt sich eine lange Freundschaft, keine kurze Affäre.

Es ist geradezu unvermeidlich, dass in den Mailänder Salons auch der Chefredakteur des sozialistischen „Avanti!" zu Gast ist. Ein kleiner, stämmiger Mann mit lauter Stimme, einem aufbrausenden Wesen und einer kämpferischen Attitüde. Margherita findet Benito Mussolini zumindest interessant. Der Berliner Kunsthistoriker Christian Saehrendt beschreibt die seltsame Erscheinung: „Sein Auftreten war plebejisch und linkisch, doch sein körperbetontes Auftreten sorgte in der geriatrischen Atmosphäre der Jahrhundertwende für Aufsehen. Um seine Virilität und Jugendlichkeit zu demonstrieren, trug er zu enge Anzüge, rasierte sich glatt, grimassierte und rollte mit den Augen – ein Novum in der politischen Arena." In dieser gesellschaftlichen Umbruchzeit werden Außenseiter nach oben gespült. Ein paar hundert Kilometer entfernt, nördlich der Alpen, hält ebenfalls ein Außenseiter, ein gescheiterter Maler, ein Gefreiter des Ersten Weltkriegs, große Reden. Teile der Münchner Gesellschaft sind fasziniert, angesehene Damen finden den geborenen Österreicher charmant. Sie finanzieren Adolf Hitlers Aufstieg, bringen ihm Manieren und gesellschaftliche Techniken bei, ohne die auch Revolutionäre langfristig keine Aussicht auf Erfolg haben. Die Anfangsjahre der Karrieren von Mussolini und Hitler zeigen ähnliche Muster.

Uta Ruscher beschreibt in einem Radio-Feature Margherita Sarfattis Begeisterung für Mussolini. Sie sieht in dem politischen Emporkömmling den Retter der italienischen Nation. Und sie beweist gutes Gespür für Charisma und Macht. In den Jahren vor dem Ersten Weltkrieg teilen sich italienische Sozialisten in verschiedene Strömungen. Und sie bekämpfen einander mindestens so heftig wie den „Klassenfeind". Sarfatti, die „Reformsozialistin", ist mit Überschwang für utopische Ideen empfänglich. Sie träumt von einem neuen Staat, einer „zukünftigen Stadt". Ihre künstlerischen Protegés, die Futuristen, versuchen Dynamik, Bewegung, den Rausch der Geschwindigkeit, aber auch Kampf und Gewalt auf die zweidimensionale Leinwand zu bannen. Politik, Intellektuelle und Künstler, Schwärmer und Verrückte – alle sehnen etwas Neues herbei, ohne zu wissen, welche Katastrophe sie herbeireden, -schreiben oder -malen.

Der wortgewaltige Volksschullehrer Mussolini wird ins Direktorium der Parteizeitung „Avanti!" gewählt. Margherita Sarfatti glaubt, als gemäßigte Reform-Sozialistin unter dem radikalen Mussolini nicht mehr arbeiten zu können. Ehe sie gekündigt wird, will sie dem neuen Redaktionsleiter ihren Abschied anbieten. Der Chefredakteur des Parteiblatts hält sich nicht lang mit ideologischen Spitzfindigkeiten auf. Er macht unverhohlen deutlich, dass er blonde Frauen ganz besonders schätzt. Und Mussolini provoziert die großbürgerliche Sozialistin mit einem Nietzsche-Satz: „Wenn Du zum Weibe gehst, vergiss die Peitsche nicht!" Was immer der spätere „Duce" wirklich gesagt haben mag, Nietzsche hat er sicher falsch zitiert. Im Original schreibt der Philosoph: „‚Gib mir, Weib, deine kleine Wahrheit!', sagte ich. Und also sprach das alte Weiblein: ‚Du gehst zu Frauen? Vergiss die Peitsche nicht!'" Margherita brüstet sich in einen Brief, den sie 1913 an einen Freund schreibt, sie habe auf Mussolinis Unverschämtheit mit einem anderen Nietzsche-Zitat geantwortet. „Die Macht der schönen Frauen wird dadurch gestärkt, dass sie sich ihrer physischen Perfektion bewusst sind." Die Schöne und das Biest.

So beginnt eine Affäre, die zwei Jahrzehnte währen sollte. Margherita wird für Mussolini viel mehr als Geliebte und sexuelle Zerstreuung sein. Die jüdische Intellektuelle beeinflusst die Kulturpolitik, ist Imageberaterin und Biografin des späteren Faschistenführers. Sie bringt ihm Manieren bei und interessiert die junge Garde der italienischen Intellektuellen für die Pläne des „Duce". Viele Künstler erliegen dem brutalen Charme und dem Charisma des Volks(ver)führers und stellen sich in den Dienst der neuen Bewegung.

Doch noch ist es nicht so weit. Noch ringen in Italien die gesellschaftlichen Kräfte um die außenpolitische Positionierung des Königreichs. Nach dem Mord am österreichischen Thronfolger Franz Ferdinand in Sarajevo, der zum Anlass – nicht zur Ursache – des Ersten Weltkriegs, der Urkatastrophe des 20. Jahrhunderts, werden wird, kämpft Italien um eine klare Haltung. Obwohl dazu vertraglich verpflichtet, vermeidet Italien den Kriegseintritt an der Seite der Mittelmächte, vorerst bleibt der Staat neutral. Doch das Werben der Entente um Italien wird immer dringlicher. Und die Kriegsbegeisterung der italienischen Intellektuellen treibt auch besonnene Politiker vor sich her. Die Linke wird gespalten, noch halten die Sozialisten an der Neutralität fest. Benito Mussolini schreibt unmittelbar vor Kriegsbeginn einen Brandartikel mit dem Titel „Nieder mit dem Krieg". „Wenn Italien sich nicht ins äußerste Verderben bringen will, dann darf es nur eine Stellung einnehmen: absolute Neutralität." Unter dem Druck der aufgeheizten Stimmung im Volk ändert Mussolini in den ersten Kriegsmonaten seine Meinung. Der Populist hat längst Witterung aufgenommen und beginnt mit den Wölfen zu heulen, die es nach Kriegsabenteuer und Blut lüstet. Das sozialistische Parteikomitee droht Mussolini mit der Entlassung. Der hat längst seine Entscheidung getroffen. Er gründet eine neue Zeitung, die er großsprecherisch „Il Popolo d'Italia" nennt und die schon in der ersten Ausgabe die Jugend Italiens unter dem Titel „Kühnheit" zum Kriegsdienst auffordert. Das Geld für die Zeitungsgründung kommt aus Frankreich, aber nicht nur. Erst jüngst veröffentlichte Dokumente belegen, dass Mussolini ab 1917 auch auf der Gehaltsliste des britischen Geheimdienstes stand, der ihm ein wöchentliches Honorar von damals beachtlichen hundert Pfund auszahlen ließ. Der radikale Sozialist Mussolini vertritt ab sofort die Interessen seiner Geldgeber. In reißerischen Schlagzeilen fordert er den Kriegseintritt Italiens.

Auch Mussolinis Geliebte Margherita Sarfatti gerät in den Kriegstaumel. Ihr 15-jähriger Sohn Roberto will freiwillig in den Kampf ziehen. Die Mutter verhindert das vorerst, zum Sterben muss man mindestens 18 Jahre alt sein. Roberto fleht Mussolini an, der organisiert ihm eine ärztliche Bescheinigung und einen anderen Namen. Das Kind heißt jetzt Alfonso und ist laut Attest alt genug, die Uniform tragen zu dürfen. Er flieht von zu Hause unter die italienischen Fahnen. Der Schwindel fliegt auf. Roberto wird wieder aus der Armee entlassen.

Auch Mussolini kann jetzt nicht mehr nur zum Krieg hetzen, er wird eingezogen und kommt an die Alpenfront. Dort bekommt er die Brutalität des Krieges am eigenen Leib zu spüren. Er veröffentlicht im „Popolo" ein Kriegstagebuch. In der „Knochenmühle" der Isonzo-Schlachten verfliegt die Kriegslust. Die Österreicher halten stand, Italien gelingt kein entscheidender Durchbruch. Sarfattis Sohn Roberto wird im letzten Kriegsjahr eingezogen. Eine Granate zerreißt ihn im Januar 1918 an einer Bergflanke des Col d'Echelle. Mussolini wird 1934 ein monumentales Denkmal zur Erinnerung an den Sohn seiner Geliebten bauen lassen. Bei der Einweihung fehlt er. Der König kommt, der „Duce" nicht. Margherita versinkt im Schmerz. Sie dichtet: „Ich kann nicht. Ich gebe nicht nach. Ich wage es nicht. Ich schlucke meinen Schrei. Und weine nicht. Und lächle." Roberto Sarfatti wird zum jugendlichen Idol einer Generation stilisiert. Hunderttausende sterben, Roberto inspiriert die Dichter. D'Annunzio schreibt an Margherita: „Ich werde seiner in einer kommenden Heldentat gedenken, mit einem ihm gewidmeten Wagemut, der mich ihm gleich macht."

Die Mutter, die ihren Sohn betrauert, betäubt sich mit Arbeit. Sie schreibt für den „Popolo", bejubelt das nahende Kriegsende, hofft auf den Sieg. Und legt die ideologischen Fundamente für einen neuen Staat: „Terza Italia" – das „Dritte Italien", ein Vorgriff auf Hitlers „Drittes Reich". Aus der Affäre mit Mussolini wird eine Leidenschaft. Der Rausch des italienischen „Sieges", der doch mehr ein Zusammenbruch des alten Österreich-Ungarns war, verbindet sich mit der Leidenschaft einer wilden Liebe. Mussolini, er nennt Sarfatti in seinen Briefen „mein Segel", ist in die attraktive Intellektuelle verliebt. Sie gibt ihm sexuelle Leidenschaft und geistigen Zuspruch. Beide sind verheiratet, beide halten nach außen an ihrer Ehe fest. Margheritas Ehemann Cesare hat ohnehin längst Ablenkung gefunden. Er ist erfolgreich, wohlhabend, liebt das Glücksspiel und tröstet sich mit anderen Frauen. Mussolinis Gattin Rachele empfängt Kinder, erzieht sie und spielt im Leben des „Duce" eine untergeordnete Rolle.

Als der Rausch des Sieges verebbt, stürzt Italien in einen tiefen Kater. Die Wirtschaft bricht unter der Schuldenlast zusammen, Kriegsveteranen werden von Helden zur Last. Mussolini nutzt die allgemeine Unzufriedenheit zu politischer Agitation. Binnen weniger Jahre wird er zur politischen Führergestalt. Er gibt den italienischen Massen eine Vision. „Die Masse jubelt, schreit, leidet, wie und wann er will: das weiß die Masse, und auch deshalb liebt sie ihn", schreibt Margherita. Er bläst zum „Marsch auf Rom" und droht in entscheidender Stunde zu versagen. Margherita stützt ihn, trägt ihn, finanziert ihn. Sie zahlt. Rund eine Million Lire aus ihrem Privatvermögen investiert sie in die faschistische

Partei. „Jenen Marsch musste man machen", erinnert sich die Geliebte, „er war nicht länger verschiebbar. Und ich wollte nicht mein Geld verlieren, das war keine unbeträchtliche Summe." Der Faschismus siegt. Die Schwarzhemden prügeln sich ihren Weg an die Macht. Der „Manganello", ein langer Prügel aus gedrechseltem Hartholz, wird zum Symbol einer gewalttätigen Bewegung, mehr noch als die „Faci", die Rutenbündel der römischen Liktoren, die dem Faschismus seinen Namen geben. Mit Mussolini erklimmt seine jüdische Geliebte den Gipfel der Macht.

Alma Mahler-Werfel feiert die Sarfatti als „ungekrönte Königin Italiens". Margherita schreibt für einen englischen Verleger eine offizielle Biografie des „Duce". Sie wird in 19 Sprachen übersetzt und in großen Auflagen verbreitet. Auf mehr als 300 Seiten zeichnet Sarfatti ein leuchtendes Bild ihres Verehrers. In Italien erscheint das Werk mit dem lateinischen Titel „Dux". Das ist Programm. Der plumpe Bauernsohn wird in die Tradition des römischen Weltreichs gestellt. Die PR-Offensive der großbürgerlichen Kunstsammlerin und Salondame Margherita für den einst linkisch wirkenden Volkstribun greift im Inland und darüber hinaus. Das Buch wird zu einem Welterfolg. In Italien sorgt die faschistische Parteiorganisation für Massenauflagen. Der amerikanische Präsident Franklin D. Roosevelt empfängt die Biografin des Faschisten-Führers im Weißen Haus. In New York logiert sie im teuersten Hotel. Sie genießt ihre Rolle als Muse der Kunst, als exzentrische Mätresse eines Mächtigen. Sie fühlt sich als Star und posiert in Haute-Couture-Kleidern. Fast zeitgleich gelingt es ihr, der italienischen Kulturpolitik ihren Stempel aufzudrücken. Sie gründet die Künstlervereinigung „Novecento Italiano", eine Gruppe auserwählter Maler, die für Sarfatti Hoffnungsträger einer italienischen Moderne sind. Mussolini eröffnet 1926 persönlich die erste Ausstellung. Der Faschist erkennt in den frühen Jahren der Diktatur den propagandistischen Wert einer Symbiose von Politik und künstlerischer Avantgarde. Mussolini unterscheidet sich in seinem Kunstverständnis radikal von seinem späteren Idol Adolf Hitler, der die Moderne als „entartet" begreift.

In den Dreißigerjahren beginnt Margheritas Stern rasch zu verglühen. Mussolini stillt seine erotischen Begierden mit jüngeren Damen. Was sie geben konnte, hat er aufgesaugt. Plötzlich erinnert sich Hitlers neuer Verbündeter an die deutschen Rassengesetze. Sie werden auf Druck von Nazi-Deutschland 1938 auch in Italien eingeführt. Margherita Sarfatti muss fliehen. In den USA ist die Propagandistin des Faschismus plötzlich nicht mehr erwünscht. Sie emigriert zunächst nach Paris, dann nach Südamerika, arbeitet dort als Journalistin und kehrt nach 1945 in ihre Heimat zurück. Während Clara Petacci als eine ihrer Nachfolgerinnen makabre Berühmtheit erlangt, dabei aber ein grausames Schicksal erleidet, stirbt Margherita Sarfatti nahezu unbeachtet im Jahr 1961. Ihre Bedeutung für den Aufstieg des Faschismus und ihre Rolle als Ideenspenderin für Benito Mussolini werden nach 1945 weitgehend ignoriert. Trotzig betont Sarfatti am Ende ihres Lebens: „Der Duce hat mir viel zu verdanken! Ich habe ihn zu dem gemacht, was er wurde."

*

Marianne Brentzel/Uta Ruscher, Margherita Sarfatti. „Ich habe mich geirrt? Was soll's". Jüdin, Mäzenin, Faschistin, Zürich 2008.
Mauro Suttora (Hrsg.), Clara Petacci. Mussolini segreto, Milano 2009.
Birgit Mosser/Gerhard Jelinek, Herz. Jesu. Feuernacht, Innsbruck 2011.
Anna Eunike Röhrig, Mätressen und Favoriten, Göttingen 2010.

http://www.utaruscher.ch/sarfatti.asp?nid=9&lid=4&cid=1
http://www.welt.de/kultur/article5257543/Diktator-Mussolini-liess-beim-Sex-die-Stiefel-an.html
http://buecher.hagalil.com/hanser/wieland.htm
http://www.fembio.org/biographie.php/frau/biographie/margherita-sarfatti
http://www.guardian.co.uk/world/2009/oct/13/benito-mussolini-recruited-mi5-italy

Edward VIII. und Wallis Simpson
Ein Königreich für die Liebe

„Ihrer Majestät sollte es erlaubt sein, ihre Königin und Partnerin fürs Leben selbst auszuwählen. Ich wünschte, Sie machten die Dame Ihrer Wahl zu unserer Königin". Ein Brief als Beispiel für tausende. In zahlreichen Schachteln und Kisten der „Royal Archives" lagern die aufmunternden, tröstenden und ermutigenden Schreiben vieler britischer Untertanen an ihren König Edward VIII. Erst Jahrzehnte nach seiner Abdankung und seinem Tod wurden die schriftlichen Dokumente der Öffentlichkeit zugänglich gemacht. Edward ist das „schwarze Schaf" der Familie Windsor. Seine Affäre mit der Amerikanerin Wallis Simpson hat die britische Gesellschaft schockiert, das politische System an den Rand des Kollaps gebracht und London außenpolitisch in höchste Verlegenheit gestürzt.

Es war die Affäre des 20. Jahrhunderts: Ein englischer König verzichtet eher auf die Krone des britischen Empires als auf die Ehe mit einer zwei Mal geschiedenen amerikanischen Bürgerlichen. Dabei durfte König Edward niemals die Krone tragen. Er regierte seine rund 600 Millionen Untertanen nur elf Monate, nicht einmal eine feierliche Krönung in der Westminster Abbey konnte organisiert werden.

Edward, Prince of Wales, war gewiss kein Kind von Traurigkeit. So hatte er schon in den wilden Zwanzigerjahren eine kurze, aber ausführlich publizierte Affäre mit der eben erst geschiedenen Frau von Charlie Chaplin. Die gerade einmal 21-jährige bildhübsche Filmschauspielerin Mildred Harris war bereits als Kind vor der Kamera gestanden und hatte mit 16 Jahren den Stummfilm-Komiker Charlie Chaplin geheiratet. Das Paar trennte sich wenige Jahre später, nicht ohne in der Sensationspresse wilde gegenseitige Beschuldigungen über sexuelle Perversionen des jeweils anderen auszutauschen. Die – wenn auch kurze – Beziehung zur britischen Hocharistokratie schadete der Schauspielkarriere von Mildred Harris nicht.

Edward war im Jahrzehnt nach dem Ersten Weltkrieg eine internationale „Celebrity". Sein gutes Aussehen, die Perspektive, einst König von England zu werden, und sein leicht exaltierter Bekleidungsstil machten den Prince of Wales zum meistfotografierten Mann auf Erden. Seine wechselnden Beziehungen zu schönen, aber nicht immer ganz standesgemäßen Frauen verursachten dem britischen Premierminister Stanley Baldwin Kopfzerbrechen. Auch König George V. mahnte den Thronfolger zu ein wenig mehr Zurückhaltung, ahnte aber, dass er damit keinen Erfolg haben würde. George bemühte sich um ein langes Leben, um seinen Sohn vom Thron fernzuhalten. Ein Zitat des Königs ist überliefert: „Nach meinem Tod wird sich Edward binnen zwölf Monaten komplett zerstören." Die Prophezeiung erwies sich als punktgenau. Edward VIII. regierte gerade 325 Tage, keine elf Monate.

Die Rolle eines Thronfolgers kann über die Jahre durchaus mühevoll sein. Der Kronprinz lässt sich aber keineswegs nur auf die Rolle eines „Lady's Man" reduzieren. Edward reiste viel, besuchte die Länder des Commonwealth und nahm seinen Titel als „Prince of Wales" so ernst, dass er die verarmte Region im Südwesten der Insel mehrmals besuchte und das Schicksal der Arbeitslosen in den Regionen mit heruntergewirtschafteten Kohlenminen und stillgelegten Stahlwerken mit eigenen Augen sah.

Mehr als 2000 Menschen warten auf dem devastierten Gelände der stillgelegten Stahlwerke in Dowlais am 18. November 1936 auf ihren König. Es ist kalt, windig und feucht an diesem Herbsttag in Südwales. Als der Wagen mit dem königlichen Wappen die Straße entlangfährt, stimmt der Stahlarbeiterchor die Hymne „God save the King" an. Der 42-Jährige verlässt den

Wagen, bleibt stehen, seinen Hut in der Hand. Minutenlang betrachtet der König in den Ruinen des Stahlwerks seine Untertanen. Dreiviertel der Männer von Dowlais sind ohne Arbeit, die Kleider zerrissen, die Schuhe löchrig, sie haben keinen Schutz gegen den Nieselregen. Der Monarch sieht ein Bild des Jammers, spürt, ja riecht die Armut, die existenzielle Hoffnungslosigkeit.

Die Kameraleute der Pathe-Wochenschau halten diese Szene fest.

Dann geht Edward VIII. langsam durch die Reihen der Arbeiter, sie stehen auf, lüpfen ihre Mützen, einige beginnen die walisische Hymne zu singen. Der König schreitet über einen hölzernen Steg in die ehemalige Fabrik, geht durch Gebäude ohne Dach, die Stahlskelette der verrotteten Förderanlagen werfen graue Schatten. Dann spricht Edward VIII. den einen Satz: „Diese Stahlwerke brachten den Menschen Hoffnung. Es muss etwas getan werden, dass diese Menschen hier weiter bleiben können und hier arbeiten können." – „Something must be done!"

Seine Sympathie für die „kleinen Leute" und seine Aufforderungen an die Politik, etwas für die Menschen zu tun, stießen beim politischen Establishment auf Ablehnung. Die abgehobene Aristokratie des Landes hatte für das soziale Engagement des Lebemann-Königs ohnehin kein Verständnis, hielt es für eine weitere schrullige Laune eines gelangweilten Bonvivants. Und die Arbeiterpartei, für die Wales eine ihrer Hochburgen war, betrachtete den demonstrativen Einsatz des Windsors als Eindringen in die ureigene Domäne. Ein König, der sich in die Tagespolitik einmischte, das war ein Tabubruch. In seiner Autobiografie rechtfertigt sich der später zum „Herzog von Windsor" Degradierte: „Die Leute wirkten dünn und ausgemergelt. Sie trugen schäbige Kleidung. Selbst ein König, der wohl als Letzter den Druck der Depression fühlte, konnte erkennen, dass etwas absolut falsch war."

Nach seiner Rückkehr aus dem deprimierenden Industrie-Friedhof fiel die Anspannung ab. Der König freute sich auf ein

Wiedersehen mit seiner Geliebten. Bevor er den Zug bestieg, der den königlichen Hofstaat nach London bringen sollte, telefonierte Edward VIII. mit der verheirateten Mrs. Simpson. Sie war Ende 1936 zum absoluten Mittelpunkt seines Lebens geworden. „Meine geliebte Wallis, Ich liebe Dich mehr & mehr & mehr & mehr ...", schrieb der König an die Bürgerliche in einem seiner zahlreichen Liebesbriefe.

Die Frau, um derentwillen der König die englische Monarchie beinahe zum Einsturz gebracht hat, wurde als Bessie Warfield im US-Bundesstaat Maryland geboren. Junge Mädchen aus der gehobenen Mittelschicht hatten damals nur ein Ziel zu haben: möglichst rasch einen möglichst reichen Mann vor den Traualter zu schleppen, um dadurch ihre soziale Stellung auszubauen. Bessie arbeitete hart an sich. Selbst den Vornamen legte sie ab. Bessie erinnerte sie viel zu sehr an Kühe und Pferde. Wallis klang schon mehr nach Upperclass. Der Industrielle Ernest Simpson konnte seiner extravaganten Frau ein materiell gut gepolstertes Leben bieten. So viel hatte die ehemalige Bessie immerhin schon erreicht. Liebe war es nicht. In den Überwachungsprotokollen der englischen Geheimpolizei, die die Geliebte des Thronfolgers observierte und ihr Umfeld ausleuchtete, wird Ernest Simpson als skrupelloser Typ beschrieben. Wallis genieße sehr die Bekanntschaft mit Männern und habe zahlreiche Liebschaften.

Als sie 1931 dem englischen Thronfolger und begehrtesten Junggesellen seiner Zeit vorgestellt wurde, war Wallis bereits zum zweiten Mal verheiratet. Gastgeber der Party war die amerikanische Diplomatentochter Thelma Furness, verheiratet und langjährige Geliebte des Kronprinzen. Als sich Thelma 1934 zum Besuch ihrer Schwester Gloria über den Atlantik einschiffte, bat sie ihre Freundin Wallis Simpson, ein wenig auf Edward aufzupassen. Das war ein Fehler. Wallis wurde die Geliebte des Thronfolgers. Nach ihrer Rückkehr reagierte die abservierte Society-Lady etwas unwirsch und beklagte sich offen über die „Eiseskälte" ihres Verflossenen. Der von der Damenwelt umschwärmte

Königssohn zeigte wenig Empathie. Thelma sei ein „Biest", ließ seine königliche Hoheit verlauten.

Im November 1934 begegnen einander Edward und das Ehepaar Simpson bei der Hochzeit seines jüngeren Bruders George abermals. Die mondäne Amerikanerin macht wieder großen Eindruck auf den künftigen König. Sie hat sich für die Hochzeit in der Westminster Abbey ein prachtvolles Diadem von Cartier ausgeliehen. Der Thronfolger ist geblendet. Schon beim Empfang im Buckingham Palace stellt Edward dem König seine neuen Bekannten vor.

Frau Simpson entsprach keinen gewöhnlichen Schönheitsidealen, dafür war sie zu dünn, zu hager und – Anfang 40 – auch zu alt. Aber Wallis Simpson war eine intelligente, selbstbewusste, mondäne Frau. Edward suchte die Nähe zu den Simpsons. Um Wallis zu sehen, musste er auch ihren Ehemann in Kauf nehmen.

Er lud das amerikanische Millionärspaar regelmäßig zu Festen in seine Residenz Fort Belvedere in der Nähe von Windsor ein. Edwards Diener musste am Morgen nach einer derartigen Fete eine schockierende Feststellung machen: Als er das Frühstück ans Bett servieren will, findet er den Thronfolger nicht unter seiner Tuchent, die Laken sind unbenutzt. Er ahnt: Sein Herr hat die Nacht im Zimmer von Frau Simpson verbracht.

Es ist schwer zu glauben, dass der gehörnte Ehemann die Avancen des Thronfolgers nicht registrierte. Er ging auf Reisen, überließ seine Frau Edward. In einer Welt der Waren und Geschäfte hatte auch Untreue einen Preis. Der Amerikaner Simpson erhoffte sich vom künftigen englischen König lukrative Kontakte und Geschäfte, jedenfalls aber einen Adelstitel. Edward und Wallis lebten ihre Affäre offen aus. Im Februar 1935 adeln die beiden den Tiroler Wintersportort Kitzbühel, sie schnallen sich Holzlatten an die Beine und kurven durch den Pulverschnee. Im August wollen sie mit der Yacht „Cutty Sark" durchs Mittelmeer kreuzen. Die unruhige weltpolitische Lage verhindert eine ausgedehnte Schiffsreise. So dampft das Paar auf dem Schiff des

Herzogs von Westminster nur bis Korsika. Später besuchen Edward und Wallis Wien und Budapest. Während die britische Presse über die Eskapaden des Thronfolgers schweigt, ist der Rest der Welt über die Liaison des künftigen Königs bis ins Detail informiert.

Die acht Wochen zwischen dem 16. Oktober und dem 11. Dezember 1936 verdichten die Affäre, erhöhen den Druck und enden mit der Abdankung des Königs. Die Fronten werden bezogen. Während Edward den Eigentümer des „Daily Express" und des „Evening Standard", William Maxwell Aitken, auf seine Seite ziehen kann und den mächtigen Verleger überzeugt, Berichte über das Scheidungsverfahren zwischen Wallis Simpson und ihrem Ehemann Ernest zu unterdrücken, ergreifen die „Times" und ihr Herausgeber Geoffrey Dawson die Partei von Premierminister Stanley Baldwin. Noch schweigt die Presse. Doch der Privatsekretär des Königs wittert den drohenden Sturm. Er schreibt seiner königlichen Hoheit einen besorgten Brief: „Das Schweigen der britischen Presse bezüglich der Freundschaft Eurer Majestät mit Frau Simpson wird nicht anhalten. Den Briefen britischer Untertanen im Ausland, wo die Presse sich offen äußerte, nach zu urteilen, werden die Folgen verhängnisvoll sein."

Am Wochenende um den 17. Oktober berät der konservative Regierungschef mit führenden Mitgliedern seiner Partei die weitere Vorgangsweise. Die Herren fürchten, dass die Ehe von Wallis Simpson geschieden werden und damit die formale Hürde für eine Hochzeit des Königs mit der Amerikanerin fallen könnte. Eine Heirat noch vor der für Mai 1937 festgelegten Krönung wäre zeitlich möglich. Wallis Simpson bei der Krönungsfeierlichkeit in Westminster Abbey an der Seite des Königs – das ist für den britischen Regierungschef eine Katastrophe.

Baldwin trifft den König und will, dass seine Geliebte die Scheidungsklage zurückzieht. Edward lehnt entrüstet ab. Am Tag vor dem Gerichtstermin in der ostenglischen Stadt Ipswich beginnt die Intrige des „Times"-Herausgebers. Er schickt Kopien eines angeblichen Leserbriefs an den Premierminister und den Erzbischof von Canterbury. Der anonyme Schreiber, möglicherweise ist es der „Times"-Chef selbst, wirft dem König vor, er würde die Grundfesten der Moral und der Monarchie erschüttern.

Es folgt der Gerichtstag in Ipswich. Hotelangestellte sagen aus, sie hätten beim Servieren des Frühstücks den Ehemann von Wallis Simpson nackt im Bett mit einer anderen Dame gesehen. Klarer Fall: Der Ehebruch durch Ernest Simpson ist erwiesen. Richter John Hawke entscheidet zugunsten der Klägerin und erfüllt seine Rolle in einem abgekarteten Spiel. Herr Simpson hat sich die „schuldige" Scheidung durch sehr viel Geld abkaufen lassen. Für 150.000 Pfund – heute wären das mehrere Millionen Euro – spielt der mehrfach betrogene Ehemann an diesem Betrug mit. Wenn der König unbedingt „seine" Wallis ehelichen will, dann soll die Krone dafür zahlen.

Wenige Tage nach der erfolgreichen Scheidung erscheint Englands König Edward VIII. mit Wallis Simpson als Begleiterin bei einem offiziellen Empfang. Die Aristokratie hat in diesen Tagen eine Menge zu tuscheln. Premierminister Stanley Baldwin wagt die offene Konfrontation mit dem König. Er erbittet eine Audienz und erklärt ihm: Das Volk werde eine zwei Mal geschiedene Amerikanerin nicht als Königin akzeptieren. Mit Volk meint der Regierungschef offenkundig die politische Kaste der Monarchie. Denn das Volk weiß wenig über die Liaison und die Pläne ihres Königs. Edward betrachtet den Widerstand seines Regierungschefs als Ansporn. Noch am gleichen Abend provoziert er Mutter und Schwester mit der Erklärung, er plane, Wallis Simpson zu heiraten.

Die beiden Damen wissen von der Affäre, aber das Thema Heirat war bisher tabu. Die Königin lehnt den Vorschlag ihres Sohnes, Wallis Simpson zu empfangen und sich ein Bild von ihr zu machen, rundweg ab. Das Ansinnen, aus Liebe zu heiraten, erscheint ihr absurd. Eine Ehe wird in diesen Kreisen aus dynastischen oder politischen Beweggründen vereinbart. Wallis Simpson ist als Königin unmöglich.

Weil der König selbst Argumenten kein Gehör schenkt, wird jene Frau eingeschaltet, auf die er hört: Wallis Simpson. Sie soll einer sogenannten „morganatischen" Ehe zustimmen. Dabei würde sie zwar Ehefrau, ihre Kinder könnten aber keinen Anspruch auf die Krone erheben. Angesichts des doch schon fortgeschrittenen Alters der künftigen Braut war das ohnehin nur eine theoretische Option.

Ein Kompromiss scheint sich anzubahnen. Der Monarch empfängt seinen Premierminister und sondiert, ob dieser mit einer solchen Regelung leben könne. Baldwin macht Edward einen Strich durch seine Pläne. Eine morganatische Ehe erfordere die Zustimmung des Parlaments. Und dafür sehe er keine Mehrheit. Der König macht jetzt einen fatalen Fehler: Er beauftragt den Premierminister – ungeachtet seiner bereits geäußerten Ablehnung – offiziell, einen solchen Antrag zu prüfen. Damit ist der konservative Politiker Herr des Verfahrens. Baldwin wird die Zügel nicht mehr loslassen.

Der König kann sich noch auf einige mächtige Freunde stützen: Lord Beaverbrook, der Zeitungsmagnat, versucht seine Kollegen von der Londoner Presse auf Edward einzuschwören. Er eilt noch einmal ins königliche Privatschloss Fort Belvedere und drängt den König, seine offizielle Anfrage an den Premierminister zurückzuziehen. Edward folgt dem gut gemeinten Rat des Zeitungsherausgebers. Es ist zu spät.

Die Nachricht ist schon ins politische Establishment durchgesickert. Die Kettenreaktion beginnt. In Bradford leitet der konservative anglikanische Bischof Alfred Walter Blunt eine Diözesankonferenz. Dort erfährt der Kirchenmann von der Absicht des Königs, der ja auch nominelles Oberhaupt der anglikanischen Kirche ist, eine geschiedene Amerikanerin zu heiraten. Der Bischof einer Kirche, die ja von Heinrich VIII. gerade deswegen gegründet worden war, damit er, der König, sich wiederverheiraten konnte und dafür den Bruch mit dem römischen Papsttum in Kauf nahm, kritisiert die Pläne seines Königs in wohlgesetzten Andeutungen. Die Dämme brechen. Am 1. Dezember berichtet ein unbedeutendes Regionalblatt, die „Yorkshire Post", über die kritischen Anmerkungen des Bischofs von Bradford am Verhalten des Königs. Jetzt gibt es kein Halten mehr. Viele Zeitungen betrachten die Meldung in der „Yorkshire Post" als Aufforderung, über die Staatsaffäre zu berichten. Und die „Regierung Seiner Majestät" spitzt den Konflikt zu. Mit einem offiziellen Beschluss werden die Pläne Edwards für eine „morganatische" Ehe abgelehnt. Stanley Baldwin geht persönlich zum König und stellt ihm ein Ultimatum: Verzicht auf die Heirat oder Abdankung.

Für Wallis Simpson wird der Druck zu groß. Eine Liebschaft, die zur Affäre wurde, ist jetzt eine „Verfassungskrise". Die jahrhundertealte Monarchie des britischen Empires scheint ernsthaft in Gefahr. Wallis will weg. Sie bittet Edward, sie ins Ausland reisen zu lassen. Es wird eine Flucht. Das Ziel ist die französische Riviera: Cannes. Dort besitzt die befreundete amerikanische Familie Katherine und Herman Rogers eine Villa in den Bergen. Lou Viei ist ein umgebautes Kloster aus dem 12. Jahrhundert. Der Abschied zwischen Wallis und Edward entspricht melodramatischen Filmklischees. Susan Williams beschreibt die Szene in ihrer Biografie „The Peoples King" so: „Baron Brownlow, der Wallis für die Reise abholen sollte, erlebte den König ziemlich pathetisch, müde, überreizt und er fürchtete die Abreise von Wallis wie ein kleiner Bub, der erstmals im Internat allein zurückgelassen wird." Wallis Simpson zitierte in ihrer Biografie „The Heart Has Its Reasons" die Abschiedsworte des Königs: „Du musst auf mich warten, wie lange unsere Trennung auch dauert. Ich werde Dich niemals aufgeben."

In der großen Tragödie steckt auch eine kleine. Wallis muss ihren Cairn-Terrier „Slipper" zurücklassen. Der strubbelige Hund erweist sich allerdings als wahrer Seelentröster für den überforderten König. Edward in seinen Memoiren: „Ich war dankbar für seine Gesellschaft. Er folgte mir auf Schritt und Tritt im The Fort Belvedere. Er schlief neben meinem Bett und war der stumme Zeuge meiner Gespräche mit dem Premierminister."

Während die Geliebte – ohne Terrier – buchstäblich in einer Nacht- und Nebel-Aktion und unter falschem Namen von Newhaven nach Frankreich übersetzt, starten Freunde des Königs einen weiteren Versuch. Edward soll überredet werden, auf die Ehe mit Mrs. Simpson zu verzichten und die Krone zu retten.

Vor ihrer Abreise hatte Wallis ihren Edward gedrängt, sich direkt an das britische Volk zu wenden und in einer Radioansprache seine Gefühle und Beweggründe zu erklären. Die Amerikanerin hoffte dadurch, die öffentliche Stimmung gegen den Premierminister und den Klerus mobilisieren zu können. Rundfunkansprachen waren überaus beliebt und das moderne Mittel der Kommunikation. Edwards Vater König George V. hatte die Herzen seiner Untertanen durch die berühmten „Weihnachtsansprachen" erreicht. Und Edward hatte Erfahrung mit dem Medium. Schon als Prince of Wales sprach er 75 Mal über die Sender der BBC. Deren Generaldirektor Sir John Reith unterstützte das königliche Vorhaben, ebenso wie Winston Churchill, der damals schon einflussreich, aber erst in drei Jahren Regierungschef werden sollte.

Edward begibt sich in den Buckingham Palace und teilt dort dem Premierminister mit, er beabsichtige, sich via BBC an sein Volk zu wenden. Baldwin belehrt den König, dass er ohne Zustimmung des Kabinetts keine öffentlichen Erklärungen abgeben dürfe. Jedes Wort, jeder Satz müsse per Regierungsbeschluss sanktioniert sein. Winston Churchill bereitet in der Zwischenzeit den Text der Ansprache vor. Eine Kopie wird Baldwin übergeben und per Telegramm auch an alle sich selbst verwaltenden britischen Kolonien geschickt. Im Redeentwurf spricht der König: „Ich kann die schweren Lasten, die auf mir als König lasten, nicht mehr weitertragen, ohne in dieser Aufgabe durch ein glückliches Eheleben gestärkt zu werden. Daher bin ich fest entschlossen, die

Frau zu heiraten, die ich liebe, wenn sie frei ist, mich zu heiraten."

Kein Wort über seine Abdankung. Kein Wort über einen Verzicht auf die Eheschließung. Baldwin antwortet dem König am nächsten Tag. Die Regierung schleudert dem Souverän ein Wort hin: „Nein!"

Der König empfängt eine verschlüsselte Nachricht aus Frankreich. Wallis Simpson will auf eine Trauung verzichten. Die Reisegruppe auf ihrem Weg nach Cannes wird mittlerweile von hunderten Reportern, wie auf einer Fuchsjagd, gehetzt. Um die Journalisten abzuhängen, verlässt Simpson mit ihren drei Begleitern schon um drei Uhr früh ihr Hotel in Blois Richtung Cannes. Endlich erreicht der Wagen das feudale Anwesen Lou Viei in den Bergen. Wallis Simpson kann sich erschöpft hinter die hohen Gitterzäune flüchten. Vor den Toren lagern schon wieder dutzende Journalisten.

In London versucht Winston Churchill mit einer Rede im Unterhaus die Stimmung zugunsten des Königs zu drehen. Doch der konservative Politiker hat in seiner eigenen Partei keine Chance. Churchill kann nicht einmal seine Rede beenden, Zwischenrufer stören.

Die Staatskrise spitzt sich in einer Parallelaktion zu. Hier London, da Cannes. In ihrem Fluchtort verfasst Wallis eine Presseerklärung. Sie sei bereit, Edward aufzugeben, um die Krone nicht zu gefährden. Dem Drängen ihrer Begleiter, mit klaren Worten auf eine Hochzeit zu verzichten, widersteht sie. In London macht sich ihr Anwalt Theodore Goddard auf den Weg zum Flughafen Croydon. Ein Regierungsflugzeug – von Premierminister Baldwin zur Verfügung gestellt – soll den Advokaten an die Côte d'Azur fliegen. Er will Wallis überreden, ihr Scheidungsbegehren zurückzuziehen. Keine Scheidung von Mr. Simpson, keine Ehe mit Edward VIII. Das Problem wäre gelöst. Doch die Amerikanerin lehnt auch diesen Vorstoß ab. Sie zieht ihre Scheidungsklage nicht zurück, erklärt allerdings in einem Telefonat ihrem geliebten König, dass sie ihn aufgeben werde, damit er die Krone behalten könne. Alles zu spät. Edward VIII. hat seinen Rücktritt längst beschlossen. Anwalt Goddard, dessen Kanzlei auch in der „Profumo-Affäre" eine bedeutende Rolle spielen wird (siehe S. 245 ff.), resümiert: „Mein Klient war bereit, alles zu unternehmen, um die Situation zu entspannen, aber die andere Seite hatte sich festgelegt." Erst sieben Jahrzehnte später taucht ein handgeschriebenes Dokument auf, das die Einschätzung des Londoner Advokaten unterstützt. „Mit dem tiefsten persönlichen Schmerz wünscht Wallis Simpson bekanntzugeben, dass sie jede Absicht, seine Majestät zu ehelichen, aufgegeben hat." Dieser Satz, mit Bleistift von Lord Brownlow geschrieben, hätte den Lauf der Geschichte verändert. Zu spät.

Edward VIII. wollte nicht mehr. Er entsagte der Krone. Die schriftliche Erklärung über seine Abdankung wurde von allen drei jüngeren Brüdern unterzeichnet. Prinz Albert, Herzog von York, wurde durch seine Unterschrift König George VI. „Nach langer und sorgfältiger Überlegung habe ich mich entschlossen, auf den Thron zu verzichten, auf den ich nach dem Tod meines Vaters nachgefolgt bin. Ich teile das als meine endgültige und unumstößliche Entscheidung mit. Weil ich mir der Bedeutung dieses Schrittes bewusst bin, kann ich nur der Hoffnung Ausdruck verleihen, dass ich das Verständnis des Volkes für diese Entscheidung und die Überlegungen, die mich dazu führten, finde. Ich möchte nicht meine privaten Gefühle offenlegen, aber ich ersuche um Verständnis dafür, dass ich die schwere Last, die ein Souverän ständig auf seinen Schultern spürt, nur in Umständen ertragen kann, die sich von jenen unterscheiden, in denen ich mich jetzt befinde."

Regierung und Oberschicht des Königreichs waren durch die Abdankung erleichtert. Eine Verfassungskrise konnte gerade noch vermieden werden. Der beim Volk beliebte, aber unberechenbare König war endlich aus dem Amt geschieden. Sein nicht besonders loyaler Privatsekretär Alan Lascalles, dessen Beobachtungen über die Sympathien des Königs und vor allem seiner Geliebten zum deutschen Nazi-Regime erst im Jahr 2003 veröffentlicht werden durften, hatte aus seinem Herzen keine Mördergrube gemacht. Dem Premierminister sagte er: „Das Beste, was ihm und dem Land passieren kann, ist, dass er sich beim Hindernisreiten den Hals bricht."

Nach seinem Rücktritt und der Degradierung zum „Herzog von Windsor" konnte ihm der Premierminister eine öffentliche Erklärung nicht versagen. Der nunmehrige Herzog von Windsor trat im königlichen Schloss vor die Mikrofone der BBC und hielt eine Rede an seine (ehemaligen) Völker: „Sie müssen mir glauben, wenn ich Ihnen sage, dass es für mich unmöglich war, die schwere Last der Verantwortung zu tragen und die Pflichten eines Königs so zu erfüllen, wie ich es wollte, ohne die Hilfe und die Unterstützung der Frau, die ich liebe."

„The woman I love." Mit diesen Worten beendete der König, der er nicht mehr war, ein monatelanges Ringen um die Beziehung zu der Frau, die Edward nicht nur als Geliebte haben, sondern als Ehefrau zur Königin machen wollte. Es ist der Stoff, aus dem Legenden gestrickt und Filme gedreht werden. Die amerikanische Sängerin Madonna legte im September 2011 mit „W.E." ihr Regiedebüt vor.

Die Liebe der beiden ist von Intrigen, Propaganda, Geheimdienstberichten und politischen Verwicklungen auf allen Ebenen überlagert. Die historische Forschung hat erst in den vergangenen Jahren vieles davon weggekratzt, was das Geschichtsbild von König Edward VIII. und seiner Wallis eintrübt oder verklärt.

Die Schuld an der Verfassungskrise und dem Verlust von Thron und Krone musste natürlich der mondänen und „unmoralischen" Ausländerin in die Stöckelschuhe geschoben werden. Wallis, die nicht gerade eine konventionelle Schönheit war, wurde von der englischen Boulevardpresse zur männermordenden Femme fatale stilisiert. Männerfantasien beflügelten die Berichte und Kommentare der Gesellschaftsjournalisten. Wallis habe den

König sexuell hörig gemacht, mit ausgefeilten Techniken, die sie in einem Bordell in Hongkong gelernt hätte. Der König habe nur bei ihr sexuelle Erfüllung gefunden. Außerdem wurde die Geliebte des Königs als lesbisch und/oder nymphoman dargestellt, wie man es eben brauchte. Edwards offizieller Biograf Philip Ziegler schrieb: „Es muss sich um eine Art sadomasochistischer Beziehung gehandelt haben. Er genoss die Verachtung und Grobheit, mit der sie ihm begegnete."

Frau Simpson war nun aber tatsächlich kein „Kind von Traurigkeit". Während ihrer Affäre mit dem Thronfolger hatte sie auch ein Verhältnis mit dem englischen Autohändler Guy Trundle, das penibel von einer Spezialeinheit der englischen Polizei dokumentiert wurde. Die Seitensprünge der verheirateten Ehebrecherin erfuhr Edward nicht. So viel Diskretion wahrte die Geheimpolizei. Weltpolitische Dimensionen erreichten ihre Affären durch ihre – angebliche – sexuelle Beziehung zum deutschen Botschafter in London, Joachim von Ribbentrop. Der spätere Außenminister Hitlerdeutschlands soll Wallis Simpson täglich einen Strauß mit 17 Nelken geschickt haben – für jede Liebesnacht eine. Verbreitet und genährt wurde dieser Verdacht während des Krieges durch das amerikanische FBI. Viele Anschuldigungen des FBI können auch böser Klatsch gewesen sein, um Wallis Simpson und ihren hoheitlichen Ehemann zu verunglimpfen. Der amerikanische Botschafter Joseph P. Kennedy, Vater des späteren Präsidenten John F. Kennedy, nannte sie ein „Flittchen"; seine Frau weigerte sich, mit Mrs. Simpson an einem Tisch zu sitzen.

Nach seiner Abdankungsrede verlässt der König sein Land. Er muss ins Exil. Edward, Herzog von Windsor, reist auf den Kontinent und wählt das Schloss Enzesfeld unweit von Wien als Logis. Er darf seine Geliebte Wallis nicht sehen, solange die Scheidung nicht rechtskräftig ist. Sollte eine ehebrecherische Beziehung zwischen den beiden nachgewiesen werden, dürften Edward und Wallis nicht heiraten. Es sind Monate der Demütigung. Der ehemalige König von England und Kaiser von Indien muss sich in sicherer Entfernung seiner Geliebten aufhalten. So verbringt der Herzog von Windsor einen Frühsommer in Österreich, wartend und jeden Tag mit Wallis in Cannes telefonierend. Ende März 1937 quartiert sich Edward im Landhaus Appesbach am Wolfgangsee im Salzkammergut ein. Er wählt sein Exil mit Bedacht. Der Ansitz wurde von seinen Besitzern ganz im Stil eines englischen Landhauses gestaltet, britischer Rasen inklusive. Und vom Balkon der Villa kann Edward den Blick über den See und die Bergwelt schweifen lassen und damit sein Empire vergessen. „Ein herrliches Fleckchen Erde", schreibt er in einem Brief an Wallis Simpson.

Der englische Adelige ist mittlerweile zur Sehenswürdigkeit und zur Modeikone geworden. Die von ihm getragene Schweizer Uhr der Marke „Vacheron Constantin" wird weltbekannt. Fotos des eleganten Herrn mit seiner speziellen Pfeifenkreation „Prince" gehen um die Welt. Endlich: Anfang Mai 1937 ruft Wallis Simpson an. Die Scheidung ist rechtsgültig. Edward darf nach Frankreich reisen. Schon am nächsten Tag verlässt er die Landidylle am Wolfgangsee, besteigt den Orient-Express in Salzburg und dampft nach Paris. Im neugotischen Schloss Candé im Loiretal, das einem reichen französisch-amerikanischen Milliardärs-Ehepaar gehört, heiratet Edward seine Wallis. Das Foto der – nicht mehr ganz jung – Vermählten geht um die Welt. Die Flitterwochen kann das Paar gleich an Ort und Stelle verbringen. Schloss Candé ist mit allem modernen Luxus ausgestattet. Es gibt eine Zentralheizung und Art-déco-Badewannen, die in einer Minute mit heißem Wasser gefüllt werden können. Hier fühlt sich die „Herzogin von Windsor" standesgemäß untergebracht. Hätte es damals schon Jets gegeben, der König ohne Krone und seine Ehefrau führten das Leben eines mondänen Jetsets zwischen Luxusschloss in Frankreich, Aufenthalten in Amerika und Auslandsbesuchen.

Im Oktober 1937 beweist der Herzog von Windsor seine mangelnde politische Weitsicht. Er lässt sich vom deutschen Reichskanzler Adolf Hitler auf den Obersalzberg einladen. Im

Ferienrefugium des Nazi-Diktators werden der frühere König und seine Frau wie Staatsgäste empfangen. Hitlers Chefdolmetscher Paul-Otto Schmidt berichtete 1949 dem deutschen Nachrichtenmagazin „Der Spiegel", Hitler habe über Wallis Simpson gesagt: „Sie wäre sicherlich eine gute Königin geworden."

Die Sympathie des britischen Aristokraten für den Emporkömmling Hitler ließ in London alle Alarmglocken läuten. Der Nazi-Führer nutzte den Besuch des Ex-Königs weidlich für Propaganda. Und Edward dürfte tatsächlich abenteuerliche Hoffnungen mit Nazi-Deutschland verbunden haben. Nach einem allfälligen Krieg und der Niederlage Großbritanniens würde er als König von Hitlers Gnaden wieder auf den Thron des Empires gesetzt werden. Mit dem „Führer" des Deutschen Reichs tauschte er Telegramm-Botschaften aus. Acht Tage vor Ausbruch des Zweiten Weltkriegs appellierte der Herzog an Hitler, sich für eine „friedliche Lösung der gegenwärtigen Probleme" einzusetzen. Auch der Angriff Nazi-Deutschlands auf Polen am 1. September 1939 führt bei Edward zu keiner anderen Einschätzung Hitlers.

Der Herzog von Windsor benimmt sich weiter eigenartig. Obwohl er als britischer Generalmajor einen hohen militärischen Rang bekleidet, bleibt das Paar auch nach Kriegsbeginn vorerst in Paris. Nach dem Einmarsch deutscher Truppen ziehen sich die beiden in den mondänen Badeort Biarritz an der französischen Atlantikküste zurück. Minuten nach dem Eintreffen im Hotel konnten Berliner Radiostationen die Zimmernummer des Herzogspaars nennen. Nach FBI-Informationen hatte Wallis Simpson Außenminister von Ribbentrop im Detail über die Fluchtpläne informiert.

Den zurückgelassenen Hausrat lassen sie von deutschen Armee-Lastwagen nachbringen. Von Südfrankreich gehen sie in das faschistische Spanien und weiter nach Portugal. In London regiert Winston Churchill, Edwards politischer Freund aus früheren Tagen. Der Premierminister, der den militärischen Widerstand der westlichen Welt gegen Nazi-Deutschland organisiert, versucht den Herzog von Windsor nach London zurückzubeordern. Doch das Paar findet immer wieder Ausflüchte, nicht auf die Insel heimkehren zu müssen. Der englische Ex-König mit eindeutigen Sympathien für den Nationalsozialismus in den Händen der Deutschen, das wäre eine schwere propagandistische Niederlage für die Alliierten gewesen. Einem Journalisten erläutert Edward sein Weltbild: „Es wäre eine Tragödie für die Welt, wenn Hitler gestürzt würde." Das war für Premierminister Winston Churchill jener Tropfen, der das Fass zum Überlaufen brachte.

Edward und Wallis müssen weg. Im Sommer 1940 gibt der Herzog endlich nach. Er wird Gouverneur auf der damaligen britischen Kronkolonie Bahamas. Dieser neue Job garantiert ein Luxusleben in der Karibik ohne die Belastung eigentlicher Arbeit. Und Wallis ist von jeder Information abgeschnitten.

Als der Herzog und die Herzogin von Windsor im April 1941 in Florida anlegen, glauben sie, sie könnten inmitten des Zweiten Weltkriegs ein paar entspannte Tage an Amerikas Sonnenküste verbringen. Aber US-Präsident Theodore Roosevelt hat persönlich eine außerordentliche Geheimdienstoperation angeordnet. Die Überwachungsprotokolle werden erst 2003 der Öffentlichkeit zugänglich. Auf 227 Seiten zeichnet dieser FBI-Report ein verstörendes Bild. Demnach glaubten die Amerikaner, dass der frühere englische König tatsächlich zum Verrat an seiner Heimat bereit war und seine Sympathien bei Adolf Hitler und dem Nazi-Reich lagen.

Der Herzog räumte nach dem Krieg ein, die Deutschen bewundert zu haben, leugnete aber, dem Nationalsozialismus nahegestanden zu sein. Über Adolf Hitler schrieb er: „Der Führer schien mir eine etwas lächerliche Figur zu sein mit seinen theatralischen Posen und seinen bombastischen Behauptungen."

Ende November 2010 wurden beim Auktionshaus Sotheby's in London 20 Schmuckstücke aus dem Besitz der Herzogin von Windsor versteigert, ein letzter Restposten der großen Auktion des Jahres 1987. Damals erzielten die von Edward seiner Wallis geschenkten Pretiosen einen Versteigerungserlös von 31 Millionen britischer Pfund. Das schönste Stück in der Londoner Auktion war ein Armband, gefertigt von Cartier, mit neun kleinen Kreuzen, die wichtige Stationen im Leben markieren. Wallis Simpson trug es am Handgelenk, als das Paar einander in Frankreich das Jawort gab. „God Save the King for Wallis" lauten die Worte, die auf dem Kreuz aus Aquamarin zu lesen sind. Mehr Romantik geht gar nicht. Die Herzogin von Windsor zog Jahre nach dem Beginn der Affäre eine durchaus nüchterne Bilanz: „Sie können sich gar nicht vorstellen, wie schwer es ist, eine große Romanze zu leben." Umgeben von allem erdenklichen Luxus, beschenkt mit den teuersten Geschmeiden, hofiert von einer internationalen Gesellschaft, aber ohne Ziele im Leben, ohne Aufgabe für die Gesellschaft, ohne Verantwortung für Kinder, führt das Herzogspaar ein scheinbar unbeschwertes Leben.

Edward – ein starker Raucher – stirbt 1972 an Kehlkopfkrebs in Paris. Seine Tante Queen Elizabeth II. hatte ihn noch am Rande einer Staatsvisite privat besucht. Der Monarch für 326 Tage wird am Friedhof Frogmore bei Windsor beigesetzt. Wallis Simpson überlebt ihren König um 14 Jahre. Es ist ein Alter im Vergessen der Gegenwart. Die Herzogin leidet an Alzheimer.

Tagaus, tagein mit einem Mann zu leben, der für ein Jawort den halben Erdball aufgegeben hat, kann eine Liebe auch ersticken.

*

Ursula Doyle, Love Letters of Great Men, New York 2008.
Susan Williams, The Peoples's King. The True Story of the Abdication, London 2004.
Philip Ziegler, King Edward VIII. The official biography, New York 1991.

http://www.royal.gov.uk/pdf/edwardviii.pdf
http://www.guardian.co.uk/uk/2002/jun/29/research.monarchy

http://www.royal.gov.uk/historyofthemonarchy/kingsandqueensoftheunited-kingdom/thehouseofwindsor/edwardviii.aspx

http://de.wikipedia.org/wiki/Wallis_Simpson

http://einestages.spiegel.de/static/topicalbumbackground/22609/zwei_herzen_keine_krone.html

http://cyrrion.com/regionMain.do?elementId=1808&languageId=2

http://www.dieterwunderlich.de/Eduard_viii_Wallis_Simpson.htm

http://www.guardian.co.uk/uk/2000/mar/02/monarchy.richardnortontaylor

Joseph Goebbels und Lída Baarová
Die Leinwand-Göttin und der Nazi-Hetzer

Am 5. August 1938 schrieb Joseph Goebbels in sein Tagebuch: „Zu Hause hatte Magda eine wichtige Unterredung. Sie ist für mich von großer Bedeutung. Ich bin froh, dass es nun so weit ist." Einen Tag später: „Es ist noch nicht alles im Reinen, aber vieles wird klar. Ich hoffe, dass nun bald wieder ein neues Ziel aufgestellt ist. Ich habe es nötig. Die letzten Monate haben viel an mir gezehrt." Und die scheinbare (Er-)Lösung fünf Tage später: „Nun sind wir einig. Hoffentlich auf Dauer."

Goebbels wollte in diesen Sommertagen offenbar sein fast zwei Jahre währendes Verhältnis mit der tschechischen Schauspielerin Lída Baarová institutionalisieren und eine Ehe zu dritt arrangieren. Goebbels-Biograf Peter Longerich analysiert in seinem 2010 erschienenen Buch: „Magda wollte weiterhin die Rolle der auf Schwanewerder residierenden Familienmutter spielen und sich mit Lída Baarová als offizieller Geliebten ihres Mannes zufriedengeben."

In einem langen Gespräch für das Österreichische Fernsehen hatte Lída Baarová schon im Mai 1984 diese Version bestätigt. Demnach habe Magda Goebbels ihr in einem Vier-Augen-Gespräch ein Arrangement vorgeschlagen. „Mein Pech war, dass er sich in mich verliebt hat. Mich hat er geliebt. Goebbels hatte ja viele Liebschaften, aber er sagte, ich sei seine erste Liebe. Ich wollte das gar nicht, weil ich eine Sehnsucht hatte, frei zu sein. Und dann hat Goebbels eine irrsinnige Tat gemacht. Er ist zu seiner Frau gegangen und hat ihr gesagt, dass er mich liebt, er könne ohne mich nicht leben. Er war bereit, sein Amt niederzulegen und er hat für mich gekämpft und hat diese Riesenskandale gemacht. Das war mein Pech. Sie haben sich dann ausgesprochen. Frau Goebbels hat mich sogar angerufen. Ich bin dann zu ihr hingekommen. Mir hat sie einfach leidgetan, weil sie sich so erniedrigt hat. Sie hat mir das Du-Wort angeboten, was ich nicht annahm, ich hatte dazu keinen Grund. Ich habe zu ihr gesagt, bitte helfen Sie mir, ich möchte aus Deutschland weg, ich möchte nicht mehr hierbleiben. Da hat sie mir gesagt, Nein, bleiben Sie. Wir beide müssen diesem herrlichen und wunderbaren Mann dienen. Er liebt Sie, kann ohne Sie nicht leben. Was in ihrem Reich sei, da dürfe nichts passieren, was außerhalb passiere, wolle sie nicht wissen. Sie sagte nur: Ich will nicht, dass Sie ein Kind von ihm bekommen."

Magda Goebbels ging es um den Status. Sie wollte die „First Lady" des Nazi-Regimes sein. Immer wieder trat sie an der Seite Adolf Hitlers auf, besuchte gesellschaftliche Ereignisse, Premieren und Parteiveranstaltungen. Die Beziehung zwischen dem „Führer" und der Ehefrau seines Propagandaministers ist ein Fall für Psychologen. Hitler hatte die attraktive Magda schon in seinen Berliner Anfangsjahren kennengelernt. Sie war damals noch mit dem Großindustriellen Günther Quandt verheiratet und hatte ihm einen Sohn, Harald, geboren. Magda kommt 1901 in durchaus einfachen Verhältnissen zur Welt. Ihre Mutter Auguste Behrend ist ein lediges Dienstmädchen in Berlin, aber kurze Zeit später heiratet sie den Vater des Kindes, einen Bauunternehmer. Auf dem Gymnasium freundet sich Magda mit einer jüdischen Mitschülerin und ihrem Bruder an. Sie teilt deren Begeisterung für den Zionismus und die Visionen eines jüdischen Staates. Sie trägt sogar den Davidstern an einer Halskette.

Im Februar 1920 lernt die junge Frau während der Eisenbahnfahrt ins Mädchenpensionat einen Witwer kennen, der doppelt so alt ist wie sie: Günther Quandt. Zwei Tage später besucht er sie in ihrem Pensionat und schon fünf Monate später, an seinem 39. Geburtstag, verlobt sich das ungleiche Paar.

Günther Quandt ist Unternehmer, der Schritt für Schritt ein Wirtschaftsimperium aufbaut und das Fundament für den Reichtum der Familie legt, die heute zu den reichsten Deutschen zählt. Unter anderem besitzen die Quandts die Aktienmehrheit an BMW. Während der Ehemann Geld verdient, Kontakte pflegt, jüdische Konkurrenten ausschaltet, kümmert sich Magda um den Haushalt, das Personal und sechs Kinder: den Säugling Harald, zwei Stiefkinder und drei Waisen.

Als Günther Quandt von einer Affäre seiner Frau mit einem Studenten erfährt, reagiert er empört und gnadenlos. Sie muss das gemeinsame Haus verlassen. Doch Frau Quandt hat vorgesorgt. Sie erpresst ihren Gatten mit belastenden Briefen über seine unsauberen Geschäftspraktiken, die sie aus seinem Schreibtisch entwendet hat. Ein Skandal könnte den Ruf schädigen und viel Geld kosten. Quandt handelt wie ein Geschäftsmann: Die untreue Ehefrau erhält so hohe Unterhaltszahlungen, dass sie sich den Erhalt eines Gutes in Mecklenburg und eine großbürgerliche Mietwohnung in Berlin – inklusive Kindermädchen und Köchin – leisten kann. Der gemeinsame Sohn bleibt bei der Mutter.

Magda, geschiedene Quandt ist noch immer jung, attraktiv, finanziell unabhängig und politisch interessiert. Im Spätsommer 1930 besucht sie eine Veranstaltung der NSDAP im Berliner Sportpalast. Der Nationalsozialismus fasziniert die junge Frau. Sie wird Mitglied der NSDAP-Ortsgruppe Westend. Doch die politische Arbeit an der Basis ist ihre Sache nicht. Sie bietet der Berliner Gau-Geschäftsstelle ihre Mitarbeit an. Für den Berliner Gauleiter Joseph Goebbels organisiert sie fortan das persönliche Archiv, sammelt Zeitungsberichte und Reden. Die beiden kommen einander näher. Goebbels stellt Adolf Hitler seine neue Begleiterin vor. Der Führer ist angetan. Wie stark, das belegt ein Zitat Hitlers in einem Gespräch mit seinem Wirtschaftsberater Otto Wagener vor ihrer Hochzeit mit Goebbels: „Diese Frau könnte bei meiner Arbeit den Gegenpol gegen meine einseitigen männlichen Instinkte spielen."

Doch Goebbels steckte zu dieser Zeit noch in einer unglücklichen Beziehung mit einer Jugendliebe, die nach der späteren NS-Rassengesetzgebung eine Halbjüdin war. Auch Magda Quandt hatte parallel zu Joseph Goebbels eine intime Beziehung zu ihrem jüdischen Liebhaber Chaim Arlosoroff aus der Zeit der Ehe mit Quandt. Diese endet erst im August 1931. Dabei soll Magda in einem heftigen Streit versucht haben, ihren Geliebten zu erschießen. Sie trifft jedoch nicht. Turbulente Affären im Berlin der Dreißigerjahre.

In diesem Jahr ist Hitlers Leben – wie Ian Kershaw im ersten Teil seiner Hitler-Biografie schreibt – „in unruhiges Gewässer geraten". Im September wird seine Nichte Geli Raubal in Hitlers Münchner Wohnung erschossen aufgefunden. Erschossen mit einer Kugel aus Hitlers Pistole. Über das merkwürdige Verhältnis von Onkel Adolf zu seiner Nichte sind zahlreiche Gerüchte im Umlauf. Ian Kershaw: „Bei Geli Raubal geriet Hitler sichtlich zum ersten und einzigen Mal in seinem Leben, wenn wir von Hitlers Mutter absehen, in die emotionale Abhängigkeit zu einer Frau. Offen bleibt, ob sie geschlechtliche Beziehungen hatten."

Da Hitler unverheiratet bleibt, übernimmt Magda Goebbels die propagandistisch wertvolle Position der „First Lady"; sie repräsentierte das Dritte Reich bei Empfängen, Bällen und Staatsbesuchen. Ihr Frauenbild, das total im Einklang mit der NS-Ideologie steht, beschreibt sie in einem Interview für die englische „Daily Mail": „Ich halte es für meine Pflicht, so gut wie möglich auszusehen, und will in dieser Hinsicht die deutsche Frau beeinflussen ... Die Männer hier in Deutschland sind sehr maskulin, darum müssen die Frauen so weiblich wie möglich sein." Am 19. Dezember 1931 werden Joseph Goebbels und Magda Quandt standesamtlich getraut. Adolf Hitler ist Trauzeuge. Auf einem Hochzeitsbild ist der spätere Reichskanzler „Dritter im Bunde". Er sollte es in dieser Beziehung bleiben. Von der NS-Propaganda wird Magda Goebbels zum Vorbild für die „deutsche Frau" stilisiert. Adolf Hitler persönlich verleiht seiner Vertrauten das erste „Ehrenkreuz für die deutsche Mutter".

Zur Rolle der Frau schrieb Joseph Goebbels schon 1929 in sein Tagebuch: „Die Frau hat die Aufgabe, schön zu sein und Kinder zur Welt zu bringen ... Dafür sorgt der Mann für die Nahrung, sonst steht er auf der Wacht und wehrt den Feind ab." Und geht fremd, hätte Goebbels wohl erwähnen müssen. Denn weder entspricht die Ehe dem NS-Ideal, noch empfinden die zahlreichen Goebbels-Kinder liebevolle und nicht nur zur Schau getragene Fürsorge. Der allmächtige Propaganda- und Filmminister nutzt seine Machtstellung auf der „Besetzungs-Couch" schamlos aus und hat zahlreiche Affären mit Schauspielerinnen. Eine davon ist Tschechin.

Lída Baarová wurde 1914 noch in der k. und k. Monarchie als Tochter eines Magistratsbeamten in Prag geboren. Sie erhielt Tanzunterricht und absolvierte später eine Schauspielausbildung am Konservatorium ihrer Geburtsstadt, spielte in einer kleinen Rolle am Nationaltheater. Bereits mit 17 Jahren gab sie ihr Filmdebüt und erhielt weitere Stummfilm-Rollen in tschechischen Filmen. Kaum 20 Jahre alt, holte sie die UFA nach Berlin. 1935 wurde sie als Partnerin für den Mädchenschwarm Gustav Fröhlich für den Film „Barcarole" verpflichtet – Lída Baarová wurde damit über Nacht ein Star. Die bildschöne Schauspielerin verkörperte meist den Typus des geheimnisvollen – fremdländischen – Vamps und erlangte neben so berühmten Kollegen wie Willy Birgel, Hilde Körber, Mathias Wieman und Grethe Weiser Bekanntheit. Die Leinwandstars waren Heroen ihrer Zeit, vom NS-Regime hofiert, benutzt und fürstlich besoldet.

Die meisten – nichtjüdischen – Schauspieler zeigten keinerlei Berührungsängste mit den braunen Machthabern. Lída Baarová in einem Fernsehinterview 1984: „Die Empfänge, da waren alle Schauspieler, die es überhaupt gab. Alle Größen, alles war da. Jeder hat sich eigentlich sehr gern einladen lassen. Und ich verstehe nicht, warum sie das dann bei mir kritisiert haben. Sie haben wunderschöne Villen und Autos gehabt und tolle Gagen. Ich habe das Gefühl gehabt, ich komme als Ausländerin und habe wirklich keine Ahnung gehabt, ich war eine kleine Tschechin. Ich habe nur gehört, dass Deutschland früher kommunistisch war und jetzt ist es sozialistisch, jeder hat Arbeit. Später habe ich dann gewusst, dass es gegen die Juden geht und so weiter. Ich kam mir so arm vor, da waren die großen Stars und alle spielten große Rollen. Ich habe durch die Beziehung zu Goebbels keine Vorteile gehabt. Der Gustl Fröhlich hat die doppelte Gage gehabt. Ich habe auch keine Geschenke angenommen, keine Villa besessen und meinen Wagen persönlich gekauft."

Die Baarová wird zur Geliebten ihres Filmpartners Gustav Fröhlich, ein Traumpaar des NS-Films, umjubelt und beneidet. Baarová zieht in die Villa von „Gustl" auf der Wannsee-Halbinsel Schwanewerder. Dort in der Luxus-Enklave hat auch Propagandaminister Goebbels ein Anwesen gekauft, inklusive schickem Motorboot. Man wird quasi Nachbar.

Goebbels war für seine Affären mit jungen, attraktiven Schauspielerinnen bekannt. Spöttisch wird der „Schutzherr des deutschen Films" auch „Der Bock von Babelsberg" genannt. In Babelsberg befinden sich die Studios der UFA. Goebbels balzt nach allen Regeln der Kunst: Er spielt am Flügel romantische Weisen, rudert Lída über den See, füttert mit ihr Rehe im Wald und turtelt am Kamin. Es ist das übliche Verführungsprogramm, das der eher kleinwüchsige und mit einem Klumpfuß behaftete Minister abspult. Sehr oft landet Goebbels mit seiner Begleiterin in einem einsamen Blockhaus am Bogensee. Manche riskieren es, dem scheinbar allmächtigen NS-Bonzen eine Abfuhr zu erteilen, und bezahlen den Preis, keine lukrativen Aufträge in der Filmindustrie mehr zu bekommen.

Die 22-Jährige wehrt sich nicht lange gegen seine Avancen. Sie trennt sich von „Gustl" Fröhlich, der es mit Beziehungstreue auch nicht so genau nimmt, und Goebbels hat freie Bahn bei seiner „Liduschka": „Er war sehr geistreich. Wir haben viel gelacht und wir haben uns gut verstanden. Ich muss sagen, er war ein sehr nobler Mensch." Der Mann, der die „Lügenpeitsche der Propaganda" (wie Thomas Mann es genannt hat) schwingt, verliebt sich seinerseits in die Tschechin. Er schreibt ihr kindische Liebesbriefe, wie der „Spiegel" bereits 1947 in einer Geschichte über diese Affäre im Dritten Reich berichtet.

Aus der Affäre wird eine ernsthafte Liebe, und das ist Baarovás Unglück.

Die Schauspielerin, Jahrzehnte danach: „Ich liebte Gustl und wollte eigentlich von ihm nicht weg. Goebbels habe ich erst während der Olympischen Spiele 1936 kennengelernt. Gustl hat sich damals ziemlich viele Dinge geleistet. Goebbels war klug und raffiniert und hat meine Situation erkannt und er hat dieses junge Mädchen, das ich war, in seine Fänge gezogen. Ich habe geglaubt, dass ich in ihn verliebt bin, er hat mich fasziniert." Tatsächlich haben sich die Goebbels und Baarová schon bei einem „Nachbarschaftsbesuch" der Goebbels in der Villa Fröhlich kennengelernt. Der Minister hatte das Traumpaar des Films dann zur Abschlussfeier der Olympischen Spiele auf die Berliner Pfaueninsel eingeladen.

Die Geschichte, dass Lída Baarovás Liebhaber Gustav Fröhlich in einem Eifersuchtsanfall Goebbels eine Ohrfeige gegeben hätte, stimmt jedenfalls so nicht. Der Schauspielstar hat den allmächtigen Film- und Propagandachef Goebbels zwar beschimpft, ist aber nicht tätlich geworden. Der NS-Bonze habe sich in seinen Wagen geflüchtet und rasch die Fenster hochgekurbelt. Die vermeintliche Szene wurde dennoch in Windeseile zum Berliner Tagesgespräch. Der Kabarettist Werner Finck spöttelte unter dem Beifall seines Publikums: „Wer möchte nicht mal Fröhlich sein?"

Doch Frau Goebbels scheint die Affäre über die Bande gespielt zu haben. Sie schaltet wenige Tage später abermals ihren Busenfreund Adolf Hitler ein und beklagt sich über die Demütigungen, die sie erleiden müsse. Hitler reagiert nach der Aussprache mit Magda am 15. August rasch und beordert seinen Propagandaminister zu sich auf den Berghof.

Lída Baarová erinnert sich: „Frau Goebbels ist dann zu Hitler gegangen und hat Hitler ganz falsch erzählt, ich hätte mich in ihre Ehe eingeschlichen, sie wäre das große Opfer und so weiter. Das war einfach nicht wahr. Goebbels wurde von Hitler gerufen und musste sein Ehrenwort geben, dass er mit mir Schluss macht. Ich durfte nicht mehr in Deutschland filmen, ich durfte nicht mehr in Gesellschaft. Ich bin 1938 verboten worden, während alle anderen Kollegen bis 1945 ihre Filme gemacht haben. Ich bin zur ‚Femme fatale' des Dritten Reichs geworden."

Ihr letzter in Deutschland aufgeführter Film sollte „Der Spieler" sein. Goebbels hatte die Absetzung des Baarová-Films überlegt, da er bei der Premiere Proteste fürchtete. Die Premiere des 1938 zusammen mit Willy Fritsch gedrehten Films „Preußische Liebesgeschichte" wurde hingegen auf Druck von Adolf Hitler untersagt; erst 1951 wurde der Film unter dem Titel „Eine Liebeslegende" uraufgeführt.

Es war fürwahr eine Staatsaffäre, die das Dritte Reich erschütterte. Nach dem „Anschluss" Österreichs ans Deutsche Reich im März 1938 und während der Verhandlungen mit Großbritannien über das weitere Schicksal der Tschechoslowakei dilettiert der Reichskanzler und Diktator Hitler als Eheberater und Paartherapeut. Auch Hermann Göring muss Goebbels ins Gewissen reden und ihn von seiner regimegefährlichen Affäre abbringen. Der Reichspropagandaminister schreibt brav in sein Tagebuch: „Beim Führer. Ich habe wieder eine lange Aussprache mit ihm. Ich bin dann tief ergriffen. Ich weiß nun fast keinen Ausweg mehr." Goebbels will sogar als Minister zurücktreten, er schlägt Hitler vor, ihn als deutschen Konsul nach Japan zu schicken: „Und wenn er Krawatten verkaufen müsste in Japan", habe Goebbels gesagt, will sich Lída Baarová 1991 erinnern.

Hitler befiehlt seinem Propagandaminister, die „Angelegenheit" zu beenden. Sie ist längst politisch heikel geworden. Ein führender Nationalsozialist dürfe nicht öffentlich seine deutsche Musterfamilie durch ein Verhältnis mit einer tschechischen Schauspielerin diskreditieren. Die Beziehung zu seiner Frau, die ja auch außereheliche Verhältnisse hatte, hätte Goebbels aufs Spiel gesetzt, sein extremes Nahverhältnis zu Adolf Hitler hingegen nicht. Für die Karriere an der Seite des Führers opfert Goebbels das Verhältnis zur jungen und schönen Leinwand-Darstellerin. Der Minister ergeht sich dabei in Selbstmitleid. Karriere und Affäre passen nicht zusammen: „Ich fasse sehr schwere Entschlüsse. Aber sie sind endgültig. Ich fahre eine Stunde im Auto heraus. Ganz weit und ohne Ziel. Ich lebe fast wie im Traum. Das Leben ist so hart und grausam."

Ganz wollte er aber doch nicht von Lída lassen. Er führt ein langes Telefongespräch: „Aber ich bleibe hart, wenn mir das Herz auch zu brechen droht. Und nun fängt ein neues Leben an ... Die Jugend ist nun zu Ende." Peter Longerich analysiert in seiner Biografie: „Goebbels hatte unterschätzt, dass Hitler das Arrangement, das er 1931 mit den Goebbels getroffen hatte, nicht ohne Weiteres aufgeben wollte, insbesondere konnte er seine engen Beziehungen zu Magda nur aufrechterhalten, solange ihre Reputation durch die Ehe mit Goebbels geschützt war."

Das Eheleben der beiden Kontrahenten dürfte wenig erbaulich gewesen sein. Goebbels beklagte sich über das Verhalten seiner Frau und hielt über Mittelsmänner Kontakt zu Lída Baarová und versuchte erneut – auf dem Höhepunkt der internationalen Sudetenkrise (Nazi-Deutschland erzwingt die Eingliederung der von Deutschen bewohnten Gebiete der Tschechoslowakei) –, eine Trennung durchzusetzen. Bei den Vermittlungsversuchen bediente er sich seines Staatssekretärs Hanke, der sein Mandat sehr weit auslegte und mit Magda Goebbels ein intimes Verhältnis begann.

Treue war nur ein deutsches Wort. Im Privatleben hatten Hitlers Propagandachef und die Übermutter der Nation keinen Bezug dazu. Die tschechische Schauspielerin Lída Baarová wird

1938 aus Deutschland ausgewiesen. In Prag kann sie während des Krieges noch zwei Filme drehen. Nach 1945 wird sie von den tschechischen Behörden verhaftet, verhört, als Nazi-Sympathisantin für 18 Monate inhaftiert. Sie heiratet, lässt sich bald wieder scheiden, flieht vor den Kommunisten nach Italien, später Argentinien, dreht einige wenige Filme, ehe sie in Salzburg sesshaft und mit einem schwedischen Arzt glücklich wird. Ihre Schauspiel-Karriere ist zerbrochen. Ihr Name, ihr Leben, ihre Kunst bleiben im Schatten des Nazi-Bonzen Joseph Goebbels, ein Leben lang. Die Liebesgeschichte des Nazi-Hetzers mit der bildschönen tschechischen Schauspielerin ist eine der berühmtesten „Was wäre wenn"-Fragen der Zeitgeschichte: Kein „Jud Süß", keine Goebbels-Rede vom „Totalen Krieg", keine Durchhalteparolen, keine perfekte Propagandainszenierung des NS-Regimes und kein Tod im Führerbunker? Lída Baarová stirbt 55 Jahre nach ihrem Kurzzeit-Liebhaber Joseph Goebbels im Alter von 86 Jahren nach schwerer Krankheit in Salzburg.

*

Peter Longerich, Joseph Goebbels, München 2010.
Anja Klabunde, Magda Goebbels, Gütersloh 1999.
Ian Kershaw, Hitler 1889–1936, Stuttgart 1998.
Lída Baarová, Die süße Bitterkeit meines Lebens, Koblenz 2001.
Adolf Heinzelmeier/Berndt Schulz, Lexikon der deutschen Film- und TV-Stars, Berlin 2000.

John Profumo und Christine Keeler
Die verratenen Liebesgeheimnisse

Eine Affäre wie ein Filmdrehbuch. In der Hauptrolle agiert ein britischer Verteidigungsminister. Mitglied der konservativen Partei, verheiratet mit einer attraktiven Schauspielerin namens Valerie Hobson. Das Mitglied des britischen Kabinetts hat die beste Erziehung für junge Männer seines Standes genossen, ist knapp 35 Jahre alt, verfügt über einen untadeligen Ruf und hat eine blendende politische Karriere vor sich: John Dennis Profumo.

Seine Sexgespielin für einige Monate ist eine bildhübsche Frau aus bescheidenen Verhältnissen. Sie entflieht dem tristen Familienalltag und der Langeweile im provinziellen Uxbridge. Auf eine Berufsausbildung verzichtet die junge Frau. Sie verlässt sich da ganz auf ihre unbestreitbaren weiblichen Reize. Und präsentiert diese im Murray's Cabaret Club im Londoner Vergnügungsviertel Soho. Bei erotischen Tanzübungen steht Christine mit nackten Brüsten auf der Bühne. Fräulein Keeler wird es zu einiger Bekanntheit bringen.

Die wichtigste Nebenrolle spielt ein Londoner Modearzt mit besten Kontakten zur britischen Gesellschaft: Dr. Stephen Ward. Der bekennende Kommunist aus bürgerlichem Haus durfte schon vielen hohen Herren ihr verschobenes Rückgrat wieder einrichten, sie von quälenden Schmerzen befreien. Prominente wie Winston Churchill, Paul Getty und Frank Sinatra zählen zu seinen Patienten. Im Nebenerwerb organisiert der künstlerisch begabte Osteopath kleine Partys in verschwiegenen Landhäusern, bei denen es zu eher unziemlichen Handlungen kommt. Stephen Ward ist Spezialist für Gruppensex-Orgien, bei denen auch sehr spezielle sexuelle Wünsche erfüllt werden. Nebenbei porträtiert er die britische Königsfamilie. Eine Tatsache, die den „Royals" später ein wenig peinlich werden sollte.

Der Böse, jeder gute Film braucht jemanden in dieser Rolle, wird – wie passend – mit einem sowjetischen Diplomaten besetzt: Jewgeni „Eugene" Iwanow ist stellvertretender Marineattaché seines Landes und natürlich Geheimagent. Er macht aus seiner eigentlichen Rolle kein Geheimnis. Viele seiner oft hochrangigen Gesprächspartner warnt er. Er werde jedes Wort nach Moskau berichten. Ein weltgewandter sowjetischer Diplomat mit dem „Haut Gout" des Spions ist in vielen Zirkeln gern gesehener Gast. Vielleicht kann man ihn ja benutzen, indem man sich benutzen lässt? Vielleicht auch umgekehrt.

Unsere Affäre spielt vor der Kulisse des Kalten Krieges in den frühen Sechzigerjahren. In Moskau hat der bäuerliche Nikita Chruschtschow nach dem Tod des sowjetischen Massenmörders Stalin die Macht im Kreml übernommen und die schlimmsten Auswüchse des stalinistischen Terrors abgestellt. Moskau ist eine Macht. Mit Juri Gagarin fliegt der erste Mensch in den Weltraum. Ein technischer Erfolg, der zum Triumph im Propagandakrieg wird und aller Welt die Leistungsfähigkeit sowjetischer Raketentechnologie vor Augen führt. Als Chruschtschow sowjetische Schiffe, beladen mit Raketen und mutmaßlich mit Atomsprengköpfen bestückt, über den Atlantik nach Kuba schickt, entscheidet sich der junge amerikanische Präsident John F. Kennedy für die Konfrontation. Kennedy will die „Operation Anadyr" stoppen. Moskau hat die Stationierung von 24 SS-4- und 16 SS-5-Raketen geplant, die mit ihrer Reichweite eine Bedrohung für weite Teile der Vereinigten Staaten darstellen. Sowjetführer Chruschtschow argumentiert defensiv. Er wolle mit der Stationierung der Raketen nur die knapp 45.000 Soldaten der Roten Armee in Kuba vor einem Angriff der Amerikaner schützen.

Kennedy fühlt sich herausgefordert. Mit Atomraketen im Hinterhof der USA hätte Moskau einen strategischen Trumpf. Der Präsident verhängt eine Blockade über Kuba und dessen kommunistischen Revolutionsführer Fidel Castro. Die sowjetischen Schiffe sollen abgefangen, notfalls mit Gewalt zur Änderung des Kurses gezwungen werden. Die Welt hält den Atem an. Es droht ein militärischer Konflikt zwischen den USA und der Sowjetunion, gar ein finaler Atomkrieg.

Am 28. Oktober 1962 stoppt Nikita Chruschtschow die sowjetischen Schiffe. Die Konfrontation in der Karibik ist abgeblasen. Moskau installiert auf Kuba keine Atomraketen. Die USA werden ihrerseits Jupiter-Raketen, die in der Türkei auf die Sowjetunion gerichtet waren, abbauen. Die Vernunft hat gesiegt. Die Kuba-Krise ist der Höhe- und Wendepunkt des „Kalten Krieges".

In so einer angespannten Lage braucht ein britischer Kriegsminister offenbar körperliche Entspannung. John Profumo weilt im Sommer – Berlin wird gerade durch den Mauerbau für drei Jahrzehnte zur geteilten Stadt – bei einer Weekend-Party auf dem noblen Anwesen seines guten Bekannten Lord Astor, mit Ehefrau und auch sonst sehr züchtig. Die Gesellschaft ist illuster, neben dem Kriegsminister genießt auch der pakistanische Präsident Muhammad Ayub Khan die Freuden des Landlebens.

Wie es der Zufall so will, betritt Dr. Stephen Ward die Szenerie. Der Modearzt hat Lord Astor gute Dienste geleistet und darf auf dem Landsitz des steinreichen Lords ein Häuschen mit Pool benutzen. Das Schwimmbecken wird eine wichtige Rolle spielen. Denn dort krault eine attraktive brünette Frau einige Längen. Ihr ist im britischen Sommer so heiß, dass sie selbst im Wasser keinen Badeanzug tragen will. Christine Keeler, ein wenig euphemistisch als Mannequin beschrieben, planscht nackt im Pool.

Dr. Ward und seinen Freunden gefällt das. Von dieser netten Szene angezogen, nähert sich nun die noble Wochenend-Gesellschaft des Hausherrn den Badenden. Frau Keeler will sich vor seiner Lordschaft keine Blöße geben, doch die Herren entziehen dem Mannequin seinen Badeanzug, lassen das Mädchen ein bisschen nackt herumlaufen. Es ist Freiwild zwischen den Damen in Abendkleidern und den lüsternen Herren. Minister Profumo amüsiert sich, seine Frau auch, und schließlich wird die Badende doch in ein Handtuch gehüllt und damit die britische Noblesse bewahrt. Bill Astor lädt Stephen Ward und dessen Gäste zu einem Drink ins Haupthaus ein. Die Sommergesellschaft plaudert, John Profumo lässt sich mit Christine fotografieren, man scherzt, lacht und vereinbart, einander wiederzusehen. Die Frau Gemahlin wird wohl schon ins Schloss zurückgekehrt sein, um sich fürs Dinner anzukleiden.

Lord Alfred Denning beschreibt diese Szene in einem amtlichen Untersuchungsbericht „John Profumo & Christine Keeler – 1963" ausführlich: „Es ist offensichtlich, dass Herr Profumo im Verlauf dieses Wochenendes von Christine Keeler sehr beeindruckt war und beschlossen hat, sie wiederzusehen. Dies war über Vermittlung von Stephen Ward sehr einfach zu organisieren. Während der nächsten Tage und Wochen vereinbarte Herr Profumo Treffen mit Christine Keeler. Er besuchte sie im Haus von Stephen Ward und hatte dort Geschlechtsverkehr."

Praktischerweise hatte der Mediziner im Nebenerwerb einen Prostitutionsring mit jungen Mädchen für betuchte Bürger der Londoner Gesellschaft aufgezogen. Die Dienste des Dr. Ward wurden gern in Anspruch genommen. Der Arzt stellte dafür Honorarrechnungen aus, die in bar oder mit Barschecks beglichen wurden. Eine Rückverrechnung über die Krankenversicherung unterblieb immerhin. Dr. Ward verfügte über kein Bankkonto.

Minister Profumo demonstrierte seine soziale Ader und gab der 18-Jährigen kleine Präsente: Parfum, einen Zigarettenanzünder und hin und wieder 20 Pfund zur Unterstützung ihrer Eltern. Lord Denning hält das in seinem Report „für eine höfliche Art, Geld für ihre Dienste zu verlangen". Prostitution mit Stil eben.

An wahrer Noblesse lässt es John Profumo allerdings fehlen. Als seine Frau im August 1961 ein paar Wochen auf die Isle of Wight fährt, nutzt der Minister die „sturmfreie Bude" – ein Ausdruck, der freilich für ein Haus am Regent's Park ein wenig unangemessen ist. Er schläft mit seiner Freundin, einer Prostituierten, im Ehebett. Zitat aus dem Archiv des „Stationary Office London": „Ich bin zufrieden, dass die Motive, warum Profumo sie besucht hat, darin liegen, dass er von ihr angezogen war und mit ihr Geschlechtsverkehr haben wollte. Es wird behauptet, dass Herr Iwanow ebenfalls ihr Geliebter gewesen sei. Ich glaube das nicht", schreibt ein Geheimpolizist nach der Observation.

Der Ehebruch des Ministers, seine Affäre mit einem Callgirl mag ein wenig peinlich sein, staatsgefährdend sind sie nicht. Geriete da nicht der sowjetische Diplomat und Geheimdienstmann Jewgeni „Eugene" Iwanow ins Bild und mit Frau Keeler ins Bett. Der Spion erhofft von seinem Freund Dr. Ward Informationen darüber, ob die Amerikaner bereits Atomwaffen in Deutschland stationiert haben. Ward soll diese streng geheimen Nachrichten in Gesprächen mit seinen einflussreichen Freunden erkunden. Dr. Ward ist bekennender Kommunist, Genosse Iwanow verspricht dem Arzt gewisse Vorteile.

Hat Ward Christine Keeler als Lockvogel benutzt, um vom britischen Kriegsminister im Bett militärische Geheimnisse zu erfahren? Das ist die Frage, darum geht es in dem Regierungsbericht.

Sollte das Callgirl aus einer Bar in Soho zur Mata Hari gemacht werden, im Bettgeflüster atomare Geheimnisse am Höhepunkt des Kalten Krieges erfahren und verraten? Sie selbst dementierte die bösen Anschuldigungen. Und Minister John Profumo ebenfalls, möglicherweise sogar glaubhaft. Denn der konservative Politiker wird schon bald nach Beginn seiner Affäre von Kabinettsminister Norman Brook und dem Chef des Geheimdienstes MI5, Sir Roger Hollis, gewarnt. Beide informieren ihn über die nebenberuflichen Aktivitäten des Osteopathen. Indirekt geben ihm seine Gesprächspartner höflich zu erkennen, dass sie von der außerehelichen Affäre wissen. Profumo reagiert panisch – ein Stelldichein für den nächsten Tag sagt er schriftlich ab –, aber nicht konsequent. Die Affäre dauert noch weitere vier

Monate, aber in der Öffentlichkeit beginnt sie erst mit Zeitverzögerung.

Christine Keeler wird indirekt in eine Messerstecherei zweier ihrer Geliebten aus der Karibik verwickelt. Beide Herren glauben, Besitzansprüche an das „Callgirl" stellen zu können. Wenig später versucht einer der beiden in Stephen Wards Wohnung einzudringen, wo sich Christine verschanzt hat. Bei einer Rauferei fällt ein Schuss. Es kommt zu polizeilichen Erhebungen, und es droht ein Strafprozess. Keeler erzählt der Polizei Lügengeschichten und muss später wegen Meineids für neun Monate hinter Gitter. Christine hat Angst, als Zeugin vor Gericht aussagen zu müssen. Sie plaudert aufgeregt auf Partys herum, erzählt ihre amourösen Abenteuer, Journalisten bekommen Wind von der Geschichte. Die Boulevard-Haie wittern eine Sensations-Story. Der Name des konservativen Politikers Profumo fällt. Gerüchte kursieren. Christine Keeler will Geld verdienen, für ihre Verhältnisse viel Geld. Um tausend Pfund kauft das Tratsch-Blatt „Sunday Pictorial" die Sensationsgeschichte.

Doch die Zeitungen halten noch dicht. Erst eineinhalb Jahre nach der Affäre erzählte der oppositionelle Labour-Abgeordnete George Wigg kurz vor Mitternacht im Unterhaus, ein konservativer Minister habe eine außereheliche Beziehung mit einer „Miss Christine Keeler" gehabt.

Premierminister Harold Macmillan lässt seinen Parteifreund John Profumo mitten in der Nacht aus dem Ehebett holen. Vor fünf führenden konservativen Parteifreunden lügt der Minister. Er leugnet ein sexuelles Verhältnis zum Callgirl. Auch am nächsten Tag bleibt Profumo bei dieser Darstellung. In einer offiziellen Erklärung im Parlament räumt er ein, Frau Keeler zu kennen, aber „nichts Ungebührliches" getan zu haben.

Die Affäre hätte er politisch überlebt, die Lüge im Unterhaus nicht. Jetzt sind die Dämme gebrochen. Die britischen Blätter berichten in dicken Schlagzeilen über die pikante Angelegenheit. Profumo muss dem Regierungschef seinen Rücktritt anbieten: „In meiner Erklärung habe ich versichert, dass nichts Unanständiges an dieser Beziehung war. Zu meinem sehr tiefen Bedauern muss ich gestehen, dass dies nicht wahr war und ich Sie und meine Kollegen im Parlament belogen habe."

Harold Macmillan war schockiert. Er nannte den Rücktritt eine „große Tragödie für Sie, Ihre Familie und Ihre Freunde". Die konservative Regierung war in den Grundfesten erschüttert. Die Affäre Profumo hatte die doppelten moralischen Standards der herrschenden Schichten aufgedeckt. In einem offiziellen Untersuchungsbericht, für den Lord Alfred Denning mehr als 160 Zeugen befragte, konnte der Verdacht des Geheimnisverrats nicht bestätigt werden.

Doch Premierminister Macmillan zog dennoch Konsequenzen. Er trat zurück. Über die Affäre Keeler war nicht nur der Kriegsminister, sondern Großbritanniens Regierung gestolpert. Für den Modearzt Dr. Stephen Ward endete der Skandal tödlich. Ward wurde wegen Organisation eines Callgirl-Rings inhaftiert. Er verübte kurz vor dem Gerichtstermin Selbstmord. John Profumo selbst verlor zwar sein Ministeramt, aber seine Ehefrau verzieh ihm die Eskapade. Auch weil der untreue Ehemann unbeirrt weiter leugnete. Sein Sohn David Profumo erinnert sich in einem Interview für den „Spiegel", dass sein Vater Frau Keeler als „ziemlich hübsches Mädchen, das anscheinend gern Geschlechtsverkehr hatte" beschrieb. Sein Vater habe den Gedanken nicht ertragen können, seine Frau zu verlieren und deshalb ihr gegenüber stets „geradezu unverfroren jede unsittliche Beziehung zu Miss Keeler" geleugnet.

Christine Keeler nutzte ihre Rolle als weltweit bekannte Skandalfrau für Eigen-PR. Sie wird zum Sexsymbol ihrer Zeit. Viele Berühmtheiten sehen in ihr eine Trophäe ihrer sexuellen Jagdlust. Auch Beatles-Schlagzeuger Ringo Starr lernte Christine Keeler näher kennen. Auf dem Höhepunkt der Profumo-Affäre stand – eigentlich saß – Keeler dem Fotografen Lewis Morley Modell. Das bekannteste Bild der Fotosession wurde zu einer Ikone der

Sechzigerjahre. Der Fotograf Morley lichtete die nackte Keeler auf einem Holzstuhl des Designers Arne Jacobsen ab. Die Lehne verdeckte alle Blößen.

*

Tim Coates, The Scandal of Christine Keeler and John Profumo: Lord Denning's Report, 1963.
Christine Keeler, The Truth at Last: My Story, London 2002.

http://news.bbc.co.uk/onthisday/hi/dates/stories/june/5/newsid_2660000/2660375.stm
http://www.dieterwunderlich.de/Profumo_Christine_Keeler.htm

John F. Kennedy und Marilyn Monroe
Der Präsident und die Schauspielerin

Der Tod der amerikanischen Ikone Marilyn Monroe sorgt auch noch 50 Jahre nach ihrem Ableben für Verschwörungstheorien. Was geschah in der Nacht vom 4. auf den 5. August 1962 in der Villa am Helena Drive im Nobelviertel Brentwood am Fuße der Santa-Monica-Berge von Los Angeles? Setzte die Schauspielerin ihrem Leben freiwillig ein Ende? Haben Unbekannte die 36-Jährige ermordet? Wer erteilte den Auftrag? Gibt es Verbindungen zur mächtigen Kennedy-Familie?

Marilyn Monroe wurde jedenfalls von ihrer Haushälterin – „in einer unnatürlichen Lage" – nackt auf dem Bauch liegend in ihrem Bett gefunden. Sie lag auf ihrem Telefon. Das Gesicht blickte nach unten. Sie war tot.

Die gerichtsmedizinische Untersuchung ergab als Todesursache eine Überdosis von Barbituraten. Über Jahrzehnte galten Barbiturate als Schlaf-, eher noch als Betäubungsmittel. Sie können schon nach relativ kurzem Gebrauch Abhängigkeit verursachen. Die offizielle Erklärung für den Tod der Schauspielerin lautete: wahrscheinlich Selbstmord.

In Hollywood muss der Tod einer schönen jungen Frau, eines der großen Stars in der Glanzzeit des Kinos, Geheimnisse bergen. Über Jahrzehnte hielten sich Gerüchte und Verschwörungstheorien: Marilyn Monroe habe sich nicht selbst getötet, sie sei ermordet worden.

Umfangreiche FBI-Dokumente, die im Oktober 2006 freigegeben wurden, lösen die Rätsel nicht – im Gegenteil: Unter dem unverfänglichen Titel „Enclosure 61-9454-28" wird in einem amtlichen FBI-Dokument behauptet, Marilyn Monroe habe sexuelle Beziehungen mit dem damaligen Justizminister Robert „Bobby" Kennedy, dem Bruder des Präsidenten John F. („Jack") Kennedy, gehabt. Der australische Regisseur Philippe Mora entdeckte die Dokumente bei Recherchen für einen geplanten Film. Das Dokument firmiert unter der lakonischen Überschrift „Robert F. Kennedy" und trägt den FBI-Eingangsstempel „19. Oktober 1964", wenige Tage vor der Präsidentenwahl und elf Monate nach der Ermordung John F. Kennedys. Der Verfasser ist ein hoher Beamter des Federal Bureau of Investigation, der amerikanischen Bundespolizei, die aber gerade in den Jahren des Kalten Krieges auch tausende amerikanische Bürger bespitzelte. FBI-Chef J. Edgar Hoover war über Jahrzehnte einer der mächtigsten und für seine Gegner einer der gefährlichsten Männer in den USA. Hoover galt als Intimfeind des Kennedy-Clans, er verfügte aber offensichtlich über derart private Kenntnisse aus dem Innenleben dieses amerikanischen „Adelsgeschlechts", dass weder John F. Kennedy als Präsident noch sein Bruder Robert als Justizminister den FBI-Boss aus dem Amt entfernen konnten. Hoover hatte eine regelrechte Obsession, alles über das Privat- und Sexleben von Leinwandgrößen wissen zu wollen. 97 FBI-Dokumente über Marilyn Monroe wurden bisher veröffentlicht, viele mit unleserlich gemachten Passagen. Die Bespitzelungsprotokolle sagen viel über den Lebensstil in Hollywood, aber noch mehr über die paranoide Kontrollsucht des FBI und seines allmächtigen Präsidenten aus. Für Philippe Mora ergeben diese Dokumente „einen Blick auf die dunkle Seite des Mondes".

Der Bericht eines anonym gebliebenen Informanten wurde immerhin als so bedeutend eingestuft, dass er dem engsten Mitarbeiter von Hoover, Clyde Tolson, direkt vorgelegt wurde. Das „Enclosure 61-9454-28" wäre pures Dynamit gewesen, hätte es Hoover in die Öffentlichkeit gebracht: „Robert Kennedy hatte eine Liebes- und Sexaffäre über einen längeren Zeitabschnitt mit Marilyn Monroe. Ihr erstes Zusammentreffen war von seiner

Schwester Patricia und ihrem Mann, Peter Lawford, organisiert worden."

Der attraktive Schauspieler Lawford hatte in den Kennedy-Clan eingeheiratet und Kontakte zu seinen Sänger- und Schauspielkollegen wie Frank Sinatra, Sammy Davis jr. und Dean Martin geknüpft. Lawford war – heute weniger bekanntes – Mitglied des legendären „Rat Pack". Die Schauspieler und Sänger wurden durch zahlreiche Konzerte und Shows im Sands Hotel von Las Vegas berühmt. Das „Rat Pack" unterstützte Kennedy in seinem Präsidentschaftswahlkampf. Peter Lawford unterhielt zahlreiche Affären, unter anderem mit Ava Gardner, damals noch Ehefrau von Frank Sinatra, und knüpfte zarte Bande zwischen Marilyn Monroe und den Kennedy-Brüdern.

Robert Kennedy hat Ende des Jahres 1961 und Anfang 1962 sehr viel Zeit in Hollywood verbracht, wo er sich um die Umsetzung eines Filmprojekts, basierend auf seinem Buch über Verbrechensuntersuchungen, bemüht. Der Bruder des Präsidenten verliebt sich in die Schauspielerin, vielleicht ist er auch nur sexuell interessiert. Wiederholt verspricht er, sich von seiner Frau scheiden zu lassen, um Marilyn zu heiraten. Allerdings realisiert die Monroe nach einer Weile, dass Bobby keinerlei ernste Absichten hegt, sie tatsächlich zu ehelichen.

Der FBI-Bericht unterstellt Peter Lawford, von den wiederholten Selbstmord-Versuchen der Schauspielerin gewusst zu haben. Diese Suizidversuche seien Inszenierungen von Marilyn Monroe gewesen, um Aufmerksamkeit zu erregen, aber nicht wirklich ernst gemeint. Etwas weniger zynisch, als der FBI-Bericht dies bewertet, waren diese Aktionen offenkundig Hilferufe einer Frau, die an ihrem Leben und an ihrem Status als Superstar gelitten hat und letztlich daran zerbrochen ist.

Das FBI-Dokument beschuldigt Peter Lawford, er habe in Komplizenschaft mit Marilyns Psychiater Ralph Greenson, bei dem sie wegen ihres Medikamentenmissbrauchs in regelmäßiger Behandlung war, einen Selbstmord provoziert („made a special arrangement"). Der Psychiater habe seiner Patientin beim letzten Besuch 60 Stück Seconal-Tabletten verschrieben. Das wäre eine Dosis gewesen, die für mehrere Tode ausgereicht hätte. Das Medikament ist ein kurz wirksames Schlafmittel, das nicht nur beruhigend, sondern betäubend wirkt. Es senkt den Blutdruck und hemmt die Atmung.

In das Marilyn-Mordkomplott seien auch ihre Haushälterin Eunice R. Murray sowie ihre persönliche Sekretärin Pat Newcombe eingebunden gewesen. Die 60-jährige Haushälterin hatte ein Nahverhältnis zu Ralph Greenson und berichtete dem Arzt täglich über Monroes Seelenzustand. Wenn es stimmt, kann ein solches Verhalten auch als Fürsorge gewertet werden, denn Monroes Medikamentenmissbrauch und Champagnerkonsum waren tatsächlich beängstigend. Welche Motive die engsten Hausangestellten gehabt haben sollen, an der Ermordung ihrer Arbeitgeberin mitzuwirken, bleibt also rätselhaft. Das FBI-Papier behauptet: Der Psychiater habe jedenfalls die Pillen verschrieben, Newcombe die Flasche mit den Tabletten griffbereit neben das Bett gestellt und Peter Lawford von Robert Kennedy den Auftrag gehabt, die Aktion zu überwachen. Die von der Haushälterin erzählte Geschichte der Todesnacht hat sich über die Jahrzehnte – von 1962 über ein Interview 1973 bis zur Version 1985 – in den Details verändert. Gegen drei Uhr früh habe sie, alarmiert durch Licht, das unter der Türe zu Monroes Schlafzimmer durchschien, geklopft. Als sie keine Antwort hört, ruft die Haushälterin den Psychiater an. Dieser verspricht zu kommen, weist die Angestellte aber an, von außen durch das Schlafzimmerfenster ihrer Chefin hineinzusehen. Murray geht um das Haus und sieht Marilyn Monroe „in einer unnatürlichen Haltung" auf dem Bett liegen. Diese Beobachtung dürfte unter Fakten abzulegen sein. Andere Details bleiben umstritten.

Um Marilyns letzte Nacht ranken sich zahlreiche, einander widersprechende Berichte, Polizeiprotokolle, Zeugenaussagen und Vermutungen. Bestätigt ist, dass Monroe mit ihrem Stiefsohn

Joe DiMaggio junior am frühen Samstagabend telefoniert hat. Der Sohn ihres zweiten Ex-Manns DiMaggio berichtete über die Trennung von seiner aktuellen Freundin. Tratsch und Klatsch, der Marilyn erfreute, weil sie Joes Freundin ohnehin nicht leiden konnte. Die gute Laune dürfte dann jäh umgeschlagen sein. Peter Lawford rief an und alarmierte anschließend seinen Freund Milton Ebbins, weil Marilyn Selbstmordgedanken geäußert habe. Der Manager wiederum ersucht Monroes Anwalt, der in der Nähe wohnt, am Helena Drive vorbeizuschauen. Der Advokat ruft die Haushälterin an, sie beruhigt: Alles in Ordnung. So geht das Stille-Post-Spiel weiter. Jetzt kommt der Friseur Sydney Guilaroff ins Spiel, der an jenem Samstagabend auch mit seiner besten Kundin telefoniert haben will. Monroe habe dunkle Andeutungen gemacht, sie wüsste eine Menge „gefährlicher Geheimnisse" über die Kennedys. Die Schauspielerin erhielt noch einige andere Anrufe, unter anderem von ihrem Gelegenheits-Geliebten José Bolaños, der sich wiederum erinnern konnte, Marilyn habe von Enthüllungen gesprochen, die „die Welt schockieren würden". Dieser Anruf gegen halb zehn Uhr dürfte – laut der Forensik-Expertin Rachael Bell, die den Monroe-Tod für das amerikanische Gerichtsfernsehen analysiert hat – ihr letztes Lebenszeichen gewesen sein. Später wird der Todeszeitpunkt mit „vor Mitternacht" bestimmt. Als die sterblichen Überreste Monroes im Morgengrauen abgeholt werden, stellt der Bestatter fest, dass die Leichenstarre schon eingetreten sei.

Wie tief war Robert Kennedy in Monroes Tod involviert? Tatsächlich hielt sich der Bruder des Präsidenten in diesen entscheidenden Tagen in Hollywood auf. „Bobby" Kennedy war im Beverly Hills Hotel abgestiegen und hatte mehrfach mit Marilyn Monroe telefoniert. Die Schauspielerin hatte den Justizminister vom Hinauswurf durch ihre Filmproduktionsgesellschaft „20th Century Fox" während der Dreharbeiten für den Film „Something's Got to Give" informiert. Der Präsidentenbruder versicherte ihr: „Sorg Dich nicht wegen des Vertrages, ich werde

mich um alles kümmern." Monroe rief den Minister ein weiteres
Mal an, dabei sollen „unerfreuliche Worte" gefallen sein. Ma-
rilyn droht ihrem Geliebten, die Affäre öffentlich zu machen. Ein
Zeuge will sich später gar daran erinnern, den Justizminister am
Todesabend vor Monroes Haus in Begleitung dreier unbekannter
Herren gesehen zu haben.

Damit ist für alle Verschwörungstheoretiker auch schon das
Motiv geliefert. Ein Rosenkrieg mit der bekanntesten Schauspie-
lerin ihrer Zeit, einer Sex-Ikone für Millionen, hätte das Image
der Kennedys in der amerikanischen Öffentlichkeit nachhaltig
ruiniert. Und möglicherweise wäre dann schon in den prüden
Sechzigerjahren publik geworden, dass die Blondine auch dem
Präsidenten näher stand, als dies einem verheirateten Mann er-
laubt war. Jedenfalls flog der Justizminister am Tag von Monroes
Tod von Los Angeles nach San Francisco und telefonierte vom
St. Charles Hotel aus mit seinem Schwager Peter Lawford.

Diese Gespräche sind anhand der Aufzeichnungen der Tele-
fongesellschaft belegt, mit großer Sicherheit hat das FBI Monroe und Kennedy abgehört. Die Schauspielerin stand nach ihrer
Ehe mit dem linksgerichteten Schriftsteller Arthur Miller unter dem Verdacht, Sympathien für die „Roten" zu haben. Am
Höhepunkt des Kalten Krieges mit der kommunistischen Sowjetunion und unmittelbar nach der McCarthy-Ära, in der jede
Form „linker" politischer Aktivität gnadenlos verfolgt wurde
und de facto ein Berufsverbot in Hollywood bedeutete, standen
alle Stars der Unterhaltungsindustrie unter strenger Beobachtung. Marilyn Monroes Kontakte zu mexikanischen Gewerk-
schaftern wurden ebenso observiert wie ihre Sexualpartner und
-praktiken. Im FBI-Report wird auch über eine lesbische Affäre
berichtet, der Name ihrer Kurzzeit-Geliebten aber geschwärzt
(es war Joan Crawford). Auch der Präsident wird von der Bundespolizei ins Spiel gebracht. John F. Kennedy soll bei einigen
wenigen Gelegenheiten an Sex-Partys teilgenommen haben. Welche weiblichen Gespielinnen dabei waren, das verdeckt der

FBI-Bericht unter schwarzer Tusche, lesbar bleibt nur ein Wort: „actress" – Schauspielerin.

Marilyn Monroe verehrte den jugendlichen Präsidenten, dessen bubenhafter Charme ihn zu einem Symbol einer besseren Zeit, zur Projektionsfläche aller idealistischen Hoffnungen und Erwartungen für ein neues Amerika werden ließ. Die berühmteste Frau ihrer Zeit und der jugendliche Präsident: Keine Affäre könnte mehr Fantasien erwecken. Marilyn Monroe setzte alles daran, den Gerüchten Nahrung zu geben. Am 19. Mai 1962 tritt die Schauspiel-Ikone in den Scheinwerferkegel des Madison Square Garden in New York. Ihr Luxuskörper ist buchstäblich in ein hautenges, pfirsichfarbenes Kleid eingenäht. Jede Rundung ist sichtbar. 2500 Strass-Steine lassen Marilyn glitzern. Sie geht zum Mikrofon und haucht ein Geburtstagsständchen: „Happy Birthday, Mr. President." Monroe variiert das Liedchen mit einem selbst verfassten Text. „Thanks, Mr. President, For all the things you've done, The battles that you've won, The way you deal with U.S. Steel (1959 endete ein 116 Tage dauernder Streik beim größten amerikanischen Stahlproduzenten, Anm.), And our problems by the ton, We thank you so much."

Nach diesen sehr speziellen Geburtstagswünschen scherzt der US-Präsident vor 15.000 Besuchern: „Ich kann jetzt als Politiker zurücktreten, nachdem mir ein derart süßes Geburtstagsständchen auf so angenehme Art gesungen wurde."

Es ist einer der letzten öffentlichen Auftritte Monroes, ehe sie nur drei Monate später stirbt. Das laszive Liedchen, ihrem Idol zum 45. Geburtstag geschenkt, macht sie unsterblich. Moderator des Abends ist wieder einmal der britische Schauspieler und Kennedy-Schwager Peter Lawford.

Es gibt von diesem Auftritt Fernsehbilder und Tondokumente, aber nur ein einziges gemeinsames Foto mit John F. Kennedy entging der Zensur. Der offizielle „White House"-Fotograf Cecil Stoughton knipst das Bild offenkundig hinter der Bühne. Der Präsident dreht sich von der Kamera weg, Monroe spricht und

Robert Kennedy hört zu. Der britische Filmproduzent und Sammler Keya Morgan ersteigerte erst vor wenigen Jahren das Schwarzweiß-Bild: „Es ist kein anderes Foto von Bobby Kennedy mit Marilyn oder JFK mit Marilyn bekannt, und das nicht, weil sie nie zusammen fotografiert worden wären. Marilyn Monroe ist in Wirklichkeit sehr häufig mit den Kennedys fotografiert worden, doch der Secret Service und das FBI haben strikte Anweisungen gehabt, jegliches Bildmaterial zu konfiszieren." Das Foto blieb erhalten, weil sich die Negative des Films im Trockenraum befanden, als Sicherheitsbeamte – wie immer – die Bilder von Stoughton konfiszierten.

John F. Kennedy, der in der Familie immer nur „Jack" genannt wurde, hatte die berühmteste Schauspielerin ihrer Tage erst im Februar 1962 bei einer „Dinner Party" in New York näher kennengelernt. Kennedy liebte den Hollywood-Glamour und er liebte Schauspielerinnen, ob blond oder brünett, das war „Jack" ziemlich egal. Der Präsident stand im Ruf, ein fast schon krankhaftes Sexualleben außerhalb seiner Ehe zu führen. Pulitzer-Preisträger Seymour Hersh zitiert Kennedy in seinem Skandalbuch „Das Ende einer Legende" kaum druckreif: „Ich bekomme Migräne, wenn ich nicht jeden Tag ein neues Stück Arsch bekomme ('strange piece of ass every day')".

Mit seinen regelmäßigen Eskapaden versuchte „Jack" möglicherweise die Schmerzen seines chronischen Rückenleidens zu kompensieren. John F. Kennedy, der nach außen in der Rolle des jugendlich strahlenden Politikers brillierte, war ein schwerkranker Mann, der nur durch tägliche Medikamenten-„Cocktails" seinen Pflichten nachgehen konnte. Kennedy litt an „Addison Disease" (Nebennierenrinden-Insuffizienz), einer Schilddrüsen-Erkrankung, die durch ständige Cortison-Gaben unter Kontrolle gehalten werden musste. Gegen sein wieder akut gewordenes Rückenleiden erhielt der Präsident zwei bis drei Mal pro Tag das Schmerzmittel Procain gespritzt, er musste ein stützendes Korsett tragen. Kennedy ließ sich auf seinen Auslandsreisen vom New

260

Yorker Arzt Max Jakobson einen Drogencocktail, bestehend aus Stereoiden und Amphetaminen, verabreichen. „Jack" Kennedy wäre bei jedem Dopingtest sofort aufgeflogen. Für die Kameras lächelte er, gab den starken Präsidenten, der er – jedenfalls in den ersten Monaten seiner Präsidentschaft – gar nicht war. Das militärische und publizistische Debakel in der Schweinebucht beim gescheiterten Invasionsversuch auf Kuba, die Niederlage gegen die Sowjetunion im Wettrennen um den ersten Menschen im All, die Demütigung beim Gipfeltreffen zwischen Kennedy und Chruschtschow in Wien, bei dem der Sowjetführer den jungen Amerikaner wie einen Schulbuben belehrte, und schließlich der Bau der Berliner Mauer, den die Atommacht USA nicht verhindern konnte: Kennedys erstes Jahr war eine außenpolitische Katastrophe. Umso mehr suchte der „neurotische Womanizer" (Robert Dallek in seiner Kennedy-Biografie) nach privaten Erfolgserlebnissen.

Die Party sollte um acht Uhr abends beginnen, der Präsident erschien pünktlich, nur Marilyn Monroe war noch nicht da. Seelenruhig saß sie noch eine Stunde später vor ihrem Schminkspiegel und verfeinerte ihr Make-up. Monroe wusste, wer der Star des Abends war, und sie gedachte ihren Auftritt perfekt in Szene zu setzen, schließlich war sie Schauspielerin. Pünktlichkeit und Verlässlichkeit hätte sie als unsexy eingestuft. Sie war gefürchtet für ihr Zuspätkommen. Der Präsident musste warten. Mehr als eine Stunde zu spät betrat sie den Saal in Kennedys Hotel. Ihr Begleiter für den Abend, der im Jahr 2008 verstorbene Hollywood-Manager Milton Ebbins, erinnert sich in einem Interview an den Auftritt: „Es standen etwa zwei Dutzend Menschen da. Als sie den Raum betrat, teilte sich die Menge in zwei Teile. Marilyn schritt mitten durch den Saal." Die Schauspielerin Arlene Dahl: „Jeder hörte auf zu reden, alle standen still. Es war magisch, wirklich. Ich habe so etwas noch nie erlebt." Der Präsident dreht sich um und begrüßt die Schauspielerin: „Endlich sind Sie da. Es gibt in diesem Raum ein paar Menschen, die würden sterben, um Sie kennenzulernen." John F. Kennedy nahm Marilyn Monroe am Arm und geleitete sie zum Tisch. Monroes Begleiter erhielt einen Wink vom Präsidenten und musste sich eine andere Abendunterhaltung suchen.

Welche Schauspielerin würde dem US-Präsidenten ihre persönliche Telefonnummer verweigern? Marilyn schrieb die Nummer auf. Schon am nächsten Tag meldet sich „Jack" und lädt sie für den 24. März nach Palm Springs in Kalifornien ein. Der Nebensatz macht alles klar. „Jackie", seine Frau, würde ihn bei dieser Reise nicht begleiten.

Marilyn Monroe trifft Kennedy im Haus des Sängers Bing Crosby. Die beiden verbringen einen Tag am Pool, Marilyn trinkt reichlich Champagner. Es wird ein angeregter Abend. Beide bleiben über Nacht.

Die Affäre mit „Jack" und später „Bob" Kennedy wird zum Schicksal der bildschönen Frau, die von ihren Kinofans und von der Nachwelt auf die Rolle eines Sexsymbols reduziert wird. Marilyn projiziert in den Präsidenten, den sie verehrt, alle ihre Sehnsüchte nach einer starken Vaterfigur, nach dem einen Mann, der sie lieben kann, und übersieht, dass sie für die beiden mächtigen Brüder des Kennedy-Clans nur eine weitere nette Abwechslung, eine Trophäe ist. Nach ihrem Tod veröffentlicht John W. Miner, Leiter der Gerichtsmedizin beim Bezirksstaatsanwalt von Los Angeles, seine Abschriften der Tonbänder, die Monroes Psychoanalytiker Ralph Greenson wenige Wochen vor ihrem (Selbst-)Mord aufgenommen hatte. Miner will die Bänder der Marilyn-Sitzungen gehört und fast wörtlich abgeschrieben haben. Die Erzählungen der Schauspielerin legen einen zerbrechlichen, oft verzweifelten Menschen offen, zeigen die Monroe nackter als auf allen ihren frühen Pornofotos. Über „Jack" Kennedy ergeht sich die Psychoanalyse-Patientin in schrankenloser Bewunderung. Seymour Hersh zitiert die Tonbänder: „Marilyn Monroe ist Soldatin. Ihr Befehlshaber ist der größte und mächtigste Mann der Welt. Die erste Pflicht einer Soldatin lautet, ihrem Befehlshaber zu gehorchen. Wenn er sagt, tu dies, dann tust du es. Wenn er sagt, tu jenes, dann tust du es. Dieser Mann wird unser Land verändern … Ich bin froh, dass er Bobby hat. Es ist wie in der Navy – der Präsident ist der Kapitän, und Bobby ist sein Erster Offizier. Bobby würde alles für seinen Bruder tun, genau wie ich. Ich werde ihm nie Schwierigkeiten machen. Solange ich denken kann, wird John Fitzgerald Kennedy bei mir sein."

Im Jahr 2007 wird ein Tagebuch von Marilyn Monroe veröffentlicht. Es befand sich im Besitz von Lee Strasberg, dem Schauspiellehrer der Monroe (und von James Dean). Es sind die privatesten Aufzeichnungen, auf Hotelpapier, Notizzetteln – meist in einer kaum leserlichen Handschrift – hingekritzelt. Die Wortfetzen erschienen als Buch mit dem passenden Originaltitel „Fragments". Das Tagebuch enthält ein düsteres Gedicht: „Alone!!!!!! I am always alone – I am always / alone / no matter what". Die inmitten eines ungeheuren Medienrummels von zahllosen Männern umschwärmte Blondine wurde immer einsamer, geriet in Isolation, in die totale Windstille im Auge eines tödlichen Hurrikans. Sie war für die Massen ein Idol. Antonio Tabucchi will die Bezeichnung im altgriechischen Sinn des Wortes verstanden wissen. Ein Idol ist ein Abbild des realen Körpers. „Marilyn scheint immer außerhalb ihrer selbst zu sein, sie scheint sich selbst voraus oder hinten nach zu sein, als hätte sie eine Aura, die zwar mit ihr identisch, jedoch unangreifbar ist, die aus ihr herausströmt, sich jedoch außerhalb von ihr befindet."

Die im Sternzeichen Zwilling geborene Norma Jeane Mortenson kämpfte die dreieinhalb Jahrzehnte ihres Lebens immer um ihre Identität. Eine lern- und wissbegierige junge Frau, die von den Medien zum blonden Pin-up aufgeblasen und auf die Rolle der süßen Blondine reduziert wurde. Sie war eine Frau, deren Körper Sexualität pur ausstrahlte, die aber trotz zahlreicher Beziehungen nur geringen Spaß an Sex hatte. In den letzten Gesprächen mit ihrem Analytiker räumt die Monroe freizügig ein, für die ihren Liebhabern vorgespielten Orgasmen einen Oscar verdient zu haben. Doch für die Wahrheit blieb in der gnadenlosen Image-fabrik Hollywood kein Platz. Sie war vom Drang nach Perfektion getrieben und litt unter extremen Selbstzweifeln. Sie strebte nach Vollkommenheit und zerbrach am Leben. Die Flucht in Alko-hol und Drogen endete im Nirgendwo. Die Einweisung in eine psychiatrische Klinik und die brutale Behandlung, die sie dort erlitt, verarbeitete sie in einem Schreiben an Ralph Greenson. Sie wird in die New Yorker Payne-Whitney-Klinik gebracht und dort in eine Zelle gesperrt („für die sehr gestörten Patienten"). „Ich kam mir vor, als wäre ich in ein Gefängnis gesteckt worden für ein Verbrechen, das ich nicht begangen hatte. Die Unmenschlich-keit war archaisch." Sie darf nicht telefonieren, muss sich nackt ausziehen und wiederholt duschen, wird an den Brüsten nach Knoten abgetastet und beschließt, die Situation wie in der Schau-spielschule als Improvisationsübung zu betrachten. Die Monroe schreit, zerschlägt mühsam mit einem Sessel eine Glasscheibe und bemächtigt sich der Scherben. „Dann setzte ich mich mit der Scherbe ganz ruhig aufs Bett und wartete, dass jemand kam. Es kam auch jemand und ich sagte: ‚Wenn Sie mich behandeln wie übergeschnappt, dann benehme ich mich eben wie überge-schnappt'."

Sie versuchte, sich aus der Depression zu schreiben und schei-terte auch darin an der Geringschätzung ihrer Geliebten und Ehemänner, die in ihr immer nur die sexuell verfügbare Frau sa-hen. Ihr dritter Ehegatte, der Journalist Arthur Miller, schämte sich für seine Ehefrau und vertraute sein Urteil einem Tagebuch an, das Marilyn in die Hände bekam. Sie antwortet mit einem verzweifelten Gedicht, geschrieben auf Hotelpapier: „Wahr-scheinlich hatte ich immer schon / bodenlose Angst, wirklich eine / Ehefrau zu sein, / da ich vom Leben weiß, / dass man einander nicht lieben kann, / nie wirklich."

*

Günter Bischof, Der Wiener Gipfel 1961: Kennedy – Chruschtschow, Innsbruck/Wien/Bozen 2011.

Robert Dallek, John F. Kennedy: Ein unvollendetes Leben, München 2003.

Seymour Hersh, Kennedy. Das Ende einer Legende, Hamburg 1998.

Marilyn Monroe, Tapfer lieben, Frankfurt am Main 2010.

J. Randy Taraborrelli, The Secret Life of Marilyn Monroe, London 2009.

http://www.coverups.com/monroe/countdown.htm

http://www.smh.com.au/news/world/how-bobby-betrayed-marilyn/2007/03/16/1173722744316.html?page=1

http://www.smh.com.au/news/world/kennedy-link-to-death/2007/03/16/1173722744304.html?page=2

http://www.tagesanzeiger.ch/kultur/kino/Allein-Ich-bin-immer-allein/story/12254887

http://articles.sun-sentinel.com/1985-10-28/features/8502170297_1_marilyn-monroe-joe-kennedy-mcguire-sisters

Bill Clinton und Monica Lewinsky
„I did not have sexual relations with that woman"

Diese Affäre ist amtlich. Ein Untersuchungsausschuss untersuchte jedes Detail, hielt auf die Minute genau den Ablauf sexueller Handlungen fest und veröffentlichte einen Bericht, der ein Sittenbild des Weißen Hauses und seiner Bewohner bloßlegte und einen amerikanischen Präsidenten bloßstellte. William Jefferson Blythe III. („Bill") Clinton, gewähltes Staatsoberhaupt der USA, entging einer Absetzung nur, weil die dafür notwendige Zweidrittel-Mehrheit im Senat verfehlt wurde. Am Beginn dieser fürwahr peinlichen Affäre steht eine andere Frau: Paula Jones.

Die Mitarbeiterin des damaligen Gouverneurs von Arkansas hatte vor Clintons Präsidentschaftskandidatur ein Verfahren wegen sexueller Belästigung gegen den Politiker angestrengt. Der Provinzpolitiker Clinton hatte die attraktive Paula von „State Troopern" – einer Polizeieinheit, die auch für die Sicherheit des Gouverneurs verantwortlich ist – in sein Hotelzimmer vorführen lassen und dort die Hose heruntergezogen. Paula Jones war offenkundig wenig beeindruckt von dem, was sie zu sehen bekam, und klagte den aufstrebenden Politiker der Demokraten. Dieser Prozess war schon fast abgeschlossen, als eine junge Dame mit ausgeprägten Rundungen ein Berufspraktikum im „Weißen Haus" antreten durfte. Die Affäre Lewinsky wird erst durch den Prozess Paula Jones' zur Staatsaffäre. Denn die Anwälte der kleinen Angestellten Jones wollten vor Gericht das Verhaltensmuster Bill Clintons ausbreiten und zitierten zahlreiche Damen in den Zeugenstand, die darüber etwas zu erzählen hatten. Eine hieß

Kathleen Willey und behauptete, der 42. Präsident der USA habe sie ins „Oval Office" zitiert und dort ihre Hand auf sein erigiertes Glied gelegt. Als Zeugin vor Gericht steht man unter Wahrheitspflicht, nicht nur in Amerika.

Das Internet war im Januar 1998 noch jung, keineswegs das allgegenwärtige Massenmedium unserer Zeit. Matthew Nathan Drudge, ein „konservativer Populist" (Eigendefinition), mailte das Gerücht, das Nachrichtenmagazin „Newsweek" habe eine Geschichte von Michael Isikoff über eine sexuelle Affäre des Präsidenten mit einer Praktikantin unterdrückt, an rund 85.000 Bezieher seines „Drudge"-Reports. Am nächsten Tag schon wusste der Poster den Namen der Clinton-Gespielin: Monica Lewinsky.

Die seriösen Magazine und Zeitungen zögerten noch ein paar Tage, die schmutzige Geschichte zu drucken, doch es fand sich auch für die „Washington Post" ein Weg, die Affäre zu publizieren und doch den Anschein von Seriosität zu wahren. Monica Lewinsky war 21 Jahre alt, studierte Psychologie und hatte ihren „Bachelor"-Abschluss gemacht. Durch gute Beziehungen durfte sie einen Ferienjob im Weißen Haus absolvieren und suchte die Nähe zum Präsidenten. Die Praktikantin ging dabei zielgerichtet vor und signalisierte Bill Clinton bei diversen Gelegenheiten, dass mehr möglich wäre: „Intensives Flirten" nannte Lewinsky ihre Anbahnungstaktik.

Und dann kam ihr eine schwere Budgetkrise zu Hilfe. Im Herbst 1995 konnte das amerikanische Haushaltsgesetz nicht rechtzeitig beschlossen werden. Alle Beamten wurden nach Hause geschickt. Auch die 430 Mitarbeiter des Weißen Hauses hatten Zwangsurlaub. Nur die Praktikanten durften weiter arbeiten, sie bekamen ohnehin kein Honorar. Frau Lewinsky nutzt diese Chance. Die Studentin rückt ins Zentrum der Macht, sie übernimmt den Telefondienst bei Kabinettschef Leon Panetta und kommt damit dem Präsidenten endlich nahe, gefährlich nahe.

Schon am zweiten Tag der Budgetkrise testet Monica die sexuellen Rezeptoren des Politikers. Allein im Büro des Stabschefs plaudert sie mit dem damals 49-jährigen Bill, sie schenkt dem Präsidenten ein Lächeln und bückt sich derart dekorativ, dass der Spitzensaum eines – offenbar – winzigen Tangas sichtbar wird. Bill gefällt, was er sieht. Erotische Gedanken lenken sofort vom schwierigen Geschäft, die Welt zu regieren, ab.

Auf dem kurzen Weg zur Toilette kommt Lewinsky wenig später am Büro von George Stephanopoulos vorbei. Die Türe ist offen, der Präsident befindet sich allein im Arbeitszimmer seines Presse-Sekretärs. Er bittet die Praktikantin herein, ein Scherz. Sie gesteht frank und frei, auf „Mister President zu stehen". Clinton lacht und nimmt Witterung auf. Ob sie sein privates Büro gern sehen würde? Aber natürlich! Die junge Frau und der Präsident im Oval Office. Es ist ein trüber Abend im November und es ist schon dunkel draußen. Der Mann und die junge Frau kommen einander näher. „Darf ich Sie küssen?", fragt der Präsident höflich. „Ja", haucht Monica. Und dann passiert es.

Die Hände des verheirateten Politikers betasten ihre Brüste, er zieht ihr den BH aus, küsst sie, seine Finger gleiten einige Regionen tiefer. Der Präsident erweist sich als „multitaskingfähig". Ein Anruf wird durchgestellt. Bill Clinton verhandelt mit einem Senator, es geht ums Budget. Die Praktikantin agiert professionell. Während der Präsident Politik macht, widmet sich die oben herum entblößte junge Frau der allerhöchsten Genitalregion. Und, nein, es kommt nicht zum Höhepunkt. Die Aktion bleibt unvollendet. Und wird in den nächsten Tagen wiederholt. Ein-, zwei-, mehrmals. Die Spielarten variieren leicht, der Präsident benützt eine Zigarre für sexuelle Spiele. Die Angst vor peinlicher Entdeckung gehört zum sexuellen Reiz dieser Beziehung. Während der Treffen, der Knutschereien, erinnert sich Lewinsky später, „war uns beiden klar, dass wir Lärm machten. Und manchmal … biss ich mich in die Hand, damit ich keine Geräusche machte". Der Präsident hält der Praktikantin den Mund zu, damit sie nicht zu laut stöhnt. Wie ein Liebespaar in einer dunklen Straßenecke behalten sie die Kleidung an, weil sie jederzeit damit rechnen müssen, gestört zu werden: von einem Minister, einem Anruf eines ausländischen Staatsoberhaupts oder von einem Berater.

Einzig Clintons Privatsekretärin, Betty Currie, ist eingeweiht und agiert wie eine Kupplerin. Sie stellt Lewinskys Telefonate direkt zum Präsidenten durch, sie übergibt Geschenke Monicas an Bill, ohne sie zu öffnen. Vor dem 11. September 2001 sind die Sicherheitsvorkehrungen eher lax. Frau Lewinsky träumt von mehr, sie träumt von Liebe, fühlt sich geschmeichelt, will immer zur Verfügung stehen, wartet auf Gelegenheiten, telefoniert mit dem Präsidenten und erregt ihn mit fantasievollen Schilderungen: Telefon-Sex. Monica Lewinsky ist aktive Verführerin, Bill Clinton höchst routinierter Verführer, sexuelle Gelüste schalten sein Hirn aus. Die Mitarbeiter des Präsidenten kennen ihren Chef, der freundschaftliche Umgang mit einer Praktikantin erregt Aufsehen, es besteht Handlungsbedarf. Monica Lewinsky wird vom persönlichen Assistenten Clintons, Tim Keating, ins Verteidigungsministerium versetzt – viele Meilen vom Weißen Haus entfernt. Die Umgebung des „Commanders in Chief" will die Wiederwahl des populären Präsidenten nicht durch weitere „Weiberg'schichten" gefährden. Diesbezüglich hat Clinton ohnehin schon einen denkbar schlechten Ruf, der allerdings seine Popularität im angeblich prüden Amerika nicht schmälert. Bill besitzt Charme, seine – allzu männlichen – Schwächen werden ihm von einer großen Mehrheit nachgesehen. Wahrscheinlich wären viele Männer gern sexuell so erfolgreich wie der Chef im „Oral Office" und viele Wählerinnen finden den Präsidenten durchaus attraktiv.

Die erzwungene Trennung bewirkt immerhin, dass die Affäre mit Frau Lewinsky mehrere Monate „auf Eis" gelegt wird. Doch zunächst muss sich der Präsident um die aus seiner Nähe entfernte Praktikantin kümmern. Persönlich ruft er Monica im Appartement ihrer Mutter an. Sie weint am Telefon, protestiert gegen ihre Versetzung, die ihr aber immerhin einen bezahlten Job eingebracht hat, ihr Flehen erwärmt das Herz des Präsidenten. Er lädt sie ins Oval Office ein. Dort verspricht er seiner Gespielin, er werde sie nach der Wahl wieder ins Weiße Haus holen. Und weil sie schon mal da ist, öffnet er seinen Hosenschlitz und lässt sich seinen Penis massieren, während er telefoniert. Die kleine Lustbarkeit wird freilich von einem unsensiblen Mitarbeiter gestört. Monica Lewinsky muss aus dem Präsidentenbüro flüchten – höchst unbefriedigend für beide. Die folgenden Monate kann sich der Präsident auf seine Wiederwahl im Herbst 1996 konzentrieren. Die neue Mitarbeiterin im Pentagon überbrückt die Zeit fern von ihrem Präsidenten mit einer kleinen Liaison. Sie wird die Geliebte eines stellvertretenden Staatssekretärs, telefoniert aber weiter regelmäßig mit dem Wahlkämpfer aus dem „Weißen Haus". Eine Schwangerschaft beendet Lewinsky durch Abtreibung, ihr neuer Liebhaber ist ebenfalls Familienvater.

Clinton wird ein zweites Mal zum amerikanischen Präsidenten gewählt und im Januar 1997 vereidigt. Monica hofft auf ein Ende der Quarantäne. Und tatsächlich erhält sie von Betty Currie persönlich eine Einladung zur Radioansprache des Präsidenten. Für diesen Anlass macht sich Fräulein Lewinsky fein. Das marineblaue Cocktail-Kleid soll Eindruck machen. Es wirkt. Nach der Radioübertragung ist der Präsident das erste Mal seit elf Monaten wieder allein mit der ehemaligen Praktikantin. Die beiden ziehen sich ins Badezimmer zurück. Beim ersten Zusammensein nach monatelanger Pause kann der Präsident nicht mehr an sich halten: Orgasmus beim Oralsex, der Spuren hinterlässt. Die Sperma-Tropfen auf dem Kleid im Bereich des Busens und an der Hüfte übersehen beide. Monica Lewinsky wird später auf Anraten ihrer Freundin und Zimmerkollegin Linda Tripp das blaue Kleid nicht in die Reinigung tragen. Zwei Flecken als Trophäe. Zwei Spuren, die einen unwiderlegbaren DNA-Beweis liefern werden.

Dem jungen Juristen Bob Bittman fiel Monate später im Rahmen der Untersuchungen die Aufgabe zu, den Präsidenten über die Details seiner Affäre mit Lewinsky zu befragen. Der Stellvertreter von Kenneth Starr verhörte Bill Clinton und ging ins Detail: „Herr Präsident, wie erklären Sie, dass sich Spuren Ihres Samens auf dem Kleid von Frau Lewinsky fanden?" Der Präsident quietscht aus: „Sie kennen die Antwort ohnehin schon." Der Untersuchungsbeamte ist peinlich berührt und nervös. Wann wurden einem amtierenden amerikanischen Präsidenten im Auftrag der Volksvertretung je solche Fragen gestellt? Der Jurist muss den scheinbar belanglosen, jedenfalls aber höchst intimen Details nachgehen. Es geht um die zwei Worte „sexuelle Beziehung". Der Präsident hat unter Eid vor einer „Grand Jury" ausgesagt, mit Lewinsky keine „sexuelle Beziehung" gepflegt zu haben. Hat Clinton unter Eid gelogen, würde er abgesetzt werden. Die Republikaner im Kongress und im Senat streben die Entmachtung des Präsidenten an: Selbst wenn er den medialen Sturm überlebt, ist Clinton in seinem Amt schwer beschädigt, politisch eine lahme Ente, moralisch diskreditiert. Jahre später zweifelt Bittman am Verstand, jedenfalls am Anstand des obersten Dienstherrn: „Ein Präsident, der inmitten eines schon Jahre dauernden medialen Sturms und mitten in einem Gerichtsverfahren, in dem er wegen sexueller Belästigung Beschuldigter ist, mit einer 21-jährigen Praktikantin über Monate herummacht, muss verrückt sein."

Im Hintergrund hat sich das publizistische Gewitter schon lange zusammengebraut. Linda Tripp informiert den „Newsweek"-Journalisten Michael Isikoff. Dieser recherchiert eine Geschichte über Affären, in denen Clinton Frauen sexuell bedrängt und belästigt haben soll. Lewinsky und der Präsident setzen ihr Techtelmechtel fort, obwohl es Warnungen und Hinweise auf einen Mega-Skandal gibt. Ende März 1997 wird das letzte Zusammentreffen sein. Clinton geht wegen einer Knieverletzung auf Krücken. Er braucht Trost und Ablenkung, eine andere Variante des bekannten Spiels. Zum Beischlaf im engeren Sinn kommt es nicht. Die Präsidentschaft hängt von solchen Details ab. Denn nach Auffliegen der Affäre muss Bill Clinton eine öffentliche Erklärung abgeben, scheinbar beiläufig, von seinem Arbeits- und Liebesplatz im Oval Office aus: „Ich möchte dem amerikanischen Volk eines sagen. Ich möchte, dass Sie mir zuhören. Ich hatte keine sexuelle Beziehung mit dieser Frau, Fräulein Lewinsky. Ich habe niemandem gesagt, dass er lügen soll, nicht ein einziges Mal, niemals. Diese Anschuldigungen sind falsch. Und ich muss zu meiner Arbeit für das amerikanische Volk zurückkehren. Danke."

Und nach dieser Fernseherklärung beschäftigt sich die Öffentlichkeit der größten Militärmacht der Welt mit der Definition des Begriffs „sexuelle Beziehung". Der Präsident hält Oralsex für keinen richtigen Sex. Das Erregen der weiblichen Geschlechtsteile, Küssen, das Berühren der Brüste, die Zigarre … all das gilt für den Präsidenten nicht als „sexuelle Beziehung". Nur vollzogener Beischlaf soll zählen. Clinton beherrschte sich tatsächlich, er vermied einen eindringlicheren Kontakt, verzichtete auf den Höhepunkt, wollte keine Spuren hinterlassen und patzte doch einmal.

Die Juristen der Sonderkommission im Auftrag des von den oppositionellen Republikanern beherrschten Repräsentantenhauses müssen den scheinbar belanglosen, jedenfalls aber höchst intimen Fragen nachgehen. Es geht um die zwei Worte „sexuelle Beziehung". Der Präsident hat unter Eid ausgesagt, mit Lewinsky keine „sexuelle Beziehung" gepflegt zu haben. Hat Clinton unter Eid gelogen, würde er abgesetzt werden. Bittman hat die Einvernahme-Protokolle gelesen und er hat die aufgezeichneten Gespräche zwischen der liebeshungrigen Lewinsky und ihrer vorgeblich besten Freundin Linda Tripp gehört. Die Sekretärin im amerikanischen Verteidigungsministerium ist die eigentliche Schlüsselfigur. Tripp wird zur mütterlichen Vertrauten der jungen Frau. Sie ist um 24 Jahre älter und um einige Erfahrungen reicher. Monica schwärmt von ihrer Eroberung im Weißen Haus, sie beschreibt detailliert ihre Schäferstündchen und weint sich an der Schulter der älteren Kollegin aus. Linda Tripp heuchelt Verständnis und

Empathie, aber sie verrät die junge Monica. Die hinterhältige Vertraute lässt bei den intimen Frauengesprächen heimlich ein Tonband mitlaufen und wird zum Spitzel. Tripp übergibt die Bänder postwendend der Staatsanwaltschaft. Sie lässt sich sogar als Lockvogel für eine Undercover-Operation engagieren und vom FBI mit einem versteckten Mikrofon ausrüsten, um Lewinsky bei einem Mittagessen an der Bar des Ritz Carlton Hotels in Pentagon City im Januar 1998 auszuhorchen. Die 45-Jährige kennt das Weiße Haus von innen. Sie hat auch schon für den Vorgänger Bill Clintons im Präsidentenamt, George Bush, gearbeitet und war als eine der wenigen Mitarbeiterinnen des republikanischen Präsidenten auch von der neuen Administration übernommen worden. Die Motive ihres Handelns bleiben unklar. Linda Tripp pflegt gute Kontakte zu ultrakonservativen Kreisen und hat persönliche Beweggründe, dem Präsidenten zu schaden.

Die vom konservativen Sonderermittler Kenneth W. Starr geleitete Untersuchungskommission lieferte ihren Bericht mit allen delikaten Details weisungsgemäß an das Repräsentantenhaus im Capitol ab. In der Einleitung zum Dossier wiesen die Untersucher darauf hin, dass ihre Erkenntnisse zu schlüpfrig seien und die Würde des Amtes verletzen könnten, sollten sie veröffentlicht werden. Die amerikanische Abgeordnetenkammer folgte der Empfehlung der Sonderkommission nicht. Ohne den Bericht gelesen zu haben, wurde er vollinhaltlich veröffentlicht. Es war eine Demütigung des Präsidenten, eine Demütigung seiner Frau Hillary, die jahrzehntelang zugesehen hatte, wie sie von Bill Clinton mit dutzenden (er selbst sagte später hunderten) Frauen betrogen worden war, ehe er ins Weiße Haus einzog. Und es muss ein Schock für Clintons Tochter Chelsea gewesen sein.

Sonderermittler Kenneth Starr gerät ins Visier der medialen Öffentlichkeit. Ein bierernster, prüder Spielverderber gegen einen jungen, feschen Präsidenten. Ihm wird Hexenjagd vorgeworfen. Starr hat eine ziemlich schlechte Presse, aber juristisch gute Karten. Clinton bleibt zwar Präsident – das Absetzungsverfahren scheitert, weil die erforderliche Zweidrittel-Mehrheit im Senat nicht erreicht wird –, der Ruf des Präsidenten und die Würde dieses Amtes sind allerdings für lange Zeit ruiniert. Clinton wird aus der Liste der Rechtsanwälte gestrichen, muss zehntausende Dollar Strafe zahlen, schließt mit Linda Tripp einen teuren Vergleich. Der Präsident kann nur durch seine bestens situierte Ehefrau Hillary vor dem finanziellen Ruin gerettet werden. Er übersteht auch diese Demütigung und verdient nach seiner Präsidentschaft Millionen Dollar mit der Veröffentlichung seiner Memoiren.

Monica Lewinsky kann die Affäre nicht besonders gewinnbringend nutzen. Für ihre von Andrew Morton geschriebenen Memoiren erhält sie eine halbe Million Dollar. Sie entwirft Taschen, scheitert als Gastgeberin einer Flirt-Show und studiert Psychologie in Großbritannien. Es ist auch eine Flucht aus der Öffentlichkeit. Lewinsky kann die Affäre nicht vergessen. Sie kämpft noch eineinhalb Jahrzehnte nach den Küssen im Weißen Haus um einen Beweis dafür, dass es gegenseitige Zuneigung, nicht purer Sex war. In einem Interview für ein Frauenmagazin beschwört sie gar Liebe: „Es wird in meinem ganzen Leben keinen Mann mehr geben, der mich so glücklich macht." Lewinsky bleibt unverheiratet und kinderlos. Der Ex-Präsident sieht die Affäre deutlich weniger romantisch. In der CBS-Fernsehsendung „60 Minutes" gesteht Clinton: „Ich habe es aus dem schlechtestmöglichen Motiv heraus getan, einfach, weil ich es konnte."

*

Andrew Morton, Monica Lewinsky. Ihre wahre Geschichte, Berlin 1999.
Joachim Honnef (Übers.), Der Starr-Report. Das einzigartige Zeitdokument über den Skandal im Weißen Haus, Bergisch-Gladbach 1998.

http://www.spiegel.de/spiegel/print/d-8002243.html
http://www.focus.de/politik/ausland/tid-11512/usa-die-hinterhaeltige-vertraute-linda-tripp_aid_325613.html

http:// women.timesonline.co.uk / tol / life_and_style / women / relationships /
article3185449.ece

http:// de.wikipedia.org / wiki / Lewinsky-Aff%C3%A4re

http:// www.dailymail.co.uk / news / article-1365046 / Im-love-Bill-Friends-say-
Monica-Lewinsky-got-married-kids.html#ixzz1WPrytWzV

Keine Affäre

Der Anfang war einfach. Den Seitensprung durch die Geschichte konnte ich von einem festen Fundament aus beginnen. Die ersten Menschen (biblisch oder mythologisch gesehen) brachten auch die Affäre in die Historie, sündigten und wurden folgerichtig aus dem Paradies vertrieben. Aber dann? Welche Affäre bewegte die Welt, welche nicht? Cäsar und Kleopatra paarten sich, vor allem aber vereinte das antike „Power-Couple" Macht und Sexualität. Kleopatra und Mark Anton führten die Geschichte weiter. Paris und Helena lösten in der griechischen Sagenüberlieferung den Trojanischen Krieg aus. Früher noch: Liebte nicht die Pharaonin Hatschepsut ihren Architekten Senenmut, der ihr den großartigen Terrassentempel bei Luxor baute? Und gibt es nicht Hinweise, dass Jesus Christus mit Maria Magdalena enger verbunden war, als dies die Evangelien belegen? Große Liebende waren beide. Bei Seitensprüngen kann man leicht auf Abwege kommen. Frankreichs Sonnenkönig Ludwig XIV. hatte zahlreiche Mätressen. Madame Pompadour beglückte Ludwig XV. und hielt ihre bevorzugte Stellung zwei Jahrzehnte am Pariser Hof. Ludwig II., dem „geliebten Bayernkönig", schrieben Zeitgenossen eine unziemliche Nähe zu einigen seiner Stallburschen und Reitknechte zu.

Der Anfang war einfach. Doch wann ist Schluss? Soll die Geschichte mit Amerikas Präsident Bill Clinton und seiner „I did not have sexual relations with Monica Lewinsky"-Lüge enden? Diese Affäre mit einer 22-jährigen Praktikantin hätte schließlich um ein Haar zur Absetzung des mächtigsten Mannes der Welt geführt. Oder soll der historische Seitensprung in noch Seichterem landen? Arnold Schwarzeneggers folgenschwere Beziehung mit der Haushälterin mag ja bloß eine teure Peinlichkeit sein. Die behauptete Vergewaltigung eines Zimmermädchens in einem New Yorker Luxushotel durch den Weltbank-Präsidenten Dominique Strauss-Kahn hat aber tatsächlich den Lauf der Welt verändert. Die angestrebte Kandidatur des sozialistischen Politikers für die französische Präsidentenwahl endete in Handschellen vor einem Bezirksrichter.

Geschichten brauchen eine zeitliche Distanz, ehe sie zu Geschichte werden.

Daher danke ich allen Freunden, Bekannten und Verwandten, die mit wachsender Lust immer neue Vorschläge von zu beschreibenden Affären (sie werden hoffentlich alle in den Fortsetzungsbänden aufgegriffen!) machten. Besonderen Verdienst um das Buch hat meine Frau Martina Salomon, die Inhalt und Manuskript kritisch begleitet und korrigierend eingegriffen hat. Sie ist auch seit vielen Jahren (in vielerlei Hinsicht) Garant dafür, dass ich „Seitensprünge" nur unter einem historischen Blickwinkel betrachte – also sprichwörtlich „als Blinder von der Farbe" schreibe.

Kein Wort zu viel.

Jelinek, Gerhard
„REDEN, DIE DIE WELT
VERÄNDERTEN"
312 Seiten, EUR 19,95
ISBN: 978-3-902404-77-0

»Der Autor formuliert in kristallklarer Sprache, seine Urteile sind von bestechender Ein- und Weitsicht. So muss man in einer geschichtsfernen Zeit schreiben, um die Menschen für die Vergangenheit zu interessieren.«

Die Presse

Jesus Christus, Bertha von Suttner, Marie Curie, Joseph Goebbels, Kaiser Hirohito, Leopold Figl, Bruno Kreisky, Margaret Thatcher, Helmut Kohl, Lech Wałęsa, Václav Havel, Michail Gorbatschow, Martin Luther King, Nelson Mandela. Oft bleibt von großen Leben ein Satz: Winston Churchill und sein „Blood, toil, tears, and sweat", John F. Kennedys Bekenntnis „Ich bin ein Berliner" oder Ronald Reagans Aufforderung: „Herr Gorbatschow, reißen Sie diese Mauer nieder."
Dieses Buch handelt von Reden, die Geschichte gemacht haben, und es beschreibt die Geschichte dieser Reden.

Spannend.

**Gutes Benehmen für das
21. Jahrhundert.**

Schäfer-Elmayer, Thomas
„ALLES, WAS SIE ÜBER
GUTES BENEHMEN
WISSEN MÜSSEN"
384 Seiten, EUR 24,90
ISBN: 978-3-7110-0010-1

»*Hierzulande können Sie nur Elmayer fragen.*«

Der Standard

»*In der Stadt der Walzer kommt es auf den Takt an; und der als Doyen für
Manieren bekannte Schäfer-Elmayer gibt den Feinschliff in Seminaren und als
persönlicher Trainer.*«

Frankfurter Allgemeine Zeitung

»*If this school is the Vatican of Vienna's national religion of manners and
waltz, then Thomas Schäfer-Elmayer is its pope.*«

The Washington Post

»*Über den formvollendeten Handkuss: Elmayer-Geschulte wissen den richtigen
Abstand zum zarten Händchen einzuhalten, nur ein sachter Hauch hat es zu
streifen.*«

Die Presse

»*Thomas Schäfer-Elmayer, der zeitlos Elegante.*«

News